Dietrich Papsch

Wir sägen an unserem Ast

Über Geldverbrennung, Klimawandel, Demokratieverlust und die Notwendigkeit zum Umsteuern

Dietrich Papsch, Jahrgang 1938, stammt aus Schmalkalden in Thüringen und lebt im Altenberger Ortsteil Schellerhau im Osterzgebirge. Nach einer Lehre als Werkzeugmacher studierte er Maschinenbau und arbeitete bis zu seiner Pensionierung 2003 in Betrieben und Institutionen des Schwermaschinen- und Schienenfahrzeugbaus. Seit den Wendejahren engagiert er sich in der Umweltbewegung und setzt sich überdies für soziale Gerechtigkeit, die Besteuerung von Devisen und gegen die Privatisierung von Grundbedürfnissen, etwa Wasser, Gesundheit und öffentlichen Verkehrsmitteln ein. Papsch ist Vorsitzender des „Energie-Tisch Altenberg e.V.“, Attac-Mitglied sowie Mitglied der Grünen Liga Osterzgebirge e.V. Außerdem ist er im Vorstand des Kreisverbandes Dippoldiswalde des Deutschen Kinderschutzbundes e.V. tätig.

ISBN: 978-3-941758-00-1

1. Auflage 2009
Verlag DeBehr, Radeberg
Umschlaggestaltung: Ute Kludig-Hempel, Tharandt
unter Verwendung einer Zeichnung des Autors
Foto S. 6: Kay Hempel, Tharandt

Für meine Enkel Julia, Sophie und Lars,
die Patenkinder Leonardo,Victoria Mei, Erik Alexander und Yoeuy
sowie für alle anderen ihrer Generation,
die mit den Folgen unserer Entscheidungen leben müssen.

Braunkohlentagebau Welzow, Frühjahr 2009

Inhalt

Vorbemerkungen

Die Güter dieser Welt reichen
zwar nicht für jedermanns Habgier,
wohl aber für jedermanns Bedürfnisse.

Mahatma Gandhi

Ohne Zweifel gehören die Krisen der Finanzmärkte, hervorgerufen durch eine entfesselte globale Ökonomie des Westens, ein wachsendes Gefälle bei Einkommen und Vermögen mit den Folgen von zunehmender Armut und Hunger, die Energiekrise auf Grund des zur Neige gehenden Öls und ein gefährlicher Wandel unseres Klimas weltweit zu den Hauptrisiken unserer menschlichen Gesellschaft. Sie gefährden wie kaum in einer vorherigen Epoche menschlicher Existenz unser Dasein, führen zu Kriegen, Demokratieabbau und fehlender Gerechtigkeit.
Mit diesen vier Risiken möchte ich mich in diesem Buch beschäftigen und diese ausgehend von globalen Zusammenhängen und lokalen Gegebenheiten beleuchten sowie Wege zum Gegensteuern aufzeigen. Denn wir besitzen durchaus die Fähigkeiten und das Vermögen, etwas gegen diese Risiken zu unternehmen. Wir müssen nur unsere Mündigkeit und unsere Rechte wahrnehmen, aber vor allem auch dazu bereit sein.

Wollen wir uns und unseren Nachkommen nicht den eigenen Ast absägen, auf dem wir als zeitweilige Bewohner dieser Erde sitzen, so brauchen wir zur Bewältigung der Wirtschafts-, Sozial-, Klima- und Energiekrise einen völlig neuen Ansatz, einen echten sozial-ökologischen Umbau, wie ihn Attac und andere international agierende Nichtregierungsorganisationen immer stärker fordern. Der Gedanke ist nicht neu. US-Präsident Roosevelt war es, der auf die Weltwirtschaftskrise 1929 mit grundlegenden sozialen und ökonomischen Reformen antwortete. Getrieben durch die Krise und den Alarm entsetzter bürgerlicher Reformer sowie die Drohungen der revolutionären Arbeiterbewegung führte er mit seinem New Deal die staatliche Rente, eine Arbeitslosenversicherung und Mindestlöhne ein, verkürzte die Arbeitszeit und stärkte die Gewerkschaften. Ein riesiges Investitionsprogramm kurbelte die Produktion an. Mit Regulierungen wie Börsenaufsicht und progressiver Steuerreform wurde die Wirtschaft entmachtet. So gelang es in den USA, die Krise innerhalb kurzer Zeit abzufedern. All dies eignet sich auch zur Lösung der heutigen größten Krise seit 1929, eine nachhaltige Wirkung vorausgesetzt.

Von Obama bis hin zur UN-Umweltbehörde UNEP setzen sich viele weltweit und auch in Deutschland für eine ökologische Neuauflage des New Deal ein. Hinter der Idee steht, statt noch mehr Straßen, Brücken und Häuser zu bauen, soll in großem Stil in erneuerbare Energien, Elektroautos und Wärmedämmung investiert werden. Aber auch ein solcher Green New Deal setzt nach öko-keynesianischen Vorstellungen auf Wachstum. Das hat jedoch in der Vergangenheit den Klimawandel angefeuert.

Die Krise der Automobilindustrie und der Klimawandel zeigen, wie es nicht laufen sollte. Der motorisierte Individualverkehr führt zum ökologischen Kollaps. Auch das Zwei-Liter- und das Elektroauto werden uns nicht vor Zersiedlung, Lärm und Verkehrstoten bewahren und auch nicht vor Ressourcen- und Energieverbrauch. Deshalb kann es unter dem Strich nur heißen: Die Autobranche muss schrumpfen und nicht wachsen. Die Lösung muss heißen: mehr öffentlicher Personennahverkehr, Bürgerbahn in öffentliche Hand und Umbau unserer überkommenen Siedlungsstruktur. Dazu muss z. B. auch der Güterverkehr im großen Stil von der Straße auf die Schiene verlagert werden. Erneuerbare Energien müssen mit aller Konsequenz weltweit zum Durchbruch gebracht werden. Ein solcher Strukturwandel setzt Wachstumskräfte frei, die gleichzeitig gut für das Klima sind.

Es ist der Umbau der Industriegesellschaft im großen Stil gefragt, einhergehend mit einer sozialen, ökonomischen und ökologischen Neuausrichtung. Sie braucht vor allem Antworten für Tausende von Menschen, die auf der Straße stehen, weil sie keine Autos mehr bauen oder nicht mehr in der Kohle arbeiten werden. Für den Ausstieg aus Arbeitsplätzen ohne Zukunft bedarf es radikaler Arbeitszeitverkürzungen, des Ausbaus sozialer Sicherungssysteme und der Einführung eines Grundeinkommens. Für den Wirtschaftsumbau ist die Entmachtung der Märkte, die Demokratisierung der Banken, die wirksame Kontrolle der Finanzmärkte und die Umverteilung des Reichtums unerlässlich. Das gilt auch für die Beseitigung der globalen ökonomischen Ungleichheit zwischen Norden und Süden. Dazu müssen alle Karten auf den Tisch gelegt werden.

Dabei allein auf Politik zu schauen, die in Zeiten wirtschaftlicher Globalisierung und entfesselter Märkte das Primat an die Ökonomie abgetreten hat, und zu glauben, dass sie es jetzt richten wird, wird nicht ausreichen. Auch wenn sie sich jetzt, nachdem das Kind in den Brunnen gefallen ist, bemüht, wieder Land zu gewinnen. Es ist die Aufgabe von sozialen Bewegungen, am Ende von uns Bürgerinnen und Bürgern, Wachstumskritik und die soziale und ökologische Komponente in diese Auseinandersetzungen zu tragen und von der Politik ein radikales Umsteuern zu fordern.

Also wird das eigene Tun für einen Wandel in Politik, Wirtschaft und Gesellschaft mit entscheidend sein. Denn es steht viel auf dem Spiel, nicht zuletzt die Demokratie. „Wenn Freiheit das Geheimnis der Demokratie ist, dann ist es eine Freiheit zur Beteiligung und zur Mitverantwortung", sagte der Altbundespräsident Richard von Weizsäcker. Demokratie heißt schließlich Volksherrschaft. Also bitte, nehmen wir unsere Herrschaft wahr, damit Demokratie nicht untergeht! Mischen wir uns als mündige Bürger ein, wo wir können, und wenn es nicht anders geht, auch mit zivilem Ungehorsam, so wie wir es 1989 friedlich praktiziert haben!

Ich möchte mit diesem Buch dem geschätzten Leser keinesfalls Belehrungen erteilen, sondern vielmehr mit Ihnen Antworten suchen. Ich bin mir bewusst, dass vielen meine durchaus radikalen Ansichten zu weit gehen werden. Wenn ich Sie trotzdem mit diesem Buch zum Nachdenken angeregt haben sollte, so betrachte ich mein Anliegen schon als erfüllt.

Dietrich Papsch

Marktwirtschaft im Strudel

Statt wie ein Pendel haben die Finanzmärkte in letzter Zeit eher wie eine Abrissbirne funktioniert: Eine Wirtschaft nach der anderen haben sie zusammenbrechen lassen.

George Soros, Milliardär und NGO-Unterstützer

Was ist los in Deutschland und der Welt?

Deutschland 2009. Wir leben in einem seltsamen Land, lese ich Anfang März im Rundbrief „Sonnenseite" des Journalisten Franz Alt. In der Tat ist das so, wenn man sich Entwicklungen der letzten Wochen in unserem Lande vor Augen hält. Mit Entsetzen verfolgen wir in den Medien, dass eine Kassiererin eines Supermarktes fristlos entlassen wird, weil sie 1,30 Euro unterschlagen haben soll. Zur gleichen Zeit gehen Banker, die Milliarden von Geldern verbrannt haben, straflos aus und erhalten noch Boni in Millionenhöhe.

Jetzt, wo es zu spät ist, kann man nur noch wütend sein. Man muss sich vorstellen: In einer Welt, da Menschen fähig sind, die Geheimnisse des Lebens in seinen geheimsten Zusammenhängen zu entschlüsseln, die Größe des Universums zu durchmessen, Planeten einzeln zu erforschen – in dieser Blütezeit der Kultur und des Fortschritts ist es den studierten Chefvolkswirten der Zentralbanken nicht aufgefallen, dass der weitaus größte Teil des Geldvermögens sich längst von allen realen Werten entkoppelt hatte. Ist ihnen tatsächlich nicht entgangen, dass dieses zur reinen Zählgröße eines in betrügerischer Absicht aufgeblähten Schneeballsystems geworden war? Der in der Wochenzeitschrift „Freitag" publizierende Ulrich Kühne klagt in der 1. Märzausgabe 2009 an, dass „diese Leute sich jede Woche zusammengesetzt haben, um subtile Anpassungen an Lombardsätzen für Refinanzierungszinsen vorzunehmen, und die gesamte Grundlage ihres Handelns war längst vor ihren Augen leer geplündert worden."

Ein ganzer Berufsstand habe sich dümmer als Bauerntölpel verhalten, was eine Schande der zivilisierten Menschheit sei, meint Kühne.

Aber nicht nur Banken, auch Autokonzernchefs, die Jahre lang den technischen Fortschritt verschlafen haben, fordern vom Steuerzahler Milliarden-Hilfen und der Staat gewährt „Abwrack-Prämien" ohne jede Umweltauflage. Und kaum jemand regt sich auf darüber.

Die Konzernchefs der deutschen Autobauer haben in den letzten Jahren Zehntausende von Menschen entlassen. Zeitgleich haben diese Konzernchefs mehrheitlich mit Nobelkarossen und auf Grund eines höchst umstrittenen ungerechten Dienstwagenprivilegs viel Geld verdient. Mit dem Verschlafen des Klimawandels und den damit einhergehenden Nachfrageveränderungen für umweltfreundliche und alternative Autos haben sie aber zugleich ihre Konzerne um Milliarden Euro ärmer gemacht und für diese Heldentaten noch Millionen-Gehälter kassiert. Nun schreiben die deutschen Autobauer tiefrote Zahlen und rufen nach Rettung. Nun stehen die Spritfresser auf Halde und die Nobelkarossen-Hersteller müssen ihre Leute in Kurzarbeit schicken.

Nach der Autobranche hat es die Speicherchipindustrie, die chemische Industrie, den exportorientierten Maschinen- und Anlagenbau, die Metallbranche und viele andere erwischt, die in der sich ausbreitenden wohl größten Weltwirtschaftskrise seit 1929 mitgerissen werden. Die Meldungen von Mitarbeiterentlassungen, Kurzarbeit und Firmeninsolvenzen überschlagen sich nur so. Die Wirtschaftsinstitute melden immer neue Zahlen zur erwartenden Rezession in Deutschland 2009.

Ähnliches Management-Versagen bei Banken und Automobilkonzernen wie in Deutschland ist auch in den USA zu beobachten.

Nur im Unterschied zu Angela Merkel hat man den Eindruck, dass der junge Präsident Barack Obama viel beherzter mit der Krise umgeht als die verängstigten deutschen Politiker, die vor Konzern-Bossen noch immer in die Knie gehen.

Auch der neue Präsident hilft seiner Autoindustrie, aber er macht zur Bedingung, dass sie endlich ökologischere Autos baut. Er unterstützt auch die US-Energiewirtschaft, aber er hat ein 150-Milliarden-Dollar-Programm für erneuerbare Energien angekündigt, das 2,5 Millionen neue Jobs schaffen soll. Das Gleiche gilt für die Banken, die er stützt, jedoch fordert er einen „Kapitalismus mit Verantwortung". Auch Obama muss gegen die Rezession ankämpfen, aber er hat es gleich zu Anfang seiner Regierungszeit, etwa bei seiner ersten Rede zur Lage der Nation verstanden, den Amerikanern in der Krise Mut zu machen. Dieser amerikanische Präsident scheint stärker zu sein als alle deutschen Bedenkenträger zusammen. Natürlich hat auch er solche um sich herum sitzen. Aber er sagt laut und deutlich: „Die Bedenkenträger und Zyniker müssen abtreten oder wir werden sie einfach beiseiteschieben". Wer sagt das in Deutschland?

Obama ist in den USA zurzeit der oberste Therapeut der Nation. Ob er die selbst gestellten Herausforderungen meistern und die an ihn geknüpften Erwartungen erfüllen kann, wird man sehen. Er verkörpert jedenfalls Optimismus und Erneuerungsfähigkeit. Er hat vor dem Kongress zwar auch von der Krise gesprochen, aber vierundzwanzig Mal von Hoffnung und Zukunft. Die deutschen Bedenkenträger wollen die alten Strukturen erhalten und nur Reparaturen durchführen. Obama dagegen setzt auf Innovation und Vision. Wo aber bleiben in Deutschland die Hoffnungsträger? Wo die Visionäre? Wo bleibt ein deutscher Obama? Im Superwahljahr 2009 ist dieser in unserem Lande nicht zu sehen. Dabei brauchten wir diesen so sehr, denn die Krise hat uns fest im Griff und keiner weiß, ob sie zu meistern ist.

Die Krise kommt nicht von ungefähr

Sie sind auch schon vor der Finanzkrise 2008 in die Schlagzeilen geraten, die großen Banken in Deutschland, allen voran die Deutsche Bank, aber auch Dresdner Bank, Commerzbank und andere, was ihren Personalbestand betrifft. Kosten runter und Personal freisetzen war ihre Devise, die mit Wettbewerbsfähigkeit und Bestehen auf dem Weltmarkt begründet wurde.

Das Ergebnis: Zwischen 2003 bis 2007 haben die großen Banken in Deutschland mehr als 72 000 Stellen gestrichen und zum Großteil satte Gewinne eingefahren. Management, Aufsichtsrat und Aktionäre belobigten sich gegenseitig für die globale Gier nach Macht und Einfluss und für diese Art von Effizienz. Und nahezu verständnisvoll wird diese Verworfenheit von politischen Eliten und neoliberalen Medien des Landes toleriert, obwohl der Staat zumeist für die entlassenen Mitarbeiter aufkommen muss. Josef Ackermann etwa, der Vorstandsvorsitzende der Deutschen Bank, weist jede Schuld für die massenhafte Streichung von Stellen bei seiner Bank zurück. Man müsse weltweit handlungs- und wettbewerbsfähig sowie stark bleiben, sonst würde man entsprechend den Spielregeln der Globalisierung von anderen geschluckt.

Angesichts dieses ausgereiften Raubtierkapitalismus genehmigte sich Ackermann innerhalb eines Jahres einen 11%igen Gehaltszuwachs. Seine Bezüge, die laut dem von der Bundesregierung kürzlich beschlossenem „Vorstandsvergütungsoffenlegungsgesetz“ veröffentlicht werden müssen, betrugen im Jahre 2005 8,4 Millionen Euro. Wohlgemerkt seine Grundbezüge. Doch was Ackermann wirklich verdient, weiß man nicht, denn Außenstehende kennen die so genannten Aktienoptionspläne und Bonussysteme nicht, die entsprechend Geschäftserfolg zusätzlich zum Grundgehalt bezahlt werden.

Geschätzt verdiene Ackermann „knapp 12 Millionen Euro“ im Jahr, glaubt die Expertin der Deutschen Schutzvereinigung für Wertpapierbesitz (DSW), Christiane Hölz. Es könnten jedoch auch weitaus mehr sein.

Man möge mir abnehmen, dass ich dies ohne jedes Neidgefühl schreibe. Es geht mir ausschließlich darum, die Maßlosigkeit und Abgehobenheit solcher Leute wie Ackermann zu beleuchten. Unvergessen in diesem Zusammenhang auch sein Zeigen der gespreizten Finger zum „Victory“ in der Öffentlichkeit anlässlich seines errungenen Sieges im Mannesmann-Prozess als Aufsichtsrats-vorsitzender. Arroganter und selbstherrlicher geht es nicht.

„Lassen Sie Ihr Geld arbeiten. Wir kümmern uns um den Rest", so lautete eine Bankwerbung in den 80er Jahren. Dazu ein Foto eines Sonnenanbeters im Liegestuhl. Heute aus dem Abstand von 20 Jahren betrachtet, könnte diese Werbung nicht absurder wirken. Die Arbeitslosigkeit ist seitdem um ein Mehrfaches gestiegen, auch wenn sie nach 2006 durch einen Niedriglohnsektor, Leiharbeit und Billigjobs nie gekannten Ausmaßes wieder sinkt. Dieser Arbeitslosigkeit und den Billiglöhnen steht eine steigende bzw. viel zu hohe Geldmenge gegenüber, wie Wirtschaftsexperten vor der Finanzkrise glaubhaft versicherten. Daraus ergibt sich die Schlussfolgerung, dass diese offensichtlich daran arbeitet, Arbeitslosigkeit zu produzieren. Wie sonst hätten die Großbanken in diesen Jahren derartige Riesengewinne einfahren können? Und wenn die Klagen der deutschen mittelständischen Wirtschaft und des Handwerks stimmen, dann arbeitet das deutsche Bankenwesen vor allem daran, die kleinen und mittelständischen Unternehmen gar nicht erst in Arbeit kommen zu lassen, weil es ihnen die Kredite verweigert.

Spreche ich mit Handwerkern in meiner Region, so erfahre ich immer, dass sie auf Grund ihrer schwierigen wirtschaftlichen Lage bei Banken als nicht kreditwürdig eingestuft würden. Leider stimmen in dieses Lied auch immer mehr die regionalen Sparkassen ein. Zumindest in meiner Region ist das so, wo die Sparkasse sich seit Jahren in einem Fusionsrausch befindet, um sich „gegenüber den Großen" behaupten zu können, wie ihre Manager immer wieder behaupten. Ihre regionale Verantwortung nimmt sie dagegen immer weniger wahr.

Dafür warb man in den Jahren vor Ausbruch der Finanzkrise umso mehr für neue Produkte mit neuen Risikoanlagen. Auch die Sparkassen spielten kräftig mit, boten Aktien und Investmentfonds an und nicht wenige ihrer Kunden fielen darauf herein. Kein Wunder, hatten doch Politik und Medien jahrelang auf die Bürger eingeredet, sich nicht allein auf die gesetzliche Rente zu konzentrieren, sondern vor allem Kapitalvorsorge zu betreiben.

Rentenvorsorge durch Kapitalanlagen

Leute wie die Ministerpräsidenten Sachsens und Bayerns zu diesem Zeitpunkt, Kurt Biedenkopf und Edmund Stoiber, sowie der Gesellschaftsforscher Prof. Meinhard Miegel warben mit dem Dokument der sogenannten „Bayerisch-Sächsischen Zukunftskommission" bereits in den 90er Jahren unter anderem offen für den Erwerb von Aktien zur Rentenvorsorge. Die Kommission für Zukunftsfragen der Freistaaten Bayern und Sachsen war von deren Regierungen 1995 ins Leben gerufen worden.

Die Vorstellungen der frühkapitalistisch-rückwärtsgewandten Positionen der Kommission haben mich bereits 1998 nach ihrer Veröffentlichung zutiefst empört. Schon ihre Zusammensetzung sprach Bände: zunächst nur Männer in diesem Gremium. Erst auf Druck von Frauen wurde zumindest Frau Dr. Etta Schiller nachträglich in die Kommission berufen. Zweites dominierendes Merkmal: Keiner der Mitglieder der Kommission hatte eine ostdeutsche Biographie. Fünf Millionen DM an Steuergeldern war Biedenkopf und Stoiber diese Auftragsarbeit wert. Die vier Bände, deren letzter im Januar 1998 erschien, lesen sich wie eine Agenda rechtskonservativer Politik.

Gegenüber den zu dieser Zeit landläufigen Forderungen nach Halbierung der Arbeitszeit, Senkung der Lohnkosten, vornehmlich der Lohnnebenkosten etc. als Garantien für neue Arbeitsplätze sowie dem Umbau der sozialen Sicherungssysteme hatte das „Zukunftspapier" für Verfasser, Unternehmer und Arbeitergeberverbände natürlich einen Vorteil: Es las sich wie die brutale Proklamation eines Maßnahmekatalogs, den die Unternehmerschaft zur Durchsetzung ihres Primats über die Gesellschaft anzuwenden gedachte. Und das ist ja wohl bis zum Ausbruch der Finanzkrise hervorragend gelungen. Für die Herausbildung einer nach dem Papier „unternehmerischen Wissensgesellschaft" schlugen die Verfasser des Zukunftspapiers folgende Strategie vor:

Erst einmal zogen sie die Konsequenz aus der zunehmenden „Bedeutungsminderung der Erwerbsarbeit“ und setzten auf die „unternehmerischen Kräfte auf allen Ebenen“. Diese sollten durch eine möglichst zahlreiche Schicht von Kleinaktionären in Form von Kapitalerwerb entstehen, die die Herausbildung einer Shareholder-Gesellschaft zum Ziele hat.

Vieles davon wurde in den letzten Jahren Wirklichkeit, jedoch mit dem Preis einer Spaltung der Gesellschaft. Auch diejenigen, die damals den vermeintlichen Heilsbringern glaubten und ihr Geld in Aktien und Investmentfonds anlegten, haben inzwischen viel verloren. Davon sind heute auch große Teile der sogenannten Mittelschicht betroffen. Auch in Sachsen kenne ich eine Menge Leute, denen dies zum Verhängnis wurde.

Doch belangt werden Biedenkopf oder Miegel dafür nicht. Im Gegenteil, sie werden weiter von Politik und Wirtschaft als Berater umworben. Und eine Entschuldigung von beiden haben wir bis heute nicht gehört, nicht einmal ein „Es tut uns leid, wir haben uns geirrt“.

Genauso die von der CDU im Jahr 2000 initiierte und von Arbeitgeberverbänden finanzierte „Neue soziale Marktwirtschaft“, mit der neoliberale Reformen vorangetrieben und mittels derer im Gegensatz zum Initiativnamen eine Abkehr vom Sozialen in der Marktwirtschaft hin zum reinen unkontrollierten Kapitalismus angestrebt wurde. Mit diesem marktradikalen Kurs trieben CDU und FDP um die Jahrtausendwende die rot-grüne Regierung vor sich her, die dann mit ihrer Agenda 2010-Politik sich selbst eine Falle stellte und 2005 daraufhin abgewählt wurde. Aber auch die CDU hält es nicht für nötig, zuzugeben, dass die „Neue soziale Marktwirtschaft“ das Land mit dahin brachte, wo es sich heute wiederfindet. Auch hier wartet die Gesellschaft auf eine Entschuldigung oder die Aussage, dass man sich geirrt habe, wohl vergeblich.

In Deutschland trifft es ausgerechnet die Landesbanken zuerst

Am schlimmsten aber verzockten sich ausgerechnet die staatlichen Landesbanken, zumindest waren sie die ersten, die von sich reden machten. Infolge des gestrauchelten amerikanischen Immobilienmarktes gerieten sie ab dem 2. Halbjahr 2007 plötzlich ins Strudeln. Zunächst traf es die Landesbank Sachsen, später die Westdeutsche Landesbank (West LB) und die Bayerische Landesbank, die mit Milliarden aus den Landeshaushalten über Wasser gehalten werden mussten. Auch die IKB, die zu einem Teil der staatlichen Kreditanstalt für Wiederaufbau gehört, kam ins Schleudern. Sie alle waren zum einen Opfer der Hypothekenkrise in den USA geworden, die dort Millionen Existenzen ins finanzielle Nichts stürzen ließ und die gesamte Bankenwelt auch hierzulande ins Wanken brachte. Zum anderen verhoben sich die deutschen Banken bei windigen Anlagen im Ausland.

Ich frage mich, warum sich gerade die öffentlichen Banken derart drastisch verspekuliert haben. Vielleicht sind die faulen Wertpapiere bei den großen Privatbanken nur besser versteckt. Immer hören wir von Politikern und den Medien von Managementversagen und mangelnder Kontrolle. Aber liegen die Ursachen nicht tiefer? War nicht ursprünglich der Auftrag der öffentlichen Banken, billigere Kredite für kleine Unternehmen, den Wohnungsbau oder den Umweltschutz anzubieten, was durch die Staatshaftung gedeckelt wurde? Als die Brüsseler EU-Behörde in ihrem neoliberalen Deregulierungswahn den staatlichen Schutzschirm im Juli 2005 liquidierte, war damit jedoch Schluss. Um ihre günstigen Konditionen beibehalten zu können, stürzten sich seitdem auch die öffentlichen Banken und deren Töchter, etwa die Sächsische Landesbank mittels ausgelagerter Investmentgesellschaften – in diesem Falle die irische Tochter Sachsen LB Europe plc. (SLBE) - auf riskante Wertpapiergeschäfte. Das Schlimme dabei ist, dass jetzt die dramatischen Folgen zum Anlass genommen werden, um den Auftrag des öffentlich-rechtlichen Bankensystems, das neoliberalen Doktrinären längst ein Dorn im Auge ist, vollends in Frage zu stellen.

Nachdem nahezu alle Verantwortlichen rund um die Sächsische Landesbank monatelang erklärten, nicht von den schädlichen Entwicklungen gewusst zu haben und deshalb nicht verantwortlich zu sein, rügte der Sächsische Rechnungshof rund eineinhalb Jahre nach der Fast-Pleite der Sachsen-LB im März 2009 in ungewöhnlicher Weise das Versagen der Verantwortlichen. Auch dem Verwaltungsrat wird eindeutiges Versagen vorgeworfen. In den Kontrollgremien saßen vor allem Landesminister, Landräte, Bürgermeister und Sparkassenchefs. Sie seien ihrer „Pflicht zur Selbstinformation nicht ausreichend nachgekommen" und hätten existenzbedrohende Geschäfte nicht erkannt. Damit widerspricht der Rechnungshof der bisherigen Darstellung der Sächsischen Staatsregierung, dass nur die Bankvorstände für das Debakel verantwortlich gewesen sein sollen. Auch der selbstgefälligen Argumentation des Finanzministeriums, keine Einwirkungsmöglichkeiten gehabt zu haben, folgt der Rechnungshof nicht.

Immerhin ist den Anteilseignern der Sachsen-LB – der Sachsen-Finanzgruppe mit ihren acht Sparkassen sowie dem Freistaat Sachsen – ein Schaden von mindestens 364 Mio. Euro entstanden. Diese Summe wird sich noch erhöhen, falls die Garantie des Freistaates über 2,75 Milliarden Euro für Sachsen-LB-Risiken in Anspruch genommen wird, die beim Notverkauf der Bank an die Landesbank Baden-Württemberg vereinbart wurde. Den Schaden tragen die Steuerzahler und die Sparkassen, die sich in den 90er Jahren unter denkbar undemokratischen Machenschaften unter dem Dach der Sachsen-Finanzgruppe zusammenschlossen. 485.499 Bürger Sachsens unterstützten damals das Volksbegehren zum Erhalt kommunaler Sparkassen und gegen den Sachsen-Finanzverbund. Kurt Biedenkopf und seine CDU-Staatsregierung bewiesen, dass sie schon damals ein grundsätzliches Problem mit der Demokratie hatten. Ob Landesbank oder Finanzverbund – alles wurde in Sachsen in einem Hang von Größenwahn und Selbstüberhebung durchgepeitscht.

Betrachtet man den Scherbenhaufen der Bankenkrise insgesamt, so endet damit erst einmal das Recycling von Finanzblasen-Geld in der Realökonomie. Der Rückschlag auf

Konjunktur und Beschäftigung wird auch trotz riesiger Konjunkturpakete der Regierung nicht mehr aufzuhalten sein. Die Rettungspakete für die öffentlichen Banken haben in der ersten Phase bereits die Finanzierungsfähigkeit von KfW und IKB für ihre eigentlichen Aufgaben aufgefressen. Auch geldpolitische Schritte wie die Senkung der Leitzinsen werden nicht ausreichen, um die Finanzkatastrophe aufzufangen. Durch die Hintertür kommt die öffentliche Haftung für das marode Finanzsystem wieder herein. Nicht etwa für den realökonomischen Auftrag, sondern für die große Geldverbrennung. Es ist schlimm, dass der Staat Stück für Stück nicht nur von weiteren Sektoren des Finanzsystems, sondern auch der Realwirtschaft in Anspruch genommen wird. Zahlen dafür müssen wir alle.

Auf der Strecke bleiben wird trotz aller Konjunkturpakete die ohnehin heruntergefahrene, viel beschworene öffentliche Daseinsvorsorge. Man wird sehen, ob die angekündigten Konjunkturpakete Wirkung zeigen. Für mich sind sie bis auf die Investitionen in Schulen und Bildung kein wirkliches Hoffnungszeichen, ihre Richtung zu wenig auf die Zukunft fokussiert. Was sollen Abwrackprämien für alte Autos und mehr Straßenbau? Wie viele neue Pisten und Autos soll es noch geben? Es ist das Gegenteil des ökologischen Umbaus, der nötig wäre.

Deregulierung und Profitmaximierung um jeden Preis

Ich bleibe dabei, dass sich schon viele Monate vor ihrem Ausbruch die Konturen der Immobilien- und Finanzkrise abzeichneten, die sich nunmehr zu einer veritablen Weltwirtschaftskrise ausgeweitet hat, wie sie die Welt seit langem nicht erlebt hat.

Schienen noch im Herbst 2008 vielen Bundesbürgern die Turbulenzen der Finanzmärkte hauptsächlich ein Problem der Banker und Börsenmakler zu sein, das die „normalen“ Menschen nicht sonderlich tangiert, wurde Ende 2008, Anfang 2009 langsam auch der Mehrheit klar, dass die Spielchen einer irreal anmutenden Welt sehr wohl gigantische Auswirkungen im wirklichen Leben haben können.

Quimonda in Dresden, die Scheffler-Gruppe in Franken oder Märklin in Baden-Württemberg meldeten neben vielen anderen deutschen Unternehmen Anfang 2009 Insolvenz an. Kurzarbeit in vielen Betrieben der Automobilbranche über Wochen und Monate ist angesagt. Aber immer noch scheinen manchem in Deutschland die Probleme von der Art zu sein, wie wir sie in jüngster Vergangenheit schon mehrfach erlebten. In anderen Teilen der Welt war zu diesem Zeitpunkt die Lage bereits viel dramatischer. In China verloren Millionen von Arbeitern und Angestellten ihre Jobs. Zunächst waren es 20 Millionen Wanderarbeiter, die binnen weniger Wochen in ihre Heimatorte zurück mussten, dann erfasste es die Stahlbranche, die Spielwarenbranche und viele andere. In den USA stieg die Arbeitslosigkeit auf das höchste Niveau seit 40 Jahren. Island und die baltischen Staaten standen Anfang 2009 vor dem Staatsbankrott.

Die internationale Finanzkatastrophe hatte das Desaster ausgelöst. Und alle, öffentliche wie private Banken, lieferten erneut den Beweis, dass der unregulierte und profitorientierte Finanzmarkt weder wirtschaftlich noch moralisch tragbar ist. Das Schlimme dabei: Überall saßen und sitzen hohe staatliche Entscheidungsträger in den Kontrollgremien der Landesbanken, die zuließen, dass Milliarden in windige Anlagegeschäfte flossen und sie ihre Aufsichtspflicht dabei grob vernachlässigten. Aber wer will dies schon öffentlich einräumen? Deshalb entdeckte mitten in dieser Phase sich ausweitender Kritik gegenüber der Politik diese plötzlich im Februar 2008 einen neuen Kriegsschauplatz – die Steuerflucht der Reichen in Deutschland.

Ein Schelm, der Arges dabei denkt. Die Medien konzentrierten sich erst einmal auf einen anderen Kriegsschauplatz. Am 14. Februar 2008 erwischte es nämlich ausgerechnet den bisher scheinbar unbescholtenen Vorzeige-Postchef Zumwinkel, der auf einer aus Liechtenstein durch Datenklau kopierten CD der Steuerflucht in Millionenhöhe überführt wurde. Wir erleben im Fernsehen eine filmreife Jagd auf Zumwinkel. Mit dieser tritt die Regierung die Flucht nach vorn an. Um der drohenden Mega-Belastung Herr zu werden, greift sie zu brachialen Mitteln gegen die Steuerflucht. Gleichzeitig wird in den Medien und in Talkshows als Ablenkungsmanöver die Stimmung gegen längst bekannte "moralische Defizite" bei den ökonomischen Eliten hochgekocht. Aber sind es wirklich nur subjektive Gier und persönliches Versagen, wie es das Ressentiment suggeriert? Oder liegen nicht die Ursachen der ausufernden Probleme in den Defekten des herrschenden Wirtschaftssystems? Natürlich will die ideologische Diskursgemeinschaft davon nichts wissen. Für diese ist es nach wie vor das beste der Welt.

Doch noch mal zurück zu Post-Chef Zumwinkel. Die Staatsanwaltschaft führte ihn ab, doch konnte er sich gegen einen hohen Geldbetrag unmittelbar danach freikaufen. Sein Rücktritt als Postchef folgte 2 Tage später. Im Zuge seines Prozesses wurde er dann im Januar 2009 mit einer Geldstrafe auf Bewährung freigesprochen. Und zwei Monate später berichteten die Medien, dass der inzwischen auf seinem Schloss an der Adria lebende Zumwinkel sich seine Post-Betriebsrente von 20 Millionen Euro auf einen Schlag auszahlen ließ.

Aber nicht nur er, sondern viele weitere Steuerflüchtlinge waren auf der Daten-CD gespeichert. Mindestens 300 Millionen Euro sollen Ex-Postchef Zumwinkel & Co. nach Liechtenstein zwecks Steuerhinterziehung verschoben haben. Und dies ist nur die Spitze des Eisbergs. Überall drücken sich Konzerne und Vermögende vor der Pflicht, ihren Beitrag zur Finanzierung unseres Gemeinwesens zu leisten. Deutsche Geldinstitute haben als Vermittler kräftig dazu beigetragen.

Interessant ist jedoch, dass die Bundesregierung den Konflikt mit Steueroasen bisher gescheut hat. Auch das muss sich schleunigst ändern! Die Politik muss konsequent gegen Oasenländer vorgehen und die Fahndung nach Betrügern ausbauen.

Die weltweite Finanzkrise breitet sich wie eine Krake aus

Was sich da im 2. Halbjahr 2007 und im 1. Halbjahr 2008 in Deutschland alles abspielte, war ein Skandal. Man wird unwillkürlich an Goethes Faust erinnert: „Ein Sumpf zieht am Gebirge hin, verpestet alles schon Errungene".

Aber es sollte alles noch viel schlimmer kommen. Im Sommer 2008, als die riesige Immobilienblase endgültig platzt, blicken die USA in den Abgrund. Europa ist im Angstzustand. Millionen von Amerikanern droht der Verlust des Arbeitsplatzes, nachdem sie ihr Haus verloren haben und Benzin nicht mehr bezahlen können.

Waren es nicht die USA, die der ganzen Welt die Segnungen des freien Marktes über Jahrzehnte gepredigt hatten? Wurden Interventionen des Staates nicht immer als sozialistisch verteufelt? Und nun? Nachdem jahrelang unvorstellbar hohe Gewinne der Reichen privatisiert wurden, werden jetzt die drohenden Verluste sozialisiert, das heißt vom Steuerzahler übernommen. Wir leben in einer verkehrten Welt und das Schlimme dabei ist, dass das Vertrauen in einen gerechten Staat auf der Strecke bleiben wird.

Das Vertrauen der Regierung Bush war schon lange verspielt, vor allem international, etwa durch den völkerrechtswidrigen Irakkrieg, durch Guantanamo und staatlich sanktionierte Folter.

Aber die deutsche Regierung irrte, als sie die Finanzkrise als „amerikanische Krise“ abtat. Der unmittelbar auf den Zusammenbruch von USA-Banken folgende Fall auch führender europäischer Banken bewies etwas anderes: Die Krise hatte die gesamte westliche Welt erfasst. Es zeigte sich, dass die unkontrollierten riesigen Finanztransfers der vergangenen Jahre sich nicht auf die USA beschränkten, dass Geiz und Gier nicht nur amerikanische Sünden sind. Es hat Deutschland getroffen.

Wir alle zahlen den Preis dafür, da einige das Prinzip nicht beachteten, dass wir nur ernten können, was wir säen. Aber wem ist die Schuld an der Finanzkrise und an der ihr folgenden Wirtschaftskrise zu geben? Dem Kapitalismus schlechthin?

Über die Ursachen der Krise wird im Lande geschwiegen

Keinesfalls will ich als Besserwisser oder Hellseher gelten. Aber bereits in meinem 2005 erschienenen Buch „Sonnensucher am Kahleberg“ sagte ich im Kapitel „Weltweite Kreisläufe sind nicht mehr beherrschbar“ voraus, wo die ungehemmte Globalisierung der Finanzsysteme hinführt.

Bereits zur Jahrtausendwende drangen die internationalen Finanzmärkte mit Devisenumsätzen von täglich über 1.500 Milliarden US-Dollar in für Menschen unvorstellbare Dimensionen vor, wohlgemerkt nahezu ausschließlich spektakulären Zwecken folgend.

Nur etwa 2% flossen in den internationalen Handel und in Investitionen. Das konnte auf die Dauer nicht funktionieren.

Ich schrieb damals, dass das Motto „Geld regiert die Welt" durch die ungehemmte Globalisierung der Finanzströme eine gravierende Bestätigung gefunden hat.

Die Diktate von Dax, Dow Jones und Shareholder-Value bestimmten seit dem Fall des Eisernen Vorhangs nahezu alle gesellschaftlichen Bereiche. Inzwischen ist wohl jedermann zur Gewissheit geworden, dass durch diese Diktate die Schere zwischen Arm und Reich immer größer geworden ist und die Gerechtigkeit auf der Strecke bleibt. Dies gilt sowohl lokal als auch international. Diese Diktate sind zugleich die Totengräber jeglicher Demokratie. Dabei hat der kometenhafte Aufstieg der New Economy und ihr noch schnellerer Untergang wenige Jahre zuvor gezeigt, auf welch tönernen Füßen unkontrollierte internationale Finanztransfers stehen und dass die Träume von grenzenlosem Wachstum und Rendite – man erinnere sich noch an den Anspruch von Deutsche Bank-Chef Ackermann auf 25% Rendite - sehr schnell platzen können.

Aber sie haben nichts gelernt daraus. Da spreche ich viele Politiker genauso an wie Verantwortliche in Banken und in der Wirtschaft, aber auch viele von uns Verbrauchern und Kunden, die ihre Gier nicht zügeln konnten und allzu bereitwillig auf noch so windige Lockangebote der Banken hereinfielen.

Heute hören wir aus deren Munde zumeist, dass niemand die Krise voraussehen konnte. Das Schlimme dabei ist, dass die, die sie angerichtet und bis zuletzt schöngeredet haben, wie eh und je in den Fernseh-Talkshows beisammensitzen und besorgte Gesichter machen. Nun sei die Politik gefragt, sagen sie, kraftvolles Handeln der Regierung, um das Schlimmste zu verhüten. Ich vermisse jedoch von den Moderatoren dieser Talkrunden, etwa von Anne Will, Maybrit Illner oder Frank Plasberg die Frage, wer von den Anwesenden mit seinem weisen Sachverstand wie viel zur Katastrophe beigetragen hat. Im Gegenteil, die Schuldigen werden noch kräftig von den Medien hofiert.

Da sehe ich mir den Jahresrückblick 2008 im öffentlich-rechtlichen Fernsehen zwei Tage vor Silvester an. Auch im Bild Josef Ackermann, Chef der Deutschen Bank, wie er mit Nachrichtensprecherin Karin Miosga auf Berlins Prachtboulevard Unter den Linden spaziert und mit ihr charmant über Krise und Krisenmanagement plaudert. Auch er habe diese Krise nicht vorausgesehen, meint Ackermannn, nein, niemand habe sie vorausgesehen. Frau Miosga wird mutiger. Ob er sich vielleicht bei Sparern, Anlegern, oder Steuern zahlenden Bürgern entschuldigen möchte, fragt sie den Banker.

Ackermanns Antwort darauf ist „nein“, das möchte er nicht. Und seine Begründung: Anders als in den USA, wo bekanntlich alles angefangen habe und wo dieser Madoff mit seinem Schneeballsystem die Anleger bewusst hinters Licht geführt habe, habe es bei uns in Deutschland kein schuldhaftes Verhalten gegeben, wofür man sich zu entschuldigen hätte. Die Folgen allerdings, die müssten alle tragen, so auch er, Ackermann: Schließlich verdiene er in diesem Jahr nur noch knapp zwei Millionen Euro.

Keine guten Nachrichten, seufzt Herr Ackermann, aber er lächelt. „Er lächelt so, wie nur Eingeweihte lächeln, die zu den geheimsten Quellen der Weisheit Zugang haben“, publizierte der Schriftsteller und P.E.N.-Präsident Johano Strasser im Januar 2009 in der Sächsischen Zeitung. Offensichtlich hatte er die Fernsehsendung auch gesehen und sich seine Gedanken darüber gemacht.

Nicht anders Sachsens ehemaliger Finanzminister Metz, der im Zuge des Zusammenbruchs der Sächsischen Landesbank seinen Posten räumen musste. Heute fühlt er sich als Bauernopfer.

Noch im Untersuchungsausschuss des Sächsischen Landtages im Januar 2009 erklärte er, der seinerzeit als Finanzminister die Aufsicht über die Sächsische Landesbank hatte, nichts von den windigen Geschäftspraktiken der Bank, etwa über ihre irische Tochter Depfa, gewusst zu haben.

Ich könnte die Reihe der Nichtwissenden fortsetzen, die sich alle unschuldig fühlen. Wenn sie tatsächlich nichts gewusst haben, was ich ihnen nicht abnehme, so darf die Frage gestellt werden, warum sie nicht auf jene gehört haben, die seit geraumer Zeit gewarnt haben, die mit guten Argumenten zu belegen wussten, dass das nicht mehr lange gut gehen könne mit dem Casino-Kapitalismus, dem gigantischen Schwindel mit all den neuen Finanzprodukten, dem marktradikalen Treiben, das uns als quasi naturgesetzlicher Prozess unter dem Namen der Globalisierung verkauft wurde. Es waren ja nicht nur Leute wie ich, die die Katastrophe voraussahen. Nein, sondern auch Leute wie Nobelpreisträger Paul Krugman, Altkanzler Helmut Schmidt, zuvor schon Oskar Lafontaine oder die regierungsunabhängige Initiative Attac, die seit Jahren eine Devisenbesteuerung fordern wie auch die Schließung der Steueroasen.

Schon Karl Marx hatte als einer der Ersten die Krisenhaftigkeit des ungezügelten Kapitalismus beschrieben. Daraus zogen Sozialdemokraten einst den Schluss, dass die Kräfte des Marktes politisch gezähmt werden müssten. Dass der Logik des Kapitals die alternative Logik des Sozialstaats entgegengesetzt werden müsse, dass eine zivile und halbwegs gerechte Gesellschaft ohne einen funktionierenden öffentlichen Sektor nicht zu haben sei, dass aus diesen Gründen die Politik Vorrang vor der Wirtschaft haben müsse.

Aber genau dies wurde von Politik und Wirtschaft vor allem nach der politischen Wende genau umgekehrt. Der Neoliberalismus trieb Blüten und Marktradikalismus machte sich breit. Die Wirtschaft trete das Erbe des Staates an, wollte man uns nun weismachen und der Markt werde es schon richten, wenn sich die Politik nur heraushält.

Alles Heil wurde von den unsichtbaren Kräften des Marktes erwartet, der Sozialstaat wurde diffamiert und demontiert und öffentliche Einrichtungen im großen Stil privatisiert. Maßlosigkeit und Gier wurden zu Kardinaltugenden dynamischer Wirtschaftsbosse erklärt. All dies im Namen des Fortschritts, von Effizienz und Wirtschaftswachstum.

Und es waren bei weitem nicht nur die Vorstände und Aufsichtsräte in den Konzernen oder die Herren Arbeitgeberpräsidenten und die der Deutschen Wirtschaft. Auch die politisch Verantwortlichen waren weitgehend bereit, das Primat der Politik an die Ökonomie abzugeben. Auch die Regierung Merkel folgte den marktradikalen Kräften. Heute stehen wir vor dem Scheiterhaufen, da es der Staat wieder richten soll. Hat tatsächlich niemand den Einsturz des Kartenhauses vorausgesehen?

Nun ist es also passiert. Seit am 15. September 2008 die Wall Street kapitulierte, ist der Schlamassel in der gesamten westlichen Welt unübersehbar. Politik und Wirtschaft reden immer noch beschönigend von Krise, in Wirklichkeit ist es eine Katastrophe, die über uns hereingebrochen ist.

Im Januar 2009 blicken wir mit wachsender Sorge in das gerade angebrochene neue Jahr. Was wird uns 2009 bringen? Die Finanzkrise hat sich inzwischen zur Krise der Realwirtschaft ausgeweitet. Ende März 2009 sind die staatlichen Unterstützungspakete weltweit auf über sieben Billionen Euro aufgelaufen. Und die USA-Regierung will weitere rund 500 Milliarden einschießen, um faule Kredite von den Banken zu übernehmen. Wenn das mal gut geht.

Der Arbeitsmarkt kommt ins Strudeln. In den USA werden die höchsten Arbeitslosenzahlen seit 40 Jahren gemeldet. Auch in Deutschland verlieren viele Menschen, die gerade wieder ein wenig Hoffnung geschöpft hatten, nun wieder ihren Arbeitsplatz. Vor allem Zeitarbeiter sind die ersten, die man auf elegantere Weise loswerden kann. Überall macht sich Kurzarbeit breit. Wie hatte doch Herr Ackermann gesagt? Die Folgen müssen wir alle tragen. Die Investmentbanker, die Anlageberater, die Chefs und Aufsichtsräte der großen Bankhäuser, sie alle haben nur ihren Job gemacht.

Keiner will etwas falsch gemacht haben. Wenn Ackermann Recht hat, darf die Frage gestellt werden, ob da etwas am System nicht stimmt.

Eines wissen wir jedenfalls inzwischen: Wenn jetzt die Bankentürme in Frankfurt wackeln, so ist das unser aller Problem, sagt die Regierung. Deshalb müssen jetzt aus unseren Steuergeldern die Milliarden bereitgestellt werden, weil wir uns einen Zusammenbruch der Finanzwirtschaft nicht leisten können, sagt die Regierung auch. Weil der Zusammenbruch der Finanzwirtschaft eine noch viel schlimmere Krise zur Folge hätte, deren Folgen selbstverständlich wir ausbaden müssten. Der Staat übernimmt die Verantwortung, um seine Bürger vor dem Schlimmsten zu bewahren, begründet Frau Merkel. Der selbe Staat, von dem die Herren Ackermann, Merz, Westerwelle, Sinn & Co. noch vor Kurzem lauthals forderten, er solle sich aus der Wirtschaft heraushalten, wird nun, wenn das Kind in den Brunnen gefallen ist, zum willkommenen Retter.

Es ist Wahlkampf in Deutschland. 2009 – ein Superwahljahr mit einigen Landtagswahlen, darunter in Sachsen, Europa- und Bundestagswahl. Wir Bürger erleben die kuriosesten Dinge. Dass die SPD angreifen muss, ergibt sich aus ihrer Schwäche. Sie versucht, auf Grund schlechter Umfragewerte Boden zu gewinnen. Die CSU mit dem Neuen (Seehofer) an der Spitze schießt quer, denn sie will zeigen, dass sie nach einer Zeit der Wirren die alte starke Bayernpartei ist. Die Linke hätte eigentlich die Siegerin aus der Krise sein können, aber diese hat sie scheinbar ebenso getroffen wie alle anderen Parteien. Sie hat die Chance verpasst, die Leute zu mobilisieren, auf die Straße zu gehen gegen den Turbokapitalismus. Und die Erklärung der Kanzlerin im Oktober 2008, dass die Sparanlagen sicher seien, hat erstmal den Sturm auf die Kassenschalter verhindert und damit auch Massendemonstrationen wie in Frankreich, Island oder Griechenland.

Trotzdem verliert die CDU Anfang 2009 an Stimmen in den Umfragen, die FDP legt dagegen zu. Sieben Monate vor der Bundestagswahl könnte man damit rechnen, dass das Kalkül beider Parteien aufgeht, in dieser Koalition die nächste Regierung zu stellen.

Aber ist es nicht kurios, dass ausgerechnet die FDP zulegt und hoch notiert wird, die Partei, deren marktradikaler Kurs durch das Platzen der Blasen bis auf die Knochen blamiert sein müsste.

Mit Merkel und Westerwelle jedenfalls ist es schwer vorstellbar, dass sich etwas ändert, dass Finanzströme reguliert werden und der Turbokapitalismus in die Schranken gewiesen wird.

Nach all diesen Entwicklungen ist zu bezweifeln, dass diejenigen, die die Katastrophe angerichtet haben, und die, die tatenlos zusahen, wie sie sich entwickelte, etwas aus der Krise lernen.

Was Weltwirtschaftsforum und Weltsozialforum unterscheidet

Wir erleben das Weltwirtschaftsforum Ende Januar 2009 in Davos. 40 Regierungschefs aus aller Welt sind angereist, darunter Russlands Ministerpräsident Putin, Chinas Ministerpräsident Wen Jinbao, England Premierminister Gordon Brown und natürlich Angela Merkel. Auch viele Wirtschaftsbosse sind dabei, obwohl einige Dauergäste aus den Vorjahren fehlen. Etwa der inzwischen gefeuerte Richard Fuld. Noch vor einem Jahr saß der Chef von Lehman-Brothers als gefragter Experte auf dem Podium in Davos. Jetzt ist er Symbol für Missmanagement und Gier wie viele andere der ehemals von Wirtschaft und Politk gefeierten Stars.

Wichtigster Mann des Weltwirtschaftsforums ist in diesem Jahr Barack Obama. Der neue amerikanische Präsident und seine Politik beherrschen die Gespräche der Teilnehmer des Gipfeltreffens in Davos. Aber Obama selbst ist nicht nach Davos gekommen. Ob das vielleicht Ausdruck für sein richtiges Gespür ist, dass diese jährlichen Zusammenkünfte Treffen einer selbsternannten Weltelite sind, die sich anmaßt, die globale Zukunft zu planen, ohne dafür eine demokratische Legitimation zu haben?

So tagen sie denn hoch oben im schweizerischen Nobelkurort Davos, abgeschottet von der Außenwelt wie in einem Hochsicherheitstrakt und gut beschützt fünf Tage lang. Operation „Alpa Eco Nove“ heißt der Einsatz für das WEF 2009, zu dem die Schweiz 4500 Soldaten, Elitepolizei und Anti-Terrorspezialisten abgestellt und ein Demonstrations- und Versammlungsverbot erlassen hat. Man kontrolliert die Zufahrtsstraßen, patrouilliert in den verschneiten Gassen und überwacht die Hotels.

Die bürgerlichen Zeitungen in Deutschland berichten täglich über diese Show der politischen und Wirtschaftsprominenz. Herausgekommen ist jedoch nichts. Nahezu hilflos reagieren die 2500 Angereisten aus Politik und Wirtschaft. Ohnmächtig stehen sie der Finanzkatastrophe gegenüber, die sich inzwischen zu einer wirtschaftlichen ausgeweitet hat. Keine Beschlüsse und keine Regularien, etwa zur weltweiten Kontrolle der Finanzwirtschaft, hat Davos gebracht.

Von der jährlichen Gegenveranstaltung, dem Weltsozialforum (WSF), das in diesem Jahr zur gleichen Zeit im brasilianischen Belem stattfindet, nehmen diese Zeitungen dagegen kaum Notiz. Dabei ist das Weltsozialforum, das früher von den Mächtigen dieser Welt als Tropen-Woodstock belächelt wurde, längst salonfähig geworden. Davos mag mit Zahlen und Namen glänzen, aber neue Ideen für eine andere, gerechtere Welt ohne Hunger, Armut und Kriege gedeihen eher auf dem Weltsozialforum. 100.000 Besucher aus allen Ecken des Planeten sind in diesem Jahr zum Anti-Davos-Gipfel in die Amazonasmetropole gekommen, angesehene Intellektuelle ebenso wie einfache Menschen und viele in der Welt tätige Nichtregierungsorganisationen wie Attac und andere. Der weltbekannte amerikanische Soziologe David Harvey ist da, wie auch Frankreichs Präsidentenwitwe Danielle Mitterrand und Befreiungstheologe Leonardo Boff

Die weltweite Finanzkrise hat dem Treffen in diesem Jahr eine neue Bedeutung gegeben. "Wir erleben eine Zivilisationskrise", meint etwa der Berliner Universitätsprofessor und Globalisierungskritiker Elmar Altvater. "Der Niedergang des Finanzsystems geht einher mit Klimawandel, Hungersnöten und Energieknappheit. Mit bisherigen Modellen des 20. Jahrhunderts kommen wir dieser

Krise nicht bei. Wir müssen unsere Lebensweise umstellen, das geht nur dezentral".

Nicht nur „Provinzpolitiker“ sind in Belem dabei. Fünf lateinamerikanische Präsidenten sind dort ebenfalls vertreten. Sie werden von vielen Teilnehmern als Vorkämpfer einer "neuen Welt" gefeiert. Ecuadors Staatschef Rafael Correa spricht von einem "magischen Moment" für Lateinamerikas Linke. Auch Venezuelas Präsident Hugo Chávez ist dabei und preist sein Modell eines "Sozialismus des 21. Jahrhunderts" an. Das Weltsozialforum repräsentiere "die natürliche Wählerschaft" der linken Präsidenten, meint auch Politikwissenschaftler Altvater.

Wenn überhaupt bürgerliche Medien etwas über das Weltsozialforum schreiben, dann ist es ob der Teilnahme Andersdenkender und Andershandelnder eher verhöhnend. Der „Spiegel“ etwa zieht die Alternative zu Davos nahezu ausschließlich ins Lächerliche.

Wer aber die Ausschnitte aus den Reden der Regierungsvertreter am Forum teilnehmender Länder gehört hat, wie sie etwa der TV-Sender NDR übertrug, musste schlussfolgern, dass diese ganz und gar nicht lächerlich klangen. Diese Länder, die viele Jahrzehnte von der United Fruit Company und Co. ausgebeutet wurden, haben die Zeichen der Zeit erkannt. Gott sei Dank! Und dem Spiegel sollte eigentlich bekannt sein, dass mit dem Staatsoberhaupt Boliviens, Morales, der erste indigene Präsident gewählt wurde.

Dazu redeten die Repräsentanten dieser Länder Klartext bezüglich vieler Teilnehmer von Davos. Dass nicht wenige von diesen die Finanzkrise zu verantworten haben und jetzt ganz ungeniert in Davos darüber schwadronieren, als hätten sie jahrelang nicht das Spiel der freien Märkte ohne jede Kontrolle gefordert.

Anders als für die G20 steht für die beim WSF versammelten sozialen Bewegungen und Organisationen auch fest, dass kosmetische Korrekturen nicht reichen, sondern das Finanzsystem auf völlig neue Füße gestellt und der globale Reichtum umverteilt werden muss. Im Gegensatz zum Davos-

Gipfel erarbeiteten die Teilnehmerinnen und Teilnehmer des WSF in Belem einen umfassenden Maßnahmen-Katalog. Dieser sieht vor, dass das Finanzsystem öffentlich und demokratisch kontrolliert werden muss und nicht profitorientiert sein darf. Unter dem Dach der Vereinten Nationen und nicht des Internationalen Währungsfonds IWF müssen folgende Schritte vereinbart werden:

die Gründung einer internationalen Steuerbehörde, die Stabilisierung von Wechselkursen und ein Mechanismus zur Schuldenstreichung, insbesondere für die Länder des Südens. Zudem müssen die Steueroasen geschlossen werden.

Das Weltsozialforum hat im direkten Vergleich zum so genannten Weltwirtschaftsforum in Davos gezeigt, wie durch demokratische Diskussionsprozesse soziale und ökologische Lösungen für die Krisen des Kapitalismus erarbeitet werden können. Das WSF hat die aktuelle Dynamik der Proteste gegen die unsozialen Antworten der Reichen und Mächtigen auf die Krise und ihr "business as usual" verstärkt. Die Vertreter des globalen Attac-Netzwerks hatten am Vorabend des WSF einen Appell an dessen Teilnehmer verfasst, den 28. März 2009 zu einem globalen Zeichen des Widerstands gegen die unsozialen Folgen des Krisenmanagements der Herrschenden zu erklären.

Die Finanzmärkte gehören unter demokratische Kontrolle

Ist der Kapitalismus am Ende? Ohne erhebliche Systemkorrekturen mit Sicherheit. Was ist los in Deutschland und der Welt? Unzweifelhaft ist die gegenwärtige Finanzkrise die direkte Folge der Gier und der Skrupellosigkeit der Banker und Fondsmanager, aber auch der Tatenlosigkeit der Politik, die sich das Primat aus den Händen nehmen ließ und sich stets weigerte, Regularien für entfesselte Finanzströme in Zeiten der Globalisierung einzusetzen. Mit diesem System, das es den Zockern an den Finanzmärkten erlaubte, den Zusammenbruch ganzer Volkswirtschaften zu riskieren, muss endlich Schluss sein. Immerhin schlittern wir nach dem Desaster der Finanzkrise in die größte Weltwirtschaftskrise nach 1929, und ein Ende ist nicht abzusehen.

Zehn Jahre nach der Attac-Gründung geben uns plötzlich alle Bundestagsfraktionen Recht: Die Finanzmärkte gehören unter demokratische Kontrolle und nicht nur die. Aber jahrelang blieben unsere Forderungen ungehört. Und nun, welche Schizophrenie und Heuchelei auf einmal? All jene, die in den letzten Jahren auf Teufel komm raus dereguliert haben, rufen auf einmal nach mehr Regulierung. So bei uns im Lande vor allem die politisch Oberen und die Wirtschaftsverbände. Sie werden plötzlich zu Konvertiten, Merkel, Westerwelle und die Herren von BDA und BDI. Ein unvorstellbares Rettungswerk wird aufgestellt, wegen der Menschen, meint Frau Merkel.

Wohl dem, es wäre so. Jedenfalls darf es aber nicht Ziel des Krisenmanagements sein, die Banken wieder fit zu machen für eine neue Runde im Casino. Jetzt muss es ans Eingemachte gehen: Notwendig ist ein grundlegender Umbau des Finanzsystems, um endlich das Diktat der Kapitalmärkte über die Realökonomie zu brechen und den Druck auf das Sozial- und Steuersystem zu stoppen. Die Jahrhundertkrise an den Börsen offenbart es: Das neoliberale Finanzmarktsystem ist gescheitert und hinterlässt einen Scherbenhaufen, den zusammenzukehren nun den Steuerzahlern überlassen bleiben soll. "Es ist Zeit, das Casino zu schließen!" - diese Forderung haben wir von Attac im 2. Halbjahr 2008 tausendfach an Bundeskanzlerin Merkel und Finanzminister Steinbrück gesandt.

Ob es tatsächlich geschlossen wird, das Casino, bleibt abzuwarten. Ich bin da eher skeptisch und habe dafür meine Gründe.

Nehmen wir den von der Bundesregierung ins Leben gerufene Bankenrettungsfonds SoFFin, der nach meinem Dafürhalten unmittelbar nach seiner Gründung bereits versagt hat. Ein Indiz dafür ist, dass schon nach kurzer Zeit Günther Merl als Chef des Bankenrettungsfonds zurückgetreten ist.

Der bekannte Ökonom und Direktor des Instituts Arbeit und Wirtschaft (IAW), Professor Rudolf Hickel, glaubt, dass dafür zwei Gründe eine Rolle gespielt haben können. Zum einen seien diese persönlicher Natur, denn in dieser Kommission habe offenbar sehr viel Streit geherrscht, weil da eben auch ungeeignete Leute sitzen würden. Etwa Leute, die

Verantwortung dafür tragen, dass wir in diese schwere Krise geraten seien, wie Kurt Biedenkopf, der in Sachsen eine Landesbank gegründet hat, die von Anfang an überflüssig gewesen sei wie ein Kropf. So gehörte sie dann auch zu den ersten, die 2008 mit ihren obskuren Finanzmarktgeschäften ins Trudeln kamen. Hickel meint damit, dass sich da Täter als Therapeuten aufführen.

Und zum zweiten habe der Fonds schlichtweg versagt, meint Hickel. Der Sinn aller Rettungsmaßnahmen hätte doch darin bestanden, dass mit insgesamt 480 Milliarden Euro wieder die Bereitschaft der Banken geweckt werden sollte, Kredite an die Wirtschaft zu vergeben. Diesem staatlich finanzierten Anreiz wären jedoch die Banken nicht gefolgt. Deshalb musste mit dem Konjunkturprogramm II der Bundesregierung ein 100-Milliarden-Euro-Fonds aufgelegt werden, um Bürgschaften und verbilligte Kredite direkt an Unternehmen vergeben zu können, die dringend auf Fremdfinanzierung angewiesen sind.
Der Mann hat Recht behalten.

Der Fonds funktionierte offenbar wirklich nicht. Darunter hatte die Realwirtschaft zu leiden und schlitterte in eine Rezession. So wurde Anfang 2009 der Ruf nach einer „Bad Bank" immer lauter, von der die vergifteten Finanzprodukte übernommen werden sollen. Aber wie sollte das gehen und vor allem: Wer soll die Konsequenzen tragen? Eines sollte doch wohl klar sein: Wenn eine Bank unter den Schirm des Rettungsfonds geht und zugleich verlangt, dass ihre vergifteten Finanzmarktprodukte, deren Produktion sie selbst wesentlich zu verantworten hat, übernommen werden durch eine „Bad Bank", dann ist es höchste Zeit, diese Bank zu verstaatlichen! Diese Meinung vertritt nicht nur Hickel, sondern davon sind inzwischen auch Politiker überzeugt, die befürchten, dass sich die Banken allein auf Kosten des Staates, also des Steuerzahlers, gesund sanieren.

Es muss gewährleistet sein, dass eines Tages nach der Gesundung die Gewinne von den Banken wieder an den Staat zurückfließen. Das geht nun einmal nicht ohne eine zumindest zeitweise Verstaatlichung. So können weitere Nachbesserungen des Bankenrettungsfonds, über die die Bundesregierung nachdenkt, nicht die Lösung sein. Attac fordert etwa, alle Banken, die den staatlichen Rettungsschirm in Anspruch nehmen, zu vergesellschaften. Erst danach können die vergifteten Papiere in bankeigene Zweckgesellschaften ausgelagert werden.

Das Ansinnen der Finanzinstitute, eine einzige staatliche „Bad Bank“ zu gründen, die alle vergifteten Papiere übernimmt, hat die Bundesregierung zurückgewiesen. Das belegt die Notwendigkeit, die Branche endlich unter echte demokratische Kontrolle zu stellen. Dreister hätten die Bankmanager ihre Interessen kaum zum Ausdruck bringen können: Die guten Papiere ins Töpfchen der Bankvorstände und Aktionäre, die schlechten ins Kröpfchen der Steuerzahler. So sollen die jetzigen Verluste sozialisiert werden und die künftigen Profite privat bleiben. Dazu passt die Schamlosigkeit, mit der die Dresdner Bank kurz vor ihrer Übernahme durch die Commerzbank noch rasch 400 Millionen Euro an ihre Investmentbanker ausgeschüttet hat. Sie wollen, dass es immer so weiter geht.

Es schlägt dem Fass den Boden aus, wenn wir im Februar 2009 aus den Medien erfahren, dass trotz der aufgestellten staatlichen Rettungsschirme für die Banken noch jede Menge Boni an das Bankenmanagement für 2008 gezahlt werden. Die Schuldigen werden obendrein noch belohnt, könnte man meinen, und das möglicherweise mit Steuergeldern. Jetzt zeigt sich, wie falsch es war, die Schuldigen nicht vor Gericht zu stellen.

Kapital-Verbrechen und Kapital-Verbrecher

Auch in der tiefsten Krise wird weitergemacht. Nicht nur in den USA, sondern auch in Deutschland hat die Gier kein Ende, wie man gern hätte glauben wollen. Nein, die Gierigen werden noch gieriger. Zuerst verlangen die Großbanker Milliarden Euro oder Dollar vom Staat, also vom Steuerzahler, und zahlen dann noch Millionen an Boni für ihre Investment-Banker. In Deutschland schien es nun selbst den regierenden Politikern zu reichen. Im Februar 2009 waren sich CDU- und SPD-Politiker darin einig, dass diese unerträgliche Habgier zu Lasten der Gesellschaft, der Sparer und der Kleinanleger nicht länger geduldet werden darf.

Aber so ist das, wenn es andere vormachen. Wen wundert oben erwähnte Taktik der Dresdner Bank, wenn man bedenkt, dass die Bank Merril Lynch kurz vor der Übernahme durch die Bank of America noch heimlich 3.6 Milliarden US-Dollar Boni an ihre Banker überwiesen hatte. So stellten sich die Investment-Banker in Deutschland hin und wollten Boni-Zahlungen der Dresdner Bank doch tatsächlich gerichtlich durchsetzen! Die Deutsche Schutzvereinigung für Wertpapierbesitz kritisierte darauf hin diese Forderungen als „dreist und maßlos". Und in den USA platzte sogar dem Präsidenten der Kragen. Die Boni-Gelder der Banker nannte Barack Obama im Fernsehen „schändlich und beschämend". Im März 2009 erlässt die neue US-Regierung eine 90%ige Abgabesteuer auf bereits gezahlte Boni. Daraufhin gaben viele Banker ihre erhaltenen Gelder zurück.

Obwohl im Falle Deutschland die Boni teils vor der Krise zugesagt oder vertraglich vereinbart waren, ist die Forderung der deutschen Investmentbanker moralisch nicht haltbar. Die Frage ist doch: Wer hat denn die Krise verursacht?

Doch nicht die Steuerzahler, die jetzt dafür gerade stehen sollen. Die Schutzvereinigung kommentiert dies so: „Die neuen Boni-Forderungen grenzen an den Tatbestand der Untreue".

Finanzexperten in der Regierung nennen das Verhalten der Investment-Banker der Dresdner Bank „skandalös" und „dreist und unverfroren." Jetzt müsse der Gesetzgeber rasch eingreifen, um den geplanten Missbrauch von Steuergeldern endgültig zu stoppen, ist ihre Meinung. Schließlich handelte die deutsche Regierung. Sie verbot Boni-Zahlungen, solange die Bank unter den staatlichen Rettungsschirm gestellt ist. Eine 90%ige Steuer auf bereits gezahlte Boni jedoch wäre in Deutschland undenkbar gewesen, wo man schon eine wirksame Reichen- oder Erbschaftssteuer wie der Teufel das Weihwasser scheut.

Ich betrachte die Forderungen dieser Investment-Banker in der schweren Krise als den Gipfel der Perversion und möchte noch einen Schritt weiter gehen. Für mich sind sie, soweit sie die Krise mitverursacht haben, Kapital-Verbrecher, die vor

Gericht gestellt werden müssen. Wenn sich die Regierenden davor scheuen, so müssen wir sie dazu zwingen. Noch können wir uns wehren. Wir sollten nur noch Parteien wählen, die den Habgierigen das Handwerk legen.

Attac fordert die Bundesregierung auf, endlich konsequent zu handeln. Wenn der Staat und damit die Steuerzahler die Risiken übernehmen, müssen sie auch von künftigen Gewinnen profitieren. Deshalb lautet die Attac-Forderung: Keine staatliche „Bad bank“ ohne „Good bank“! Als Eigentümer kann der Staat nämlich auch das Bankmanagement austauschen, das das Desaster zu verantworten hat. Um für Transparenz zu sorgen und das Ausmaß des Schadens bekannt zu machen, sollte zudem ein Mitglied des Bundesrechnungshofes in das Management delegiert werden. Die staatseigenen Banken müssen sofort alle Niederlassungen in Steueroasen schließen und jegliche Geschäfte mit oder über Steueroasen unterlassen.

Denn Banken sind ebenso wie die Bahn oder die Energieversorgung Teil der Daseinsvorsorge. Darum gehören sie in die öffentliche Hand und unter demokratische Kontrolle. Reagiert die Regierung nicht, so wird die Unwilligkeit der Banken hinsichtlich Kreditvergaben zum Insolvenzbeschleuniger in der Rezession und es drohen allein in Deutschland weitere zehntausende Firmeninsolvenzen. Die Leidtragenden sind die Beschäftigten auf den Arbeitsmärkten, die für die Folgen von Unternehmensstrategien aufzukommen haben. Wenn die Banken nicht mehr funktionieren, wirkt die Finanzkrise wie ein Krisenbeschleuniger vor allem in der kreditabhängigen Wirtschaft.

Was werden die Regierungen nun tun und wie wird sich die Bundesregierung entscheiden? Mit Konjunkturpaketen kann man Schaden begrenzen, aber hier geht es um mehr als Schadensbegrenzung. Es geht um einen Paradigmenwechsel. Doch noch kann ich mich des Eindrucks nicht erwehren, dass alles wieder auf ein „Weiter so“ hinaus läuft. Das darf aber keinesfalls sein. Also müssten wir sie schon zum Handeln zwingen. Im Superwahljahr 2009 mit fünf Landtagswahlen, einer Bundestags- und einer Europawahl sowie Kommunalwahlen in acht Bundesländern hätten wir Gelegenheit dazu. Wir könnten jenen das Mandat entziehen, die die Schwächung des Staates und die Privatisierung aller öffentlichen Einrichtungen betrieben, die von Kontrolle nichts wissen und nur den Markt walten lassen wollten, die die Heuschrecken unter Artenschutz stellten und die hemmungslosen Absahner in den Vorstandsetagen als die eigentlichen Leistungsträger im Lande priesen. Wir können die abwählen, die auch heute noch am liebsten bei den Rentnern, Kranken und Arbeitslosen, bei Kindern und Familien sparen.

Mich wundert dabei, dass in unserem Land die öffentliche Diskussion über die Ursachen des Debakels weitgehend unterbleibt. Ich vermisse den politischen Streit über die dringend erforderlichen Konsequenzen und Reformen, die zukünftig solche Entwicklungen ausschließen. Ich vermisse auch dringend erforderliche internationale Vereinbarungen, die verhindern könnten, dass sich wiederholt, was wir zur Zeit erleben. Ich vermisse politische Initiativen der Bundesregierung in Zusammenarbeit mit anderen Regierungen zur Zähmung eines außer Kontrolle geratenen Kapitalismus und zur Regulierung der Finanzwirtschaft.

Wo wird in Deutschland darüber diskutiert, dass die Wirtschaft den Menschen zu dienen hat und dass es dazu eines demokratischen Staates bedarf, der Regeln setzt und ihre Befolgung erzwingt? Auch die Rolle Europas und die Verfassung der EU muss meiner Meinung nach neu gestaltet werden. Europa muss mehr sein als ein freier Markt. Was wir jetzt brauchen, sind ein soziales und demokratisch handlungsfähiges Europa und strenge europaweit gültige Maßstäbe für ökologisches Wirtschaften.

Wenn das die politisch Verantwortlichen nicht begreifen, müssen wir sie mit all unseren Möglichkeiten dazu zwingen. Durch zivilen Ungehorsam und durch außerparlamentarische Opposition, durch Mitarbeit in Nichtregierungsorganisationen wie Attac und anderen. Es kann einen nur überraschen, dass die Menschen in unserem Land nicht voller Zorn auf die Straße gehen. Die von Attac und anderen organisierten Demonstrationen unter dem Motto „Wir zahlen nicht für eure Krise“ am 28. März 2009 in Berlin und Frankfurt/Main waren ein gutes Signal für den Aufbruch. Sie geben Hoffnung, dass die BürgerInnen aufwachen. Aber der zivile Ungehorsam in dieser Krise und ihrer Bewältigung muss zu einer

Massenbewegung werden, wenn sich wirklich etwas ändern soll. Wir sind es doch, die selbst mit dafür sorgen müssen, dass sich etwas ändert. Wir müssen uns einmischen und von unseren demokratischen Rechten Gebrauch machen, im Interesse des Erhalts der Demokratie.

Besser wären Hilfsaktionen gegen den Hunger in der Welt

Man wird sehen, ob die Hilfsaktion der westlichen Regierungen für die ach so notleidende Bankenwelt zu einem weltweiten Wachrütteln wird. Mehr als 7 Billionen Euro, darunter in Deutschland etwa 1 Billion Euro, wurden in Blitzaktionen lockergemacht. Wohlgemerkt: Es geht nicht um eine Hilfsaktion für den verhungernden Teil der Welt, dafür würde weniger genügen – nein, es geht um den Hunger am obersten Ende der Pyramide, dort wo im Gegensatz zum Hunger der Ärmsten der Hunger, die Gier der Superreichen unersättlich ist. Und wir kommen nicht heraus aus dem Staunen: Die Rettungsaktionen für die effizientesten Reichtumsmaschinerien der letzten Jahrzehnte wurden von den Mächtigsten der Welt in wenigen Tagen entschieden. Um die Beseitigung des Hungers in der Welt feilschen Merkel,
Bush & Co und ihre Vorgänger seit 20 Jahren erbärmlich und streiten sich von einer zur anderen UN-Konferenz über kleine Hilfssummen. Wenn es um die Nöte der Superreichen geht, reichen für Entscheidungen kleine Meetings von Notenbankchef, Finanzminister und Regierungschefin - und eine halbe Billion ist beschlossene Sache.

Weltweit wird zur Bewältigung der Krise 45-mal so viel Geld ausgegeben wie für Armutsbekämpfung und Klimaschutz.
Zum Vergleich: 900 Milliarden Euro wären notwendig, um die Erderwärmung auf 2 Grad zu begrenzen. Auch dafür ist kein oder nur vergleichsweise wenig Geld da, obwohl diese Investitionsmittel ein gewaltiges Konjunktur- und Beschäftigungsprogramm entfachen würde, wohlgemerkt ein zukunftsträchtiges.

Wir sollten aus dieser Krise lernen und klare Konsequenzen daraus ziehen. Wir sollten die Tatsache nutzen, dass viel Geld nach ganz oben fließt - und hartnäckig fordern, dass auch viel Geld nach ganz unten fließen muss. Wir sollten fordern, dass auch diese Entscheidung in allerkürzester Zeit getroffen wird.

Und wir sollten die ganze Geschichte dazu nutzen, in unserem Land eine echte und konsequente Demokratisierung der Marktwirtschaft zu fordern und die damit verbundenen Systeme entsprechend anzupassen.
Marktwirtschaft und Demokratie haben wir nämlich in den letzten Jahren weitgehend verloren. Und dafür sollten wir auch viel mehr und viel öfter auf die Straße gehen.

Wer nun fragt, wohin das viele Geld nach ganz unten fließen soll, dem sei gesagt: Ebenfalls in ein Bankensystem! Aber nicht in eines nach dem Muster von Deutscher Bank und Herrn Ackermann, sondern in das nach dem Muster der Grameen Bank und Herrn Muhammad Yunus. Dieser erhielt vor zwei Jahren immerhin den Friedensnobelpreis dafür, wurde in aller Welt gefeiert und durfte auch in Deutschlands Talkshows auftreten.
Aber danach hatten gleich wieder die Ackermanns das Sagen. Geht uns ja alles nichts an.
Wir leben in einer schizophrenen Gesellschaft, die die Welt als Ganzes nicht zu interessieren scheint. Dieses so gänzlich andere Bankensystem hat aber inzwischen genau 110.000.000-fach erwiesen, wie man Geld so einsetzen kann, dass es die Armut endlich aus der Welt schafft.
Denn bis heute haben weltweit 110 Millionen wirklich bedürftige Menschen Kleinkredite erhalten. Mit ihren Familienangehörigen dazugerechnet haben davon mehr als eine halbe Milliarde Menschen unmittelbar profitiert. Und für dieses Weltwirtschaftswunder von unten war dennoch nur ein winziger Bruchteil von einer Billion Dollar nötig.

Ich bin ganz bei Peter Spiegel, der meint: Lasst uns ein Förderprogramm auflegen, das die millionenfach bewährte Innovation von Yunus und vielen anderen Kleinkreditorganisationen zum globalen Durchbruch führen wird. Das Ackermannsche Modell ist zum Scheitern verurteilt, denn es sieht nur den Profit. Und lasst uns ein zweites Förderprogramm auflegen, meint Spiegel, eines für eine Weltsozialbörse, über die Sozialunternehmen finanziert werden. Sozialunternehmen sind nach der Definition von Yunus solche Unternehmen, die mit der einzigen Zweckbestimmung gegründet werden, soziale Probleme zu lösen, und bei denen die Gewinne im Unternehmen bleiben, um die soziale Dienstleistung immer weiter ausweiten zu können.

Mit einer Billion Dollar kann auf diese Weise die Armut verbannt werden, ist sich Peter Spiegel sicher. So eingesetzt, könnte sich vielleicht das größte Weltwirtschaftswunder aller Zeiten ereignen. Denn, wenn auch die zwei Drittel der Menschheit, die heute vom Wohlstand des „Nordens" ausgeschlossen sind, in die Weltwirtschaft integriert werden, schafft dies eine ungeahnte neue Dynamik für alle und die Chance, damit zugleich eine einschneidende Wende zu nachhaltiger Wirtschaftsweise zu organisieren. Nachhaltiger Wohlstand für alle ist möglich, sagt Peter Spiegel und ich schließe mich ihm an. Nachhaltig im doppelten Wortsinne, ökonomisch und ökologisch.

Auch in Deutschland gibt es alternative Banken

Aber ist es das gesamte deutsche Bankenwesen, was inzwischen so handelt? Nein, einige kleine, aber unbeugsame Banken stemmen sich gegen den Trend.
So entwickelt sich im Kleinen und weniger beachtet von den Medien und der Politk, allerdings auch von der Gesellschaft, der nach ethischen und ökologischen Gesichtspunkten strukturierte so genannte soziale Bankensektor. Weil immer mehr Menschen ihr Erspartes nach ethischen und ökologischen Kriterien anlegen und mitentscheiden können, wohin ihr Geld fließt, wachsen diese kleinen Banken und beschäftigen immer mehr Mitarbeiter.

So hat sich beim deutschen Markenführer dieser Art Geldinstitute, der Bochumer GLS Gemeinschaftsbank e. G., die Zahl der Jobs in den letzten 6 Jahren mehr als verdoppelt. 1974 gegründet, ist sie die älteste „grüne" Bank Deutschlands. Nicht viel anders ist es bei der Umweltbank in Nürnberg, die ständig nach engagierten Mitarbeitern auf der Suche ist. Sie ist die Nummer zwei unter den „grünen" Banken. Aber nicht nur im Westen und Süden unseres Landes setzt sich diese ethische Philosophie durch. Auch im Osten gibt es seit einigen Jahren eine Möglichkeit, sein Geld verantwortungsbewusst gegenüber Mensch und Natur anzulegen. Die EthikBank wurde 2002 als Zweigniederlassung der Volksbank Eisenberg e. G. geboren.

Von dieser erfuhr ich erstmals anlässlich einer Hausmesse für erneuerbare Energien im Herbst 2005 im sächsischen Freiberg, wo sie unmittelbar neben dem Energie-Tisch Altenberg e. V. einen Informationsstand hatte.

Was zeichnet nun aber die „grünen“ Banken aus? Nach ethisch-ökologischen Anlagekriterien ausgerichtet, sind sie der Umwelt und einer Geschäftspolitik unter Beachtung der Menschenrechte und sozial-ökologischer Aspekte verpflichtet. Ausgeschlossen ist eine Kreditvergabe an Unternehmen, die Militärwaffen herstellen oder vertreiben, Atomkraftwerke besitzen oder solche bauen, Pflanzen oder Saatgut gentechnisch verändern, Ozon zerstörende Chemikalien herstellen oder vertreiben und die Kinderarbeit zulassen.

Die GLS-Bank etwa finanziert sowohl soziale und kulturelle Projekte als auch ökologische und gewerbliche, zum Beispiel in den Bereichen Naturkost und Naturkosthandel. Sie veröffentlicht Informationen über alle Kredite, die sie vergibt, mit Zweck und Summe. So kann jeder sehen, was die Bank finanziert. Vor allem die Anleger, denn es ist ja ihr Geld, das weitergegeben wird. Einige Beispielprojekte sind etwa eine Waldorf-Schule in Leipzig, Maschinen für eine Bio-Molkerei, die Existenzgründung einer Imkerei oder eine Photovoltaikanlage der Europäischen Akademie der heilenden Künste. Die Bank gehört rund 13 200 Genossenschaftlern, die in Form von unverzinsten Einlagen den Großteil des Eigenkapitals von rund 25 Millionen Euro bereitgestellt haben. Rund 45 000 Kunden werden von ihr betreut.
Die Umweltbank hat vor allem ökologische Bauten, Bio-Landwirtschaft und Projekte der erneuerbaren Energien in ihrem Fokus. Auch sie hat etwa 40 000 Kunden.
Die Ethikbank ist eine Direktbank mit etwa 5 000 Kunden. Auch sie hat sich nachhaltigen Projekten verschrieben.

Was unterscheidet diese ethischen Banken vor allem von den reinen auf Profit orientierten Privat- und Landesbanken? Sie stellen nicht das System der Marktwirtschaft infrage, sondern bieten vor allem eine Alternative für die Wertekrise, in der unsere Gesellschaft steckt.

Heinrich Deichmann sieht diese vor allem darin, dass wir in unserem Egoismus ersticken, in unserem Materialismus, in unserer Sucht, das Leben maximal zu genießen. Was uns fehle, so meint er, sei vor allem Liebe, die Bereitschaft zu geben und nicht nur zu nehmen, Frieden zu schließen und nicht nur für sich zu kämpfen.

Bereits die Väter der sozialen Marktwirtschaft haben gesehen, dass man den Markt sich nicht alleine überlassen kann. Genau das hat man aber inzwischen genauso vergessen wie auch die Tatsache, dass nur eine auf ethischen Maximen ausgerichtete Philosophie Unternehmen, egal ob Industrieunternehmen, Dienstleistungsbetriebe oder Banken, nachhaltig erfolgreich macht. Ethisch motiviertes Verhalten schlägt sich auch in den Beziehungen zu den Mitarbeitern und den Kunden nieder. Die drei ethischen Banken legen genau hierzu ständig Rechenschaft ab.

Wer sein Unternehmen wirklich auf das Wohl des Kunden ausrichtet und ihn nicht ausnutzt, wer Qualität, Ehrlichkeit und faire Preise bietet, wird langfristig erfolgreicher sein. Entscheiden wir selbst, wem wir unser Vertrauen beim Geldhaushalt schenken.

Regionalwährung als Alternative

Regionalwährungen in Deutschland sind nicht neu. Noch gibt es diese nur in einigen Regionen. Insgesamt sind es 30, und 36 bereiten sich auf eine Einführung vor. Den Zschopautaler etwa gibt es seit August 2007. Er ist die bisher einzige Regionalwährung im Freistaat Sachsen. In Dresden und Umland bereitet eine weitere sächsische Initiative den Elbtaler als Regionalwährung vor.

Ein Zschopautaler entspricht einem Euro. Das Geld ist ein Vierteljahr gültig und soll ständig im Umlauf bleiben. Die Gültigkeit kann mit einem Aufschlag von 2% verlängert oder einem Aufschlag von 5% zurückgetauscht werden. Mit diesem Geld werden Vereine oder Projekte gefördert. Gegenwärtig gibt es 34 solcher Projekte, an die seit dem Start 4.000 Zschopautaler flossen. Die Zschopautaler bekommt man in

Mittweida bei der Volksbank und der Sparkasse sowie bei der Postagentur Schneider in Flöha. Inzwischen gibt es 93 Unternehmen und Geschäfte in der Region, die den Zschopautaler akzeptieren, unter anderem in Mittweida, Frankenberg, Hainichen, Waldheim, Flöha und Augustusburg.

Maßgeblich an seiner Einführung hat der Chef des Sonnenkollektorherstellers Buschbeck Solartechnik GmbH im sächsischen Erdmannsdorf, Jörg Buschbeck, mitgewirkt. „Der Zschopautaler ist die mittelsächsische Antwort auf den Zusammenbruch des weltweiten Finanzsystems“, kommentiert Buschbeck gegenüber der Regionalzeitung „Freie Presse“ am 14. Oktober 2008, als er die ersten 2000 Zschopautaler von der Firma Soli fer aus Freiberg erhält. Soli fer ist wie Buschbeck Mitglied im 2007 gegründeten Verein.

Beide Firmen sind sich im Klaren darüber, dass das neue Währungssystem regionale Unternehmen fördert und die Kaufkraft an die Region bindet. Das Geld, das Jörg Buschbeck jetzt erhalten hat, zahlt er mit dem Prämienlohn an seine Mitarbeiter aus. Die können damit in regionalen Geschäften einkaufen, die sich der Währung angeschlossen haben. Für den Erdmannsdorfer sei es wichtig, dass dieses Geld ohne Zinsen im Umlauf bleibt, schreibt die „Freie Presse“.

Jörg Buschbeck sieht genau darin neben der Inflation den Grund für den Zusammenbruch des weltweiten Finanzsystems. Er hofft, dass man sich in dieser Weltwirtschaftskrise lieber für eine Umlaufsicherung als für Massenarbeitslosigkeit entscheidet. Auf der Internetseite des Zschopautalers lese ich im Januar 2009 eine ermunternde Botschaft von Jörg Buschbeck: „Ich würde mir wünschen, dass die Menschen in Mittelsachsen sich nicht mit dem ‚Märchen vom bösen Bänker’ als Erklärung für die Finanz- und Wirtschaftskrise abspeisen lassen. Der anonyme Systemfehler des Kapitalismus ist der Schuldenwachstumszwang, gespeist aus der Hortbarkeit heutigen Geldes. Unser Zschopautaler – als Bemusterungsprojekt für nicht hortbares und regional gebundenes Geld – sollte deshalb noch stärker als Lösungsansatz für Stabilität und regionale Selbsthilfe wahrgenommen werden. Ich wünsche mir, dass die Menschen in der Region künftig stärker zusammenstehen und auf ihre eigene Kraft vertrauen - dies ist sehr wichtig, denn ‚die da oben' sind mit ihrem Latein ziemlich am Ende!"

Der Zschopautaler schwappt inzwischen sogar vom Mittleren Erzgebirge bis zu uns ins Osterzgebirge herüber. Am 13. Oktober 2008 bezahlte die Dippoldiswalderin Christiane Haffner mit diesen ungewöhnlichen Scheinen ihre Sonnenkollektoranlage auf dem Dach. Sie hält die Regionalwährung für eine tolle Idee, werde doch das Geld in der Region ausgegeben und verschwinde nicht in undurchsichtigen Kanälen, meint sie. Außerdem würden ein Verein oder ein Projekt 5% der umgetauschten Summe zusätzlich erhalten. Für die Frau, die Freunde in Mittweida hat, steht fest, dass das Geld der Sanierung der dortigen Stadtkirche zugute kommt.

Der Internetseite entnehme ich, dass aktuell rund 150.000 Zschopautaler seit der Einführung ausgegeben wurden. Davon sind etwa 20.000 im Umlauf, wie ich dort weiter erfahre. Über 100.000 Bürger haben mit der Regionalwährung bereits in regionalen Betrieben und Geschäften bezahlt.

Übrigens hat Jörg Buschbeck mit seinen Freunden einen Film unter dem Titel „Global Change 2009" gedreht, der seine Premiere am Rande des G 20-Gipfels in London Ende April 2009 hatte. Mit diesem wendet er sich Ende Mai direkt an die Bundeskanzlerin. „Unser Film ist eine Botschaft an die Mächtigen dieser Welt. Er soll zeigen, wie die Jahrhundertkrise zur Jahrhundertchance für eine bessere Welt werden kann", sagt Jörg Buschbeck. „Jetzt wollen wir mit der Bundeskanzlerin direkt in den Dialog treten und hoffen, dass sie sich die Zeit nimmt, unseren Film anzusehen", sagt er weiter. Der Verein hat dem offenen Brief auch eine Kopie des Films für den amerikanischen Präsidenten Obama beigelegt, den Merkel am 5. Juni in Dresden getroffen hat.

Demokratie in Gefahr

Zivilcourage ist nichts Außer-Ordentliches;
sie ist jedermann abverlangt – gegen die
in jedem von uns schlummernde Feigheit

Friedrich Schorlemmer, Theologe und Buchautor

Über Freiheit und Demokratie

In meinem Buch „Sonnensucher am Kahleberg“, das 2005 erschien, beklagte ich bereits, dass uns nicht mehr Politiker beherrschen, sondern der globale Finanzmarkt. Wie sich bereits um die Jahrtausendwende an dem im Prinzip reichen Land Argentinien sehen ließ, können durch seine Deregulierung ganze Volkswirtschaften ruiniert werden. „Die global operierenden Konzerne entmachten die lokale Politik“, beschreibt Friedrich Schorlemmer in seinem Buch „Lass es gut sein“ dieses Desaster. Doch Argentinien liegt ja weit weg von uns.

Ist es aber bei uns so anders? Ich erinnere mich in diesem Zusammenhang wieder an den Spätsommer 2007, als die Landesbank Sachsen im Sog der US-Immobilienkrise praktisch pleite war und im letzten Moment von der Sächsischen Staatsregierung an die Landesbank Baden-Württemberg verkauft wurde. Als Baby jahrelang von sächsischer Politik hochgepäppelt, hat sich die Landesbank Sachsen über ihre irische Tochter mit windigen Fonds verspekuliert und geriet nun nach den Marktveränderungen in den USA in eine Schieflage. Von 17,3 Milliarden Euro wusste man zu berichten. Dabei ist die Landesbank nicht etwa eine private Einrichtung wie die Deutsche oder die Dresdner Bank. Nein, sie ist eine öffentlich-rechtliche, und das ist der eigentliche Skandal. Sie gehörte vor dem Verkauf dem Freistaat Sachsen und der Sachsen-Finanzgruppe.

Wie wahr Schorlemmers oben zitierte Aussage ist, wird an diesem Beispiel deutlich. Der globale Finanzmarkt hat nicht nur die Landesbank, sondern auch jegliches Vertrauen in die sächsische Politik zerstört. Immerhin haben der damalige Finanzminister Horst Metz sowie zwei weitere Minister, die im Aufsichtsrat der Bank saßen und diese kontrollieren sollten, jahrelang tatenlos dem Treiben der von ihnen als Bankvorstände eingesetzten Schützlinge zugeschaut. Auch Ministerpräsident Milbradt hat zugesehen. So wird Politik in Sachsen durch den globalen Finanzmarkt beherrscht und, wenn man so will, entmündigt.

Der Ministerpräsident und sein Finanzminister haben abgedankt. Ihre Nachfolger können noch so sehr um Schadensbegrenzung bemüht sein, sie werden nicht verhindern können, dass sächsischer Politik nach einer ganzen Kette von aufgetretenen und noch zu untersuchenden Korruptionsfällen immer weniger vertraut werden kann. „Instinktlos, schamlos und geldgierig - so funktioniert das ganze gewinnbesessene System, in dem demokratische Firnis auf die Herrschaft des Kapitals geschmiert wird", sind sich viele mit Friedrich Schorlemmer einig in Bezug auf das, was wir heute erleben.

Deshalb ist auch im Freistaat Sachsen die Demokratie hochgradig in Gefahr, weil sie so nicht funktionieren kann. Sie ist bereits so angeschlagen, dass ihre national-populistischen Verächter sie schamlos für ihre Interessen ausnutzen können. In diese Lage haben uns leider auch solche Politiker im Regierungsamt mit ihrem verantwortungslosen Handeln gebracht. Es ist mir bis heute nicht klar, warum die Sachsen ob solchen Politikversagens im Spätsommer 2007 nicht auf die Straße gegangen sind. Nur 24% der Ostdeutschen empfinden Umfragen zufolge die Demokratie der Bundesrepublik Deutschland als sehr gut. Ich ziehe daraus 2 Schlussfolgerungen: Entweder haben die Ostdeutschen zu wenig Demokratieverständnis oder sie empfinden, dass Demokratie in unserem Lande im Argen liegt. Ich vermute letzteres, auch wenn ich damit Streit provoziere. Wenn nämlich die Ostdeutschen gefragt würden, ob sie lieber in einer Diktatur leben würden, so würden das sicherlich mindestens 90 % verneinen.

Für mich persönlich gilt es deshalb umso mehr, für den Erhalt der Demokratie zu kämpfen und trotz der geschilderten Vorfälle der allgemeinen Politikverdrossenheit etwas

Wirksames entgegenzusetzen – das Sich-Einmischen. Und das scheint mir in Deutschland, vor allem aber im Osten im Argen zu liegen. Denn dort, wo Bürger der Demokratie die Akzeptanz entziehen, sich enttäuscht, resigniert oder wütend zurückziehen, nicht einmal den Weg in die Wahllokale schaffen, käme die Demokratie in Gefahr, meint Friedrich Schorlemmer. Wie Recht hat er mit dieser Aussage. Er ermuntert uns zum direkten Handeln.

Wir können dies als Einzelperson tun oder uns Bürgerinitiativen anschließen. Wir können in Nichtregierungs- oder Umweltorganisationenorganisationen wie Attac, BUND, Nabu, Greenpeace oder der Grünen Liga vor Ort tätig werden. Wir können uns mit Petitionen direkt in die Politik einmischen.

So zeigt sich Zivilcourage als positive Ethik. Es reicht eben nicht, gemäß dem Strafgesetzbuch untadelig zu leben, man muss sich aus eigener Initiative fragen, was zu tun ist und aus eigenem Entschluss handeln. Das verstehe ich unter „Demokratie wagen“. Dies heißt aber zugleich, auch höhere Ansprüche an sich selbst und andere zu stellen. Nur so kann man das Glück der Freiheit und das Glück der Selbst- und Mitverantwortung finden.

Wenn wir über Demokratie und Freiheit sprechen, so müssen beide immer im Zusammenhang mit Gerechtigkeit gesehen werden. Keine Freiheit ohne Gerechtigkeit, sonst bleibt sie die Freiheit derer, die sie sich leisten können. Und wo Freiheit und Gerechtigkeit nicht im Zusammenspiel funktionieren, wird es auch für Demokratie keinen Raum geben. Albert Camus meinte: „In nichts nachgeben, was die Gerechtigkeit betrifft, und auf nichts verzichten, was die Freiheit angeht. Die Freiheit wählen heißt nicht, gegen die Gerechtigkeit wählen. Wenn euch jemand euer Brot entzieht, beraubt ihr euch gleich eurer Freiheit, aber wenn jemand euch eurer Freiheit beraubt, dann wisst, dass euer Brot bedroht ist, denn es hängt nicht mehr von euch und eurem Kampf ab, sondern von der Eigenmächtigkeit irgendeines Herrn. Je weiter die Freiheit an Boden verliert, desto mehr wächst das Elend und umgekehrt. Die Unterdrückten wollen nicht mehr nur von ihrem Hunger befreit sein, sondern auch von ihrem Herrn.“

Derart radikale Gedanken von Albert Camus sind jenen fern, die sich in dieser Welt eingerichtet haben, die auf der Haben-Seite unseres Gesellschaftssystems stehen, denen es gut geht. Sie wollen keine Veränderung der gesellschaftlichen Verhältnisse. Bei Arbeitslosengeld-, Hartz-IV- und Niedriglohnempfängern, den Verlierern der wirtschaftlichen Globalisierung, sieht das schon ganz anders aus. Immer mehr ausgegrenzt von der gesellschaftlichen Teilhabe, ist für sie Freiheit in unserer Gesellschaft nur eingeschränkt erlebbar. Ganz zu schweigen von den Menschen in den Ländern des Südens, denen gesellschaftliche Teilhabe durch Hunger und bitterste Armut verwehrt wird.

Demokratie leben, das ist das Gebot der Stunde. Und dafür auf die Straße gehen und mit den Füßen abstimmen, ist längst fällig in Zeiten höchster Ungerechtigkeiten. Das allgemeine Herausreden nach der Devise „Wir können doch eh' nichts ändern" macht mich wütend.
Diesen Satz hatten viele Zeitgenossen auch vor 1989 immer wieder auf den Lippen. Dennoch hat sich etwas geändert – haben wir etwas geändert. Doch gesellschaftlichen Selbstlauf im Sinne des Bürgers gibt es nicht. Wer sich nicht wehrt, lebt verkehrt. Wer etwas will, muss etwas tun. Wir können wohl etwas ändern, wenn wir unsere Macht richtig begreifen: als mündige Bürger, als Wähler oder als kritische Verbraucher. Wir müssen es nur wollen und unser Gleichgültigsein und unsere Bequemlichkeit aufgeben.
Wir müssen uns nicht manipulieren lassen.

Friedrich Schorlemmer schildert den oft anzutreffenden allgemeinen Zustand so: „Der Citoyen (im Osten) – sofern er kurzzeitig 1989 aufgestanden war – meldet sich ab, macht die Bierflasche auf und stellt Comedy an". Was bleibt, ist abfälliges Äußern über alle die, die „es geschafft haben", die „überall nur abzocken". Meinungen werden auf Schlagzeilen oder Stammtisch-Parolen reduziert. Ich bin weit entfernt davon, diesen Zustand zu pauschalisieren, aber etwas Wahres scheint schon daran zu sein.

Doch wehe uns, wenn großsprecherische nationalistische Parolen dieses Potenzial aktivieren. Wir Sachsen haben die Landtagswahlen vom Herbst 2004, den Stimmenzuwachs der rechtsextremistischen Parteien und den Einzug der NPD in den Landtag noch allzu gut in Erinnerung. Und wenn jemand dachte, dies sei eine Eintagsfliege gewesen, der wurde ob des Ergebnisses der sächsischen Kreistagswahlen im Juni 2008 eines Besseren belehrt. Seitdem sitzt die NPD in nahezu allen sächsischen Kreisparlamenten.

Demokratie ist etwas, wofür wir alle verantwortlich sind. Alles für ihren Erhalt zu tun, ist unsere Pflicht, vor allem in Zeiten, da Politik oft auf dem rechten Auge blind zu sein scheint.

Die Würde des Inders ist unantastbar

Diesen Satz las ich in der Wochenzeitschrift „der Freitag" unmittelbar nach den schrecklichen Ereignissen in Mügeln, wo im August 2007 während eines Stadtfestes 50 Deutsche acht Inder jagten, verletzten und dabei ausländerfeindliche Parolen grölten.

Die Würde des Menschen ist unantastbar". Der Artikel 1 unseres Grundgesetzes war für den „Freitag" Anregung für diese Schlagzeile in der Berichterstattung.
Auch in der Bibel heißt es, dass alle Menschen vor Gott gleich sind. Wie halten wir gläubigen oder ungläubigen Demokraten es aber mit Grundgesetz und Bibel tatsächlich?
Dass Rassismus überall ist, wird man leider kaum bestreiten können, auch wenn er nicht immer so sichtbar zum Ausbruch kommt wie in Mügeln. Politik versucht leider allzu oft, die permanente Gefahr und das Bestehen von Rassismus herunterzuspielen oder, wenn er offen zu Tage tritt, die Medien mit ihrer Berichterstattung dafür verantwortlich zu machen.

Der Bürgermeister von Mügeln wiegelt ab. Ausländerfeindliche Parolen könnten jedem mal über die Lippen kommen, bekundet er und sagt damit vieles über den fremdenfeindlichen Alltag. Andere Politiker hingegen verfallen in Rituale. Die einen fordern mehr Geld zur Bekämpfung, die anderen geben sich mal wieder überrascht. Ministerpräsident Milbradt und andere ostdeutsche Christdemokraten wehrten sich unmittelbar danach gegen pauschale Vorverurteilungen. Politiker der Linken warnen davor, mit dem Finger auf den Osten zu zeigen.

Warum eigentlich nicht? Natürlich gibt es Ausländerfeindlichkeit und Rassismus auch im Westen, aber im Osten finden wir beides nach fast zwei Jahrzehnten deutscher Einheit ausgeprägter, allein was die Wahrscheinlichkeit betrifft, Opfer einer rassistischen Gewalttat zu werden.

Nur im Osten sitzt die NPD in zwei Landtagen. Nur im Osten gibt es jene ausländerfreien Zonen, die auch „No-go Areas" genannt werden. Natürlich gibt es dafür Gründe, die vor allem im gesellschaftlichen Umfeld liegen. Nach der Wende wurde es versäumt, die Zivilgesellschaft von unten aufzubauen. Statt dessen wurden die sozialen Strukturen im Zuge der ostdeutschen Transformation durch den Westen zerstört oder aufgegeben. Viele wundern sich darüber, dass der gesellschaftliche Konsens dieses Prozesses bis heute im Osten vielfach noch nicht verankert ist.

Die NPD und militante Kameradschaften haben diese Lücke gefüllt und sind damit zum Sprachrohr derjenigen geworden, die von den westdeutsch sprechenden Eliten und ihren Diskursen nicht mehr erreicht werden. Sie artikulieren die Ängste der gesellschaftlichen Verlierer und geben ihnen (für sie durchaus auch erfolgreich) eine antidemokratische und rassistische Antwort auf die soziale Frage. Die Schuld an ihrem Dilemma wird eben Ausländern zugewiesen.

Rechtsextremisten und Rassisten sind vor allem in Kleinstädten und ländlichen Regionen, die ethnisch homogen geblieben sind und ökonomisch abgehängt wurden, gesellschaftliche Akteure. Oft dominieren dort lokale Diskurse und rechte Jugendcliquen bestimmen, wer sich auf den Marktplätzen aufhalten darf. Lokale Politiker stehen dem, selbst wenn sie nicht wegschauen wollen, hilflos gegenüber. Vor allem dann, wenn ein Teil der Bevölkerung mit dem Mob sympathisiert. Darum ist es jenen nicht hoch genug anzurechnen, die phantasievoll eine Gegenkultur prägen und sich in Vereinen wie etwa „Toleranz und Demokratie" mutig engagieren.

Was Mügeln betrifft, so berichteten die Medien Anfang März 2009 erneut über Tätlichkeiten gegenüber zwei Indern in der sächsischen Kleinstadt. In der Nacht zum 7. März hatten zwei junge Männer und eine Frau die Pizzeria „Picobello" attackiert, genau jenes Lokal, in das im August 2007 am Schluss des Altstadtfestes die acht Inder geflohen waren. Als Pizzeria-Inhaber Amarjit Sing daraufhin die Polizei anrief, wurden zwei seiner Mitarbeiter vor der Tür von den beiden Männern u. a. mit einem Schlagring angegriffen. Ein Mitarbeiter erlitt einen Nasenbeinbruch, der andere kam mit blauen Flecken davon. Auch dieses Mal soll es Zeugen gegeben haben, die nicht eingriffen. Die Polizei konnte einen 29-Jährigen im typischem Nazi-Outfit stellen. Mügeln kommt anscheinend nicht zur Ruhe.

Natürlich sind auch die alten Bundesländer nicht frei von Rassismus. Das zeigt etwa der Wahlkampf der hessischen CDU und ihres Ministerpräsidenten Roland Koch vor den Landtagswahlen am 27. Januar 2008. Neun Jahre zuvor war Koch Sieger der Hessenwahl geworden, weil er mit seiner damaligen Unterschriftenaktion gegen die doppelte Staatsbürgerschaft gepunktet hatte. Viele Bürger fragten damals schon, wo sie gegen Ausländer unterschreiben können.

Im Wahlkampf 2008 startete Koch eine neue Ausländerkampagne mit Hilfe der Springer-Medien: Er nutzte das brutale Vorgehen zweier ausländischer Jugendlicher gegen einen Rentner in München unter medial besten Voraussetzungen, denn tagelang lief das Video aus der Beobachtungskamera über die Fernsehkanäle. Dies nahm Koch zum Anlass, für härtere Strafen und schnellere Abschiebung von ausländischen Jugendlichen zu plädieren. Tatsächlich schaffte er es, dass das Thema allein als ethnisches und nicht als soziales diskutiert wurde. Auch in der letzten Woche vor der Hessenwahl blieben sich Koch und seine CDU treu. Sie ließen in der Öffentlichkeit ein Wahlslogan mit folgendem Inhalt plakatieren: Linksblock verhindern – Ypsilanti, Al-Wazir und Kommunisten stoppen! Wählt CDU. Rassismus pur, kann man ob solcher Propaganda nur feststellen.

Andrea Ypsilanti war die Spitzenkandidatin der SPD, die für Mindestlohn, Bildung für alle und eine Energiewende in Hessen eintrat. Tarek Al-Wazir war der Spitzenkandidat der Grünen, der als eigentlicher Kopf der Opposition in Hessen gilt. Der feine Unterschied zur vorherigen Kampagne Kochs:

Unmittelbar vor der Wahl ging es gar nicht mehr gegen junge kriminelle Ausländer, sondern gegen etwas ältere in anderen Parteien aktive Deutsche mit ausländisch klingenden Namen. Denen unterstellt man zudem so etwas wie politische Kriminalität, wollen sie doch mit den Kommunisten die Stabilität des Landes erschüttern. Primitiver geht es nicht mehr.

Diese Plakataktion erinnert gefährlich an den Antikommunismus Adenauerscher Prägung. Gott sei Dank durchschaute der hessische Wähler das schmutzige Spiel und verpasste Koch einen Denkzettel. Die Union verlor gegenüber der letzten Wahl 12% der Stimmen in Hessen. Infolge grundsätzlicher Fehler der Hessen-SPD kam es jedoch nicht zu einer veränderten Regierungszusammensetzung. Die Wahl fast genau ein Jahr später, im Januar 2009, sah dann einen gewandelten Koch als Ministerpräsidenten und eine CDU/FDP-Regierung als Sieger. Die Wähler vergessen leider allzu schnell. So eben, dass der Lügner Koch nicht nur im hessischen Parteispendenskandal von nichts gewusst haben wollte, sondern auch, dass er mehrfach mit rassistischen Aktionen aufwartete.

Die Gesellschaft ist nicht frei von Rassismus, wie das Beispiel Hessen zeigt. Jeder von uns kann sich dazu einer Selbstprüfung unterziehen. Fragen wir uns doch zunächst einmal selbst, ob wir als Staatsbürger bereit sind, den Würde-des-Menschen-Artikel 1 des Grundgesetzes oder als Christen die Gleichheit aller Menschen vor Gott gemäß der Bibel für uns selbst zu verinnerlichen und danach zu leben. Und vor allem müssen wir uns fragen, wie wir es im täglichen Leben damit halten. Zum Beispiel, wenn wir Menschen anderer Herkunft begegnen, die unsere Hilfe benötigen oder die einfach nur einen Ansprechpartner brauchen.

Worüber ich mich immer wieder wundere, sind die Vorbehalte, die vorgebracht werden, wenn es sich um Ausländer, vor allem um solche aus Nicht-EU-Ländern geht. In Sachsen zum Beispiel liegt ihr Anteil bei etwa 2%. In dem Kreis, in dem ich wohne, bei 1%, in den Dörfern zumeist im Promille-Bereich. Trotzdem sind hier die Vorurteile ihnen gegenüber am größten.

In meinem Dorf etwa hat sich herumgesprochen, dass eine Familie mit arabisch klingenden Namen mit mehreren Kindern die 2006 aufgegebene Jugendherberge bei einer Immobilienaktion ersteigert hat. Keiner kennt die Familie, die auch noch nicht eingezogen ist, aber sofort werden abfällige Bemerkungen gemacht, Vorurteile und Ängste geschürt. Wohlgemerkt, nicht von Rechtsradikalen, die es bei uns Gott sei Dank kaum gibt. Nein, von Nachbarn und von Freunden, die zum Teil als hochgeschätzte Bürger gelten.

Oder ein anderes Beispiel: Wir treffen auf Freunde, Bekannte und Nachbarn, die vietnamesische Händler in Sachsen Fidschis nennen, bei denen in der Regel gerne gekauft wird – Obst, Gemüse oder Klamotten. Meine Frau und ich machen in diesen Fällen unsere Gesprächspartner immer darauf aufmerksam, dass diese Art von Bezeichnung Fremdaussehender von wenig Achtung vor anderen Nationalitäten oder vor der Herkunft vietnamesischer Bürgern spricht. Ich bin davon entfernt, jenen Rassismus zu unterstellen, die Vietnamesen Fidschis nennen. Ich denke , es ist mehr Gleichgültigkeit bzw. inzwischen gängiger Jargon. Ich kann mir nicht helfen und spüre dabei immer eine Art von Diskriminierung Andersaussehender.

Was lebt in den Menschen, frage ich mich immer wieder. Sind es Vorurteile? Aber wo kommen diese her? Liegt der Grund darin, dass wir unmittelbar an der Grenze zur Tschechischen Republik leben? Kaum vorstellbar, denn die Erfahrungen der letzten Jahre sind eher positiv. Viele Bürger der Region nutzen aus Kostengründen die Einkaufsmöglichkeiten, die Gastronomie und den Service des Nachbarlandes Tschechien. Kaum einer kann sich über eine erhöhte Kriminalität, die von Ausländern ausgeht, beklagen. Was ist es aber dann?

Der „Sozialreport 2006" gibt auch nur statistisch Auskunft über mögliche Ursachen. Danach stimmen 44% der Ostdeutschen der Ansicht zu, dass bei uns zu viele Ausländer leben, bei den über 40-Jährigen sogar 49%. Die Frage, ob Ausländer soziale Probleme, etwa Arbeitslosigkeit verschärfen, bejahten der Umfrage zufolge 36%. Besonders erschreckend ist, dass ältere Menschen Ausländer als Ursache gesellschaftlicher Missstände oder ihrer persönlichen Probleme ausmachen.

Es ist wichtig, dass wir uns selbst fragen, ob wir in Fremden einen Störfaktor oder gar einen Feind sehen oder einen Gast, dem wir Gastrecht gewähren. Danach entscheiden wir uns, ob wir Fremde wirklich als Ebenbürtige und Gleichwertige anerkennen, wie es das Grundgesetz oder die Bibel verlangen.

Wer von uns zu Letzterem im lokalen Bereich nicht fähig ist, kann nicht für ein gedeihliches Nebeneinander und gelingendes Miteinander von Menschen im Globalen auf unserem Planeten sein. Denn das setzt voraus, den Andersdenkenden, den Fremden zu akzeptieren, sich in ihn einzufühlen und sich mit seinen Handlungen, Motiven, Werten und auch seinem Glauben auseinanderzusetzen. Denn dies ist die Voraussetzung dafür, dass diese Menschen in unserer Gesellschaft ankommen. Parallelwelten nützen niemanden etwas. Übrigens kann in einem ernsthaften Dialog mit dem Andersdenkenden die Tragfähigkeit des eigenen Denkens immer wieder neu erprobt werden, wozu auch gehört, möglicherweise eigene Ansichten und Haltungen zu verändern.

Dazu gehören Bereitschaft, Toleranz, Achtung vor der Würde des Menschen und Humanismus. Es ist gut, diese Eigenschaften schon jetzt in uns zu erproben. Denn Klimawandel und entfesselter Kapitalismus werden, wird beiden nicht durch Umsteuern Einhalt geboten, uns künftig durch riesige weltweite Flüchtlinsströme dazu zwingen, mit Fremden noch viel stärker zusammenzurücken, damit alle einfach überleben können.

Dazu wird auch notwendig sein, das bisher vorherrschende Prinzip „Wer wen?“ durch ein neues Prinzip „Leben und leben lassen“ zu ersetzen.

Klima im rasanten Wandel

Der Zustand der Erde verlangt gebieterisch globales ökologisches Denken

Ernst Ulrich von Weizsäcker
Präsident des „Wuppertal Institut für Klima, Umwelt, Energie“

Hauptverursacher Mensch

Längst ist der Mensch als Hauptverursacher des Klimawandels durch das von ihm durch Verbrennung freigesetzte Kohlendioxid identifiziert. Längst besteht auch die Erkenntnis, dass die weitere Aufheizung des Planeten mit den verheerenden Folgen für Natur und Menschheit nur eingedämmt werden kann, wenn durch Energieeinsparung und Verwendung alternativer Energie- und Antriebsformen der Ausstoß von Kohlendioxid bis Mitte dieses Jahrhunderts um 70% gegenüber 1990 gemindert wird.

Trotz dieser Erkenntnis bohrt der Mensch wie seit nahezu 200 Jahren weiter Löcher in die Erde, um Öl und Gas aus ihr zu pumpen. Über Pipelines und andere Wege wird dieses in andere Teile der Welt transportiert, wo Menschen zumeist im Wohlstand leben, die es zum Erhalt ihrer aufwändigen Lebensweise fast ausschließlich verbrennen und die Atmosphäre weiter aufheizen.

Die 1994 angefangene Tiflis-Ceyhun-Pipeline pumpt seit dem 4. Juni 2006 Öl aus der ehemaligen Sowjetrepublik Aserbaidschan in den türkischen Mittelmeerhafen Ceyhan. Von dort aus soll es den Energiehunger Europas unabhängig von Russland und dem Iran stillen. Ebenfalls 2006 fertiggestellt wurde auch eine parallel verlaufende Gaspipeline, durch die der flüchtige Kraftstoff aus der kaspischen Region in die Türkei gelangt. An Polen vorbei geplant ist eine Gaspipeline von Russland nach Deutschland, in dessen Aufsichtsratsgremium Altkanzler Schröder sich einen Platz gesichert hat. Weitere zahlreiche Öl- und Gasverbindungen sollen auf dem asiatischen Subkontinent entstehen.

Nicht anders sieht es mit der Kohle aus. Die Welt setzt weiter auf den Abbau von Kohle und den Bau von Kohlekraftwerken, ob in den USA, in Deutschland oder im Freistaat Sachsen, wo ich lebe.

Sie alle, die dieses „Weiter so“ verantworten, und auch wir anderen können uns der Tatsache nicht entziehen, dass die Polareiskappen und die Gletscher rasant abschmelzen, Korallenriffe auf Grund erhöhter Wassertemperaturen absterben, der Weltmeeresspiegel ansteigt, die Ausbreitung der Wüsten in immer schnellerem Tempo erfolgt und immer schlimmere Hungersnöte mit sich bringt. Es wird ignoriert, dass sich schwere bisher nicht gekannte Unwetter und Hitzeperioden sowie katastrophale Hurricans und Tornados als Vorboten noch viel größerer Naturkatastrophen häufen, weil Kohle, Öl und Gas unvermindert als Energieträger genutzt werden.

Trotz Al Gores Film „Eine unbequeme Wahrheit“, der im Herbst 2006 viele Zuschauer aufrüttelte, trotz des dramatischen Berichtes des Ökonomen Sir Nicholas Stern an die britische Regierung im Oktober 2006 und trotz des 2007 und 2008 vorgelegten Berichtes von 4000 Weltklimaforschern, die eine weitere dramatische Entwicklung voraussagen, ist der Klimawandel immer noch nicht das gesellschaftlich bestimmende Thema. „Eines der größten Hindernisse bei der weltweiten Mobilisierung gegen den Klimawandel ist, dass er zu einem Klischee geworden ist“ meint Tim Flannery in seinem Buch „Wir Wettermacher“. Er ist sich bewusst: „Was jetzt nötig ist, sind gute Informationen und gründliches Nachdenken, denn in den kommenden Jahren wird dieses Thema alle anderen in den Schatten stellen. Es wird zum einzigen Thema werden.“

Vor allem muss uns die Bedeutung von Kohlendioxid klar werden. Es ist nicht nur ein farb- und geruchloses Gas, es ist auch Kernstück des Thermostats der Erde. Es spielt nämlich eine entscheidende Rolle, die Balance aufrecht zu erhalten, die für alles Leben auf dem Planeten notwendig ist. Die negative Seite dabei ist, dass CO2 ein Abfallprodukt der fossilen Brennstoffe ist, die von einem Sechstel der Menschheit auf der Erde zum Heizen, zur Stromerzeugung, zum Transport und zum Decken anderer Energiebedürfnisse verwendet werden. Und was die zugegebenermaßen günstigeren Emissionswerte von Atomkraftwerken betrifft, so zeigen die Ereignisse von Harrisburg und Tschernobyl im vergangenen Jahrhundert sowie die Vorfälle im schwedischen AKW Forsmark 2006 und in den schleswig-holsteinischen AKW Brunsbüttel und Krümmel 2007, dass auch die Kernenergie keine sichere Energie ist. Außerdem ist bis heute die Endlagerung radioaktiver Abfälle weltweit nicht geklärt.

Damit jedoch rütteln wir immer stärker an unseren eigenen Existenzgrundlagen, aber vor allem an denen der übrigen fünf Sechstel der Erdbewohner und denen aller nach uns folgenden Generationen.

Vor diesem Hintergrund hat sich In den letzten Jahren mein ursprüngliches Interesse für den Klimawandel in Angst und Sorge verwandelt. Vor allem seit dem der Beweis vorliegt, dass die Gletscher zehnmal schneller schmelzen als erwartet, dass die Treibhausgase in der Atmosphäre Werte erreichen wie seit Millionen von Jahren nicht mehr und vor allem, dass die Klimakatastrophen immer schlimmere Ausmaße annehmen.

Wenn wir den verlässlichen Erkenntnissen zufolge unsere CO2-Emissionen bis 2050 um 70% reduzieren müssen, Wirtschaft und Politik aber wie bisher weitermachen und auch Menschen, die wir kennen und vielleicht sogar auch mögen, Dinge tun, wie große Autos fahren, mehrfach jährlich in den Urlaub fliegen oder viel Energie verbrauchen, so sollten wir uns nicht entmutigen lassen, etwas dagegen zu tun.

Wichtig dabei ist jedoch, dass wir bei uns selbst beginnen, unsere Lebensweise zu überprüfen und einen Beitrag gegen den Klimawandel zu leisten. Dafür gibt es unendlich viele Beispiele, auf die ich in den nachfolgenden Ausführungen eingehen möchte. Dazu wurde ich zumeist durch eigene Erlebnisse und Beobachtungen in meiner Wahlheimat Osterzgebirge, aber auch darüber hinaus auf Reisen und durch Begegnungen mit Menschen, angeregt.

Ungeniert bekenne ich, dass ich all diese Geschichten der Botschaft widme, über unsere Lebensweise nachzudenken, wenn notwendig umzusteuern und einen Beitrag zum Erhalt unseres Planeten - oder wie es die Christen sagen, zum Erhalt der Schöpfung - zu leisten.

Über Hurrikane und Lernfähigkeit

Da gab es die Hurrikane "Katrina" und „Rita" 2005, zunehmende Trockenheit und Buschbrände auf der iberischen Halbinsel, in Kalifornien und Australien, die Fluten in den Alpen und in China in den vergangenen Jahren, den Orkan „Kyrill" Mitte Januar 2007 und die Überschwemmungen in Indonesiens Hauptstadt Jakarta im Februar oder aber in China im Juli 2007 - und das Wüten des Hurrikans „Ike" in Texas im September 2008.

Die Verantwortungsbewussten unter uns können Häufigkeit und Ausprägung von Wetterextremen kaum noch überraschen. Zu deutlich zeigt sich seit Jahren schon der unmittelbare Zusammenhang zwischen den immer drastischeren Katastrophen und der menschlichen Lebensweise vor allem in den reichen Industriestaaten des Nordens auf unserem Planeten.

Vielmehr bewegt sie und auch mich immer wieder die Frage, ob sich daraus vielleicht die Chance für einen individuellen und gesellschaftlichen Lernerfolg, für vorbeugenden Umweltschutz, für ein Politikverständnis ergibt, das Veränderungen in eine andere Richtung Rechnung trägt?

Wenn wir sehen, wie in Louisiana oder Südostasien Hunderttausende von Menschen vor Sturm und Wasser auf der Flucht sind, wenn wir beobachten, wie sich auf der Iberischen Halbinsel, in Griechenland oder Kalifornien infolge extremer Trockenheit Feuersbrünste immer mehr ausbreiten, wenn wir in der Schweiz, in Österreich, in Bayern und auch im fernen Asien auf riesige Überschwemmungsgebiete blicken, dann, so meine ich, ist Einsicht gefragt, dann sollte Einkehr möglich sein. Diese Erwartungshaltung hatte auch ich während und nach der Flut in Sachsen im August 2002. Wie aber steht es damit in Wirklichkeit?

Die Klimaforscher haben diese Entwicklung fast exakt vorausgesagt. Mehrheitlich will man sie jedoch noch immer nicht wahrhaben und verdrängt lieber die Gefahren. Habgier, Unwissenheit und Bequemlichkeit sind zumeist immer noch stärker als Einsicht, Demut vor den Naturgesetzen und unsere Bereitschaft zur Umkehr. Die Wahrheit ist aber: Entweder lernen wir, künftig mit der Natur zu leben, zu arbeiten und zu wirtschaften, oder wir werden von diesem Planeten verschwinden. Die Weisheit der Natur ist unsere große Lehrmeisterin.

Bis zur Wahl Barack Obamas zum Präsidenten der USA im Januar 2009 deutete wenig darauf hin, dass die USA nun Einkehr halten und den internationalen Klimaschutz-Vertrag, das Kyoto-Protokoll, doch noch unterschreiben oder dem Nachfolgevertrag ihre Zustimmung geben werden. Präsident Bush räumte zwar in seiner Rede an die Nation im Januar 2007 ein, mehr gegen den Klimawandel tun zu wollen. Aber das waren lediglich Lippenbekenntnisse. Erst mit Barack Obama scheint das Wirklichkeit zu werden. Dabei rührt sich bereits zu Bushs Zeiten kräftig Gegenwehr. In Kalifornien und anderen Bundesstaaten, in vielen Städten der USA gibt es engagierte Initiativen gegen den Klimawandel und den Ruf nach Energiesparen oder anderen Energieformen. Spanien und Portugal, die dem Kyoto-Vertrag inzwischen beigetreten sind, haben seit Jahren die höchsten Zuwachsraten an Treibhausgasemissionen in Europa - und zugleich auch zunehmende Wasserknappheit. Ineffiziente Bewässerungslandwirtschaft und wasserintensive Golfplätze sind in den beiden Ländern aber immer noch wichtiger als Energie und Wasser drastisch einzusparen. Von China, wo sich ein riesiges Wirtschaftswachstum vollzieht, können wir noch zu wenig in Richtung Einsicht sagen. Und wie es nach den jüngsten Fluterfahrungen um Einkehr und Einsicht in Deutschland steht, ist noch nicht klar.

Nach der Flut in Sachsen und anderen Bundesländern im Jahre 2002 ist im Bundestag ein vorsorgeorientiertes Hochwasserschutzgesetz erarbeitet worden, das im Mai 2006 in Kraft trat, aber durch die Bund-Länder-Konfliktlinie arg verwässert wurde. So steht den deutschen Flüssen und Bächen heute wegen Begradigung, Deich- und Talsperrenbauten, Staustufen, Verkehrswegen und der

Ausweisung von Baugebieten seitens der Kommunen nur noch etwa ein Fünftel ihrer früheren natürlichen Überschwemmungsflächen zur Verfügung. Deshalb sind nicht erst seit der Sachsenflut ein Programm zur Renaturierung der Flüsse und Bäche und der Stopp intensiver Landwirtschaft in Überschwemmungsgebieten sowie Deichrückverlagerungen erforderlich. Gegenüber dieser berechtigten Forderung will man dagegen in Sachsen nach den Informationspannen zu Beginn der Flut Verwaltung und Bevölkerung besser auf das nächste Hochwasser vorbereiten und die Sachschäden begrenzen. Doch das ist viel zu kurz gedacht, denn wieder mal soll Reagieren vor Agieren kommen. In Zukunft wird nämlich kein Deich hoch genug und kein Rückhaltebecken groß genug sein, wenn nicht die Ursachen der Wetterextreme sofort und ohne Kompromisse angegangen werden: die Treibhausgasemissionen, die Energie-, Industrie- und Verkehrsstrukturen, der gesellschaftliche Stoffwechsel und vor allem unser Lebensstil.

Diese Emissionen auf ein für Mensch und Natur ungefährliches Maß zu senken, ist das erklärte Ziel des Kyoto-Protokolls. Klar ist jedoch, dass dies bei weitem nicht ausreicht, sondern nur ein Anfang sein kann. Deshalb muss der multilaterale Vertrag von seinen rechtsverbindlichen Reduzierungspflichten her kontinuierlich verschärft werden. Wer aber hat daran wirklich ein Interesse? In den USA steht laut Aussage mehrerer ihrer letzten Präsidenten der "American way of life" nicht zur Disposition. Erst mit Barack Obama keimt die Hoffnung für Veränderungen. In Europa müssten die Iberer erst noch umgestimmt werden. Und die Deutschen?

In der bis 2005 agierenden Regierung hatten wir mit Umweltminister Jürgen Trittin und den Grünen noch einige Sachwalter notwendiger Veränderungen. Im vor der Bundestagswahl 2005 vorgestellten so genannten Kompetenzteam der Kanzlerkandidatin Merkel war klimapolitischer Sachverstand zunächst überhaupt nicht vertreten. Und auch die anderen Kandidaten entpuppten sich nicht als Anhänger der Öko-Steuer, die angesichts zunehmender Wetterextreme möglichst schnell weltweit eingeführt werden sollte. Denn die Versicherungswirtschaft ist inzwischen schon heillos überfordert, um Schadensersatz zu leisten. Im Laufe der Regierungszeit der nach der Wahl angetretenen schwarz-roten Koalition wurde jedoch die Absicht erkennbar, dass Klimaschutz notwendig ist. So wurde 2007 ein Bündel von Maßnahmen beschlossen.

Was die deutsche Wirtschaftselite angeht, so ist diese immer noch viel zu sehr von klimapolitischer Inkompetenz geprägt. Wie reagierte etwa noch der BDI ausgerechnet nach Einsetzen der Alpenfluten noch 2005? Er fordert die Abwendung vom Kyoto-Protokoll und stattdessen eine Allianz mit den USA, jenem Land, in dem ganze Städte wie New Orleans und Houston nach den Hurricanen Katrina und Rita zwangsevakuiert werden mussten. Und das ist gerade mal 4 Jahre her.

Wie soll es nun weitergehen in Deutschland? Was wir in diesen Zeiten vor allem brauchen, sollte jedem klar sein. Nicht Konsens und kleinster Nenner sind gefragt, sondern radikale Schritte angesichts der dramatischen Klimaveränderungen. Auch 2008 und 2009 sind trotz veränderter Bundespolitik die dominierenden Interessen der Energiewirtschaft sowie der Mineralöl- und Automobilindustrie allgegenwärtig, die nicht in ihren Bemühungen nachlassen, sich radikalen Veränderungen, wie sie die Weltklimawissenschaftler im IPCC-Bericht fordern, zu widersetzen. Sie setzen auch das EU-Parlament und die deutsche Regierung unter Druck, ihren Forderungen nachzugeben. Da die Gesellschaft ständig mit Wetterextremen, Klimawandel und immer höheren Ölpreisen konfrontiert wird, scheint sich auch die politische Bereitschaft, daraus Lehren zu ziehen und an die Ursachen heranzugehen, nach den Äußerungen der Kanzlerin im Bundestag und anlässlich ihrer Antrittsrede als EU-Präsidentin im Europäischen Parlament Anfang 2007 bei den Regierungsverantwortlichen einzustellen, bleibt jedoch angesichts der Interessenlage im Auto- und Energieland Deutschland ein schwieriges Unterfangen.

Deshalb sehe ich den richtigen Weg für wirkliche Veränderungen darin, dass die Opposition im Parlament, etwa die Grünen, und eine breite Front außerparlamentarischer Opposition in der Gesellschaft noch überzeugender ihre Stimme erheben und den Druck auf Politik und Gesellschaft erhöhen. Ich bin mir sicher, dass wir in Deutschland und in

Sachsen vor stürmischen Zeiten stehen, da hierzulande extreme Wetterlagen mit einseitigen Wirtschafts-(wachstums)interessen und politischer Lernunfähigkeit einhergehen. Was nicht immer so sein muss, da sich gerade nach der Jahrtausendwende aufgrund moderner Umwelttechnologien und erneuerbarer Energieformen ein einmaliger Wirtschaftsboom in Deutschland entwickelt hat.

Doch allein der Druck auf Politik und Gesellschaft wird nicht genügen. Auch wir Menschen müssen uns radikal ändern und unsere Lebensweise immer wieder neu hinterfragen. Bei uns anzufangen ist das Gebot der Stunde. Wir sind es, die ihren ökologischen Rucksack reduzieren und dazu eine breite Bewegung in der Gesellschaft organisieren müssen. Das heißt aber, unseren Energieverbrauch spürbar zu reduzieren, weniger und kleinere Autos zu fahren, stärker den ÖPNV zu nutzen, regionale Produkte zu konsumieren und zu Hause Energie einzusparen. Das ist nicht einfach, denn diese Bewegung scheint immer noch ein Schwimmen gegen den Strom zu sein, gegen Gewohnheiten, eingefahrene Gleise, gegen Medienverdummung und verfehlte Politik. Aber es nicht zu tun, das wäre sträflich.

Erst wenn wir bereit sind, uns selbst zu ändern und dabei viele mitzuziehen, können wir streitbar und ruhigen Gewissens unsere ganze Kraft für Veränderungen in Politik und Gesellschaft einsetzen. Es genügt nicht, den Regierenden Lernunfähigkeit vorzuwerfen, wenn wir nicht selbst in dieser Richtung Lernfähigkeit zeigen. Und dazu ist es höchste Zeit, für jeden von uns. Und das Wichtigste an dieser Botschaft ist: Es ist möglich, wie viele Beispiele zeigen, wo Menschen es vormachen.

Kyrill lehrt uns das Fürchten

Wir schreiben den 17. Januar 2007. Schon tags zuvor sind in den Medien alarmierende Meldungen über das Sturmtief "Kyrill" zu hören, das, vom Westen kommend, über Deutschland mit Spitzengeschwindigkeiten von bis zu 200 Stundenkilometern hinwegfegen soll. Seit Wochen ist der Winter in ganz Europa ausgeblieben und die Menschen in Deutschland haben sich an Temperaturen zwischen 6 und 15

Grad Celsius gewöhnt. Auch bei uns im Erzgebirge ist es ungewohnt warm zu dieser Jahreszeit und die Nächte sind selten, in denen Nachtfröste zu verzeichnen sind. Von Südwesten drängt Warmluft nach Deutschland. Kälte von Norden hat wenig Chancen. Die daraus resultierenden Turbulenzen sind der Ausgangspunkt für Kyrill, der sich an jenem 17. Januar voll über unserem Land entfaltet. In den Nachmittagsstunden erreicht er unsere Region und lässt erst in den Nachtstunden nach.

Wir Menschen im Osterzgebirge sind noch einmal mit einem blauen Auge davongekommen, Kyrill blies "nur" mit 137 km/h über den Kamm. Haus, Hof, Menschen und Tiere blieben in der Region weitgehend verschont. Anders in Nordrhein-Westfalen, wo sechs Tote zu beklagen waren, oder in der Lutherstadt Wittenberg, wo der Orkan ganze Häuser abdeckte. In den Wäldern des Osterzgebirges sieht es dagegen 2 Tage später noch immer verheerend aus. Als ich mich mit Labrador-Hündin Anka auf den Weg mache, um zu joggen, muss ich mit ihr auf der kleinen Runde über 7 km einen wahren Hindernislauf absolvieren. Allein auf den mir bestens bekannten Wegen müssen wir über Dutzende umgestürzte Fichten klettern bzw. diese umlaufen.

An Warnungen hat es nicht gefehlt, in den Wald zu gehen und der Sachsenforst hat vorsorglich alle Wälder gesperrt. Aber wo anders sollte ich laufen als im Wald, denn auf den Wiesen blies noch immer der zwar nachlassende Sturm, aber er war heftig genug, um mir das Joggen zu erschweren und Ankas empfindliche Augen zu beeinträchtigen. Und außerdem: Wer sollte mich kontrollieren, da Forst, Polizei und Bundespolizei doch stets nur mit Autos unterwegs sind. Diese jedoch konnten sie erst einmal vergessen, bevor nicht Kettensägen und Räumfahrzeuge die Wege wieder freigemacht haben würden.

So traf ich auf dem beschwerlichen Weg auch nicht einen Menschen, nicht einmal die neue Gattung der Holzdiebe, die auch bei uns ob der hohen Energiepreise immer dreister vorgeht.

Wie ich am 20. Januar der „Sächsischen Zeitung“ entnahm, sollen allein in unserem Forstbezirk Bärenfels „rund 108 000 Festmeter Holz durch den Orkan Kyrill entwurzelt oder geknickt worden sein“. So jedenfalls wird der Chef des Forstamtes Bärenfels, Wolfgang Gläser in der Zeitung zitiert. Das sei „mehr als die geplante Jahresernte 2007“.

Bei uns traf es nahezu ausschließlich Nadelbäume und darunter zumeist Fichten, deren ganzjähriges Nadelkleid und Flachwurzeln den Bäumen zum Verhängnis wurden. Weitgehend verschont blieben in unserer Region die Laubbäume. Ihnen kam ihre winterliche Kahlheit zu Gute, mit der sie dem Orkan wenig Angriffsfläche boten. Lediglich einige gerupfte Ebereschen und kranke Birken in den Wäldern mussten daran glauben. Traurigkeit kam in mir auf, sind doch Wälder und Berge für mich Sinnbild der Natur, der inneren Geborgenheit, in denen ich mich schon als Kind am liebsten aufgehalten habe. Sind unsere Wälder schon heute durch eine von Personalabbau und mit Großtechnik betriebene Waldwirtschaft arg gebeutelt, so geben ihnen diese Sturmschäden noch den Rest.

Es ist wie ein Teufelszyklus: Im Frühjahr und Sommer fallen viele Laubbäume, z.B. im Tharandter Wald oder in meinem Wahlheimatort Schellerhau den Kettensägen zum Opfer, weil sie breiteren Straßen oder der in Deutschland übertriebenen Verkehrssicherheitspflicht Platz machen müssen. Dabei brauchten wir gerade all diese Bäume so notwendig zur CO_2-Speicherung und zu Einschränkung des Klimawandels. Im Herbst und Winter dagegen werden vor allem die Nadelbäume von den im Zuge des Klimawandels immer mehr zunehmenden Orkanen heimgesucht.

Noch eine knappe Woche vorher, am Sonnabend, den 13. Januar 2007 trafen sich etwa 60 umweltbewusste Menschen am Eingang des Rabenauer Grundes, um gegen die von sächsischen Behörden in großem Maße inszenierte Baumfällaktion in diesem einmaligen Naturschutzgebiet im unteren Verlauf der Roten Weißeritz zu demonstrieren. Durch die Medien hatten diese erfahren, dass der Forst 400 bis 500 zumeist Laubbäume fällen werde, um der Verkehrssicherheitspflicht für den Wanderweg durch den wunderbaren Rabenauer

Grund zu genügen, der während der sächsischen Flutkatastrophe 2002 stark in Mitleidenschaft gezogen und inzwischen wesentlich verbreitert wieder aufgebaut wurde. Auch für die von der Flut zerstörte historische Weißeritztalbahn, deren Wiederaufbau nach jahrelangem Hoffen jetzt beschlossen wurde, sei es aus Gründen der Verkehrssicherheit erforderlich, eine größere Anzahl von Bäumen entlang der Trasse zu fällen.

Naturschutzbund, Grüne Liga Osterzgebirge e.V. und engagierte Umweltschützer, die sich an diesem Vormittag trafen, verweigerten sich nicht grundsätzlich der Notwendigkeit des Fällens bestimmter Bäume, die für Menschen und Bahn eine akute Gefahr darstellten, forderten jedoch die Reduzierung der angekündigten Fällungen und einen sensibleren Umgang mit der Flora dieses einmaligen Flora-Fauna-Habitat-Gebietes. Ihre Forderung beinhaltete vor allem, dass zur Auslegung der Verkehrssicherheitspflicht endlich Unterscheidungskriterien festgelegt werden sollten, die vermeiden, dass diese in Naturschutzgebieten in gleicher Form wie in anderen Gebieten zur Anwendung kommen. Außerdem wurde gefordert, zukünftig vor Festlegung von derartigen Großaktionen die Umweltverbände in die Entscheidungsfindung mit einzubeziehen.

Dank der Präsenz der Medien während der Demonstration und der Berichterstattung in den Zeitungen kommt es am 18. Januar zu einer ersten Aussprache im Landratsamt des Weißeritzkreises zwischen politisch Verantwortlichen und Umweltschützern, in der jede Seite zu Wort kommt. Im Ergebnis wird den Umweltverbänden zugesichert, sie künftig stärker in die Entscheidungsfindung einzubeziehen und sie über den weiteren Verlauf von Maßnahmen auf dem Laufenden zu halten.
Immerhin, die Aktionen der Umweltschützer haben Wirkung gezeigt.

Was uns Jared Diamond und die UN – Weltklimakonferenz von Bali lehren

Im Spätsommer 2007 besuchten uns mein Freund Siegfried und seine Frau aus Berlin in unserem Haus im Osterzgebirge. Es ist immer ein Höhepunkt, wenn wir zusammenkommen.

Man kann vortrefflich mit ihm über die Welt philosophieren, offen über Politik und Gesellschaft streiten und ohne Scheu Visionen entwickeln. Obwohl Jahrgang 1930 und damit 8 Jahre älter als ich, ist Siegfried jung geblieben. Wir liefen beide zusammen vor nahezu 30 Jahren unseren ersten Rennsteiglauf über 45 km und 1990 unseren ersten Berlin-Marathon nach der Wiedervereinigung. Wir beide lieben Bücher und Lesen ist eine unserer großen Leidenschaften. Es sind wahre Sternstunden, wenn wir uns über das Gelesene austauschen und stundenlang darüber diskutieren. Leider sind diese Stunden viel zu wenige im Jahr. Während sich Siegfried vorrangig mit Büchern über Politik, Philosophie und Geschichte beschäftigt, liegen meine Interessen im Sachbuchbereich mehr auf dem Gebiet der Ökologie. Trotzdem hören wir einander aufmerksam zu.

Wie immer, wenn Siegfried zu Besuch kommt, hat er mir ein Buch mitgebracht. Dieses Mal ist es „Kollaps - Warum Gesellschaften überleben oder untergehen“ von Jared Diamond, ein Wälzer von nahezu 700 Seiten. Er meinte, es wäre genau das Richtige für mich, denn genau wie ich mache sich Diamond Sorgen um den Zustand und die Zukunft unseres Planeten. Nun hinkt zwar der Vergleich mit Diamond deutlich, denn dieser ist ein weltbekannter Wissenschaftler und Bestsellerautor, dem ich bei weitem nicht das Wasser reichen kann, aber gleiches Gedankengut mit einem solchen Mann zu haben, scheint ja zumindest nichts Schädliches zu sein.

Als Siegfried wieder in Berlin war, machte ich mich sogleich über das Werk des Autoren her. Dieser war bereits 1998 mit dem Millionenbestseller „Arm und Reich – Die Schicksale menschlicher Gesellschaften“ weltweit bekannt geworden und er hatte dafür den Pulitzer-Preis erhalten. Ich grub mich hinein in sein 2005 erschienenes neues Werk und habe es nicht wieder aus der Hand gelegt, bevor ich es durch hatte.

Ohne Zweifel hat Diamond, der 1938 in Boston/USA geboren wurde, an der Universität von Kalifornien in Los Angeles lehrt und der für seine Arbeit auf dem Feld der Anthropologie und Genetik vielfache Auszeichnungen erhielt, mit diesem Buch „Kollaps“ einen neuen grandiosen Weltbestseller, vielleicht eines der wichtigsten Sachbücher unserer Zeit geschrieben. In

Deutschland erschien das Buch im Verlag S. Fischer. Seinen Inhalt beschreibt der Herausgeber Dr. Wolfgang Herles wie folgt: „Große Gesellschaften gingen unter, weil sie blind ihren eigenen Interessen und Vorteilen folgten und sich um ihre ferne Zukunft keine Sorgen machten. Überbevölkerung, Treibhauseffekt, Überfischung der Ozeane: Wir können vor den globalen Gefahren nicht fliehen, aber aus den Katastrophen der Vergangenheit lernen und den Kollaps unserer Zivilisation vermeiden. Wir haben es selbst in der Hand, die Ursachen der Probleme zu stoppen. Wir müssen es nur wollen."

In der Tat geht Jared Diamond im Buch der Frage nach, warum Gesellschaften dumme Dinge tun, die am Ende ihre Existenzgrundlagen zerstören. Er beantwortet sie mit einer Stufentheorie: 1. es kann sein, dass eine Gesellschaft ein Problem nicht voraussieht; 2. sie mag ein Problem nicht wahrnehmen, selbst wenn es bereits eingetreten ist; 3. sie mag ein Problem zwar erkennen, aber keine Anstrengungen unternehmen, es auch zu lösen; 4. die Eliten der Gesellschaft schotten sich von den Folgen ihrer eigenen Handlungen ab, was den Kollaps beschleunigt.

Als keine 3 Monate später im Dezember 2007 der UN-Klimagipfel in Bali tagte und um eine Nachfolgelösung für das Kyoto-Protokoll bemüht war und die Meinungen über den Erfolg des 14 Tage lang inszenierten Gipfels weit auseinandergingen, kam mir spontan Diamonds Stufentheorie aus dem „Kollaps" in Erinnerung.

Vielleicht erscheint es gewagt, Diamonds Erkenntnisse auf den Klima-Gipfel von Bali zu übertragen - doch sehr nahe liegen sie schon beieinander. Mehrere, wenn nicht alle von Diamonds Bedingungen lassen sich auf den "Aktionsplan von Bali" beziehen. Das sehe übrigens nicht nur ich so. In der Jahresendausgabe des „Freitag" Nr. 51/52/2007 fiel mir der Leitartikel von Udo E. Simonis „Götter und Götzen" auf, in dem der Autor dies ähnlich wie ich sieht und die Ergebnisse von Bali mit Diamonds Stufentheorie im „Kollaps" vergleicht.

Auch Simonis ist der Auffassung, dass „die Weltgesellschaft mit dem Klimawandel ein gravierendes Problem hat, dessen Ursachen sie nicht wahrhaben will und dessen Folgen sie nicht voraussieht; sie unternimmt keine hinreichenden Anstrengungen, das Problem zu lösen und Teile der politischen Eliten schotten sich vom eindeutigen Urteil der Wissenschaft ab."

Deshalb konnte die Weltklimakonferenz, zu der über 2500 Wissenschaftler, Politiker und Vertreter von Naturschutzverbänden aus aller Welt angereist waren, ihrer wichtigsten Aufgabe nicht gerecht werden, nämlich ein klar bestimmtes Ziel für den Klimaschutz festzulegen. Vielmehr wurde dieses mangels Einigung zwischen Industrie- und Entwicklungsländern in eine Fußnote verbannt: Mit dem Hinweis auf den Report des UN-Klimarates, AG III, S. 39, 90 und 776 - die historische Fußnote der Klimapolitik!

Verdächtig klingt ob solchen Tuns alles diplomatische Beiwerk, wenn es heißt, ein umfassender Prozess solle gestartet werden, um die nachhaltige Umsetzung der Klimarahmenkonvention bis 2012 und danach auf den Weg zu bringen. Kein klares Ziel für die Emissionssenkung bis 2020, das vor der Konferenz so heißungsvoll auch durch den deutschen Bundesumweltminister Siegmar Gabriel ins Spiel gebracht worden war.

Nach der Konferenz übernahmen die Medien zumeist in ihren Kommentaren die Meinung vieler Konferenzteilnehmer, dass eben mehr nicht drin gewesen sei. Aber natürlich ist die Wahrheit, dass mehr drin war. Simonis meint, dass schon „im Begrifflichen die Ungereimtheiten anfingen", nämlich „wer von ‚Roadmap' redet, aber das Ziel nicht kennt, verfahre sich." Und „wer von den großen Entwicklungsländern Entgegenkommen fordert, aber nicht vermitteln kann, dass sie schon jetzt vom Kyoto-Prozess profitieren, habe die diplomatischen Karten nicht ausgereizt."

Zusätzlich darf gefragt werden, was und wem es eigentlich nützt, wenn die EU-Gesandten sich über die Bremser in den USA beklagen, denen aber nicht mit einer Klage gegen ihr massiv klimaschädigendes Verhalten drohen?

Wichtig und neu ist, dass es einen Folgevertrag zum Kyoto-Protokoll geben wird, der bis 2009 auszuhandeln ist. Eine viel zu lange Zeit zwar, aber immerhin. Der Folgevertrag 2009 kann dabei nicht mehr wie der von Kyoto 1997 davon ausgehen, dass der Klimawandel vermieden werden könne. Dass dies nicht mehr möglich ist, haben uns die Berichte des Weltklimarates IPCC bewiesen. Nun reden alle von Anpassung als das Gebot der Stunde. Der Bali-Aktionsplan verweist dahingehend auf viele Optionen, so als sei der Vertrag schon formuliert. Aber wieder kommt die Arroganz der Mächtigen zum Vorschein, dass sie es sind, die die Technologien dazu entwickeln wollen, für die die Entwicklungsländer als zukünftige Anwender dankbar zu sein haben.

Auf diese Art und Weise gerieten in Bali erneut elementare Interessengegensätze beim Klimaschutz aus dem Blickfeld, denn kaum eine Rolle spielte, dass die USA wie keine andere Nation am Öltropf hängen, dass Russland und Saudi-Arabien Gas und Öl verkaufen wollen, und das, so lange es geht. Es wäre an der Zeit für einen Aktionsplan gewesen, der Technologieentwicklung mit Energieeffizienz, mit sauberen Motoren für Mobilität zu Lande, Wasser und Luft und vor allem mit erneuerbare Energien beinhaltet. Letzteren Begriff sucht man im gesamten Dokument vergeblich. Man muss sich fragen, wo die Vertreter der so oft als vorbildlich geltenden bundesdeutschen Politik waren. Udo Simonis fragt zurecht: „Wo waren Sie da, Herr Minister Gabriel?"

Auch zum Finanzmechanismus, einem weiteren Element des Aktionsplans, gibt es im Aktionsplan schöne Worte, leider aber keine Festlegung. Nichts von wegen globaler CO_2-Steuer, Sonderabgaben beim Luft- und Seeverkehr oder auf Erträge aus dem Handel mit Emissionszertifikaten. In Deutschland werden sich Automobil- und Energiekonzerne die Hände reiben und weiter in Dreckschleudern investieren.

Bleibt noch die letzte Frage einer jeden Politik: Wer soll es weiter wirksam voranbringen? Dass diese Frage offenblieb, darüber brachte der UN-Generalsekretär am vorletzten Tag der Konferenz seine Enttäuschung zum Ausdruck. Warum aber hat er nicht einen Joker ausgespielt und angekündigt, das UN-Umweltprogramm aufzuwerten, mit allem was dazugehört, einschließlich der Sanktionierung von Zuwiderhandlungen?

Zum Beispiel so wie beim WTO-Vertrag, der wirtschaftlichen Interessen dient und der schonungslos jene mit Sanktionen bestraft, die sich nicht an die Regeln des Vertrages halten.

Das Ergebnis von Bali ist deshalb auch ein Beleg dafür, dass Klimawandel und Ökologie immer noch in der zweiten Reihe stehen. Das heißt aber nichts anderes, als dass man den Klimawandel mit all seinen katastrophalen Folgen noch immer nicht ernst nimmt. Stattdessen ließ sich der UN-Generalsekretär auf die Einrichtung einer Ad hoc-Gruppe ein, die 2008 viermal tagen wird und 2009 ihr Ergebnis vorlegen soll - das "Kopenhagen-Protokoll".

Für mich ist das Ergebnis der Konferenz von Bali enttäuschend, hat es doch erneut gezeigt, dass Verhandlungen mit dem Ziel eines alle Länder umfassenden Globalvertrags für Klimaschutz allenfalls auf dem kleinsten gemeinsamen Nenner eines Minimalkompromisses enden können. So aber kann die organisierte Verbrennung fossiler Energie mit all ihren Folgen nicht beendet werden.

Die Resultate von Bali bleiben weit hinter der tatsächlich gegebenen Herausforderung zurück und die Verantwortlichen dafür nehmen in Kauf, dass der Weltzivilisation droht, den Wettlauf mit der Zeit zu verlieren. Man kann deshalb dem Präsidenten von EUROSOLAR und SPD-Bundestagsabgeordneten Hermann Scheer in seiner Forderung nach Bali nur zustimmen, jetzt sofort „eine internationale Allianz wirklich aktionsbereiter Staaten“ zu gründen, eine Allianz „gegen den laufenden Weltkrieg gegen die Natur“, die mit gutem Beispiel vorangeht und damit eine weltweit ausstrahlende technologische Revolution zur Nutzung erneuerbarer Energien auslöst.“ Scheer ist sich dabei sicher, dass sich „einer solchen Dynamik keiner mehr entziehen könne.“ Dagegen käme es für ihn „einer Quadratur des Kreises gleich, wenn man schnelle und umfassend angelegte Schritte zur Energiewende einleiten und dafür zugleich einen Weltkonsens aller Regierungen erreichen wolle.“

Für mich hat Hermann Scheer recht. Die Politiker dieser Welt sollten Jared Diamonds „Kollaps“ lesen, damit sie begreifen, wie kurz wir vor einem solchen stehen. Bei der weltweiten Finanzkrise zumindest haben sie im September 2008 schon mal ein Gefühl dafür bekommen, was Kollaps heißt, wenn ein ganzes Bankensystem in den USA zusammenstürzt und auch Asien und Europa mitreißt.

Angenommen, der Klimawandel ginge von Terroristen aus

Die Los Angeles Times veröffentlichte Ende 2007 einen Artikel von Dan Gilbert mit dem Titel „Warum wir Terroristen mehr fürchten als den Klimawandel“, den das Greenpeace Magazin im Januar 2008 in seiner deutschen Ausgabe abdruckte. Ich las mit sichtlichem Interesse, was der Professor für Psychologie an der Harvard-Universität in Boston/USA darin von sich gab.

Gilbert geht davon aus, dass sich kein Mensch wegen einer ähnlichen Attacke wie auf das World Trade Center in New York Sorgen zu machen scheint. Nach dem Warum befragt, meint Gilbert, es sei kein Terrorist mit Teppichmesser daran beteiligt, sondern bloß schmelzende Gletscher, die den Meeresspiegel ansteigen ließen und besagtes Grundstück im tiefer gelegenen Manhattan in ein Aquarium verwandeln würden. Dabei sei die Wahrscheinlichkeit, dass dieses passiere, viel größer, als dass irgendein Fanatiker in einem Flugzeug eine Schuhbombe zünde.

Man mag in der Tat heftig streiten über solch einen Vergleich, aber berechtigt ist es schon zu fragen, warum uns eine wahrscheinliche Katastrophe weniger ängstigt als eine unwahrscheinliche. Gilbert sieht die Antwort darin, dass unser menschliches Gehirn bei Gefahr inzwischen auf Reize reagiert, die der Terrorismus bedient, aber nicht der Klimawandel. Er konzentriert sich dabei vor allem auf vier Reize unseres menschlichen Gehirns, an denen er die Gründe unseres Verhaltens festmacht.

Erstens meint er, der Klimawandel habe es nicht eigens auf uns abgesehen, obwohl wir seine eigentlichen Verursacher sind. Er wolle uns nicht gezielt töten, sagt Gilbert, und das sei wirklich schade. Denn wenn die Erderwärmung eine Waffe wäre, die irgendein fieser Diktator gegen uns richte - ja, dann würden wir natürlich mit aller Macht gegen ihn Krieg führen. Aber so, warum sich allzu sehr darum scheren? Nun, der Klimawandel trägt halt keinen Bart wie Osama bin Laden.

Ein Weiteres ist, dass das Klima nicht in unsere Regeln von Anstand und Moral einzuordnen ist. Wir haben für alles Regeln, etwa fürs Essen und Trinken, für unseren Straßenverkehr und die globalisierte Wirtschaft. Aber Regeln, die sich um die Chemie unserer Atmosphäre kümmern, haben wir nicht. Wir regen uns ständig auf über Verletzungen von Regeln oder über Nichteinhaltung von Protokollen, aber nicht über Verletzungen des Kyoto-Protokolls. Diese lassen uns nahezu kalt. Würde die Erderwärmung durch kriminelle Ausländer, Homosexualität oder das Verzehren kleiner putziger Vogelküken verursacht – Millionen Demonstranten würden auf unseren Straßen dagegen demonstrieren.

Ein nächster Grund, warum uns die Erderwärmung kalt lässt, ist, dass sie unsere Zukunft, nicht unsere Gegenwart bedroht. Wir reagieren nur auf konkrete Gefahren, etwa die des Terrorismus, die uns Schäuble und Co. ständig einreden und denen mit immer höherer Sicherheit begegnet werden soll. Dabei wäre es viel besser zu lernen, die Zukunft als die Gegenwart zu behandeln, noch bevor diese eintritt. Hier rächt sich, dass Politik nur in Legislaturperioden von 4 oder 5 Jahren denkt und die Wirtschaft nur in Jahresbilanzen oder Quartalszahlen an der Börse. Wer sollte da die Zukunft bereits als Gegenwart betrachten?

Der letzte Grund ist, dass wir die Klimaveränderungen nicht spüren, dagegen einen Anschlag sofort, wenn er nicht allzu weit fort von uns begangen wird. Klimakatastrophen dagegen ordnen wir zumeist als etwas Naturgegebenes ein. Selbst wenn sie vor Ort eintreten wie die Flut 2002 in Sachsen, vergessen wir diese allzu schnell und machen weiter wie bisher.

Weil wir die Erderwärmung und ihre Folgen nicht spüren wollen, akzeptieren wir graduelle Veränderungen wie die in verschiedenen Regionen der Welt auftretenden Klimakatastrophen oder aber das eine Grad der Erderwärmung im 20. Jahrhundert.

Man stelle sich aber nur einmal vor, eine Erderwärmung von 4 oder 6 Grad, die der IPCC-Bericht des Weltklimarates für dieses Jahrhundert prophezeit, falls wir nicht umsteuern, würde jetzt auf einmal erfolgen. Die Leute würden Politiker und Wirtschaftsbosse der Erdöl-, Kohle- und Mineralwirtschaft, der Energie- und Automobilindustrie auf offener Straße steinigen.

Umweltschützer wie meine Freunde und ich verzweifeln dagegen, dass der Klimawandel so schnell voranschreitet. Das notwendige Umsteuern geht uns nicht schnell genug. Ich wünschte mir, dass US-Präsident Obama, Kanzlerin Merkel, Sachsens Ministerpräsident Tillich und sein Umweltminister Kupfer in eine Zeitmaschine steigen und einen einzigen Tag im Jahre 2058 erleben können. Ich bin mir sicher, sie würden geschockt und entsetzt in die Gegenwart zurückkehren. Dann würden sie sofort die Kohlekraftwerke schließen, Energiekonzerne wie Exxon, RWE und Vattenfall zerschlagen und außerdem die Premium-Klasse von Porsche, BMW und Mercedes verbieten samt Klimaanlagen, Heizpilzen und anderen Energiefressern.

Das menschliche Gehirn ist ein erstaunlicher Apparat, sagt Dan Gilbert - dafür konstruiert, an Herausforderungen zu wachsen. Wir sind die Nachfahren von Jägern und Sammlern, deren Leben kurz und für die die größte Gefahr ein Mann mit einem Stock war. Wenn Terroristen angreifen, die wir mit unserer in der Welt geschaffenen Ungleichheit erst geschaffen haben, übrigens auf die gleiche Art, wie wir den Klimawandel herbeigeführt haben, ist das nicht anders. Wenn diese angreifen, reagieren wir mit Gewalt und Entschlossenheit, genau wie unsere Vorfahren es getan hätten.
Der Klimawandel hingegen ist eine so tödliche Gefahr, die wir nicht erkennen, weil sie die Alarmglocken in unserem Kopf nicht schrillen lässt. Deshalb greifen wir nicht an oder tun etwas dagegen, das heißt viele von uns jedenfalls noch nicht. Wir schlafen dagegen ruhig und fest in unserem Bett, das längst zu brennen begonnen hat.
Mich bewegt deshalb die Frage, ob unser Gehirn lernt, sich auf die schleichende Gefahr einzustellen, ehe es zu spät ist. Mein Maßstab dabei ist, Menschen zu beobachten, ob sie schon handeln im Sinne der Zukunft oder noch in der Gegenwart verharren. Natürlich suche ich auch den Dialog zu

diesen dabei zwangsläufig entstehenden Fragen. Für mich gehören diese zu den wichtigsten Fragen unseres Fortbestehens auf dem Planeten Erde. Mit Gleichgesinnten ist das kein Problem, da die üblichen Verdächtigen sich im Grunde darüber einig sind, wie ernst es ist und was getan werden muss. Sie sitzen schon drin im Boot der Hoffnung zum Überleben.

Problematischer wird es schon, Freunde, Kollegen, Nachbarn und Verwandte ins Boot zu holen. Zweifel, ob denn das alles stimme mit dem Weltklimarat, dem Al Gore und dem Nicolas Stern, äußern sie, die bisher nicht Überzeugten und noch Wankenden. Wenn und Aber und immer wieder warten mit dem Verändern, das ist deren Devise. Worauf aber?
Trotzdem, und das gibt Hoffnung - nach einer Weile ziehen einige von denen mit. Bei ihnen hat sich offensichtlich die schleichende Gefahr des Klimawandels und auch die Erkenntnis des Positiven aus Veränderungen im Ökologischen und Ökonomischen im Gehirn Platz gesucht und diesen auch gefunden. Siehe da, es geht, und Stolz mischt sich in meine Gefühle, einige mehr ins Boot geholt zu haben. Es ist auch ein Stück Sog – einer reißt den anderen mit und zum Schluss sind es immer mehr und das ist gut so.

Freilich gibt es dann noch die dritte Kategorie, die der Klimawandelleugner. Sie sind die gefährlichste Gattung, weil sie vor allem die erreichen, die es sich wie sie selbst bequem gemacht haben in der Gegenwart mit ihrem großen ökologischen Fußabdruck, mit ihrer Verschwendung, ihrem „Auf-Teufel-Komm-Raus"-Konsum und ihrem sonstigen Lebensgebaren. Diese zu erreichen habe ich aufgegeben, aber nicht, mich mit ihnen zu streiten oder sie zu bekämpfen. Sie sind nicht nur selber Klimakiller, sondern oft genug auch die Statthalter der Wirtschaftsbranchen, die nach wie vor emittieren ohne Ende und sich in keinster Weise um den Klimaschutz scheren.

Ein Land verschwindet unter Beton

Ich glaubte meinen Augen nicht zu trauen, als ich unter dieser Überschrift einen Artikel von Sachsens damaligem Umweltminister Steffen Flath in der Ausgabe 3/2004 der Zeitschrift seines Ministeriums „kompakt" las. Unter diesem

Titel führte der Minister mit CDU-Parteibuch nämlich einen harten Rundumschlag gegen den grassierenden Flächenfraß im Freistaat.
Ehrlich, ich war von den Socken und dachte, dass diese Generalabrechnung mit Sachsens Asphalt- und Betontigern auch durch konsequenteste Umweltaktivisten nicht schärfer hätte ausfallen können.
Flath wartete in besagtem Artikel mit harten Fakten auf. Täglich würden in Sachsen acht Hektar Boden unter Asphalt und Beton verschwinden, was etwa der Fläche von
15 Fußballfeldern entspräche, beklagt er. Nahezu 30 Millionen Quadratmeter Sachsens würden jährlich in Siedlungs- und Verkehrsfläche verwandelt. Wir Sachsen pflasterten unsere Heimat zu, ist sich Flath sicher.

Seit 1992 wäre die Siedlungs- und Verkehrsfläche um 15% gewachsen und ein Zehntel des Landes bereits dafür geopfert worden. Neben dem Wasser und der Luft gehe es den wichtigsten Lebensgrundlagen für den Menschen an den Kragen. Trotzdem vermisse er ob dieses Raubbaus den Aufschrei, zumal sich der Flächenhunger zu einer der schwerwiegendsten Umweltbelastungen in Sachsen entwickelt habe. Besonders mit Sachsens Straßenbaulobby rechnete der Minister ab. Pro Quadratkilometer Landesfläche verfüge Sachsen über 1980m Straßen – rund 150 Meter mehr als im Bundesdurchschnitt. Auch pro Einwohner gäbe es in Sachsen mehr Straßen als im Bundesdurchschnitt. Letztlich endet Flath in dem Artikel mit der Generalkritik, dass die Folgen dieses Flächenhungers in den meisten Köpfen gar nicht präsent seien und er es als Daueraufgabe ansehe, den Flächenfraß zu bändigen.
Eine beeindruckende Abrechnung mit dem Versiegelungswahn in Sachsen, wie ich meine. Geschrieben von einem schwarzen Minister. Der von der CDU oft geschmähte einstige grüne Umweltminister Jürgen Trittin hätte diesen nicht schärfer schreiben können.
Aber wer glaubt, Steffen Flath hätte mit seinen eindringlichen Warnungen in sächsischen Politik- und Wirtschaftskreisen auch nur ein Nachdenken veranlasst, so kann er dies vergessen. Den verantwortlichen Zupflasterern und Bodenversieglern im Freistaat scheint dies alles am Hut vorbeizugehen; es interessiert sie einfach nicht. Und die Politiker, nicht alle, aber viele tragen ihr Scherflein kräftig dazu

bei, fordern weitere Umgehungsstraßen und Gewerbegebiete und verschließen sich völlig den Gefahren ihrer aberwitzigen Forderungen. Wir leben in einer schizophrenen Gesellschaft.

Für Steffen Flath sollte es nahezu der letzte und auch wahrscheinlich deutlichste Rundumschlag seiner Amtszeit gewesen sein, denn unmittelbar nach Erscheinen der Zeitschrift gab es in Sachsen Landtagswahlen und mit diesen gab Flath sein Umweltressort an den bisherigen Europaminister Stanislaw Tillich ab. Er selbst wurde Kultusminister und kümmerte sich in dieser Funktion um die „Pflege der Schullandschaft".

Flaths Mahnungen sind inzwischen lange verhallt, die Verantwortlichen haben auf Durchzug geschaltet. 2005 und in den Folgejahren wurde Sachsen weiter zubetoniert. Und Tillich bzw. seine Nachfolger Wöller und Kupfer wollten oder konnten daran nichts ändern. Allein 2005 wuchs die Siedlungs- und Verkehrsfläche um weitere 1 096 Hektar auf 215 912 Hektar. Ende 2005 lag der Anteil bebauter Fläche an der Gesamtfläche des Freistaates bei 11,7%. Nichts, aber auch gar nichts scheinen die Verantwortlichen im Freistaat in dieser Hinsicht aus dem Hochwasser 2002 gelernt zu haben. Verantwortung für unseren Planeten übernehmen – Fehlanzeige auf der ganzen Linie. Der schonungslose Krieg gegen die Natur geht mit all seinen zerstörerischen Folgen weiter.

Auch 2006 und 2007: Die Autobahnen A 4 und A 72 werden mehrspurig ausgebaut. Neue Autobahnen wie die A 17 und A 38 sowie ständig neue Ortsumgehungsstraßen fressen sich ins Land. Bundesstraßen und Staatsstraßen werden verbreitert, die Straßenbauämter walten ihres Amtes ohne Rücksicht auf Natur und Umwelt, aber auch ohne jeden Bezug auf Klimawandel und demoskopische Entwicklung. Wir haben ja im Osten noch Nachholbedarf bei der Gestaltung der Infrastruktur, so zumeist ihr Credo.
Dabei handelt es sich schon seit Mitte der Neunziger Jahre bei all diesen Projekten nur noch um „Arbeitsbeschaffungsmaßnahmen" für gut bezahlte, aber größtenteils überflüssige Chargen des gehobenen öffentlichen Dienstes, die noch dazu weitaus weniger gut bezahlte Fachkräfte für expansive Planungs- und Bauaufgaben binden,

deren Kapazitäten für intelligente, umweltfreundliche Verkehrslösungen viel sinnvoller genutzt werden könnten. Dass Klasse nicht mit Masse identisch ist, hat gerade in der Verkehrsbranche noch niemand merken wollen.

So wird in der Bundesrepublik in bisher nicht gekanntem Maße asphaltiert und betoniert. Allein 2006 sind es stündlich 10.000 Quadratmeter, die hinzukommen, schreibt „Allianz pro Schiene", ein breites Bahnbündnis, im Oktober 2007. Die „Allianz pro Schiene" hält den Flächenverbrauch in Deutschland für „Besorgnis erregend hoch". „Die Verkehrsfläche ist mit 24 Hektar pro Tag schneller gewachsen als im Durchschnitt der vorangegangenen vier Jahre (23 Hektar pro Tag)", sagte „Allianz pro Schiene"-Geschäftsführer Dirk Flege am 30. Oktober 2007 in Berlin mit Verweis auf die am selben Tag veröffentlichten Zahlen des Statistischen Bundesamtes (destatis) für das Jahr 2006. Auch 2007 und 2008 hat sich hieran wenig geändert.

Nur wenigen wird bewusst, dass diese Entwicklung im völligen Gegensatz zu den Zielen der Bundesregierung steht, die den Anstieg des Flächenverbrauchs bis 2020 auf ein Viertel des heutigen Wertes reduzieren will. Hieran lässt sich jedoch genau messen, wie ernst es der Kanzlerin und ihrer Regierung wirklich mit dem Klimawandel ist. Angesichts dieser Tatsache, dass in Deutschland jede Stunde 10.000 Quadratmeter Natur asphaltiert werden, unternimmt die Bundesregierung nach wie vor nichts gegen den Flächenfraß. Dabei dürften Maßnahmen wie das im Oktober 2007 von der französischen Regierung beschlossene Moratorium beim Autobahnbau auch in Deutschland „nicht tabu" sein. Ein Moratorium beim Autobahnausbau, das klimapolitisch als auch naturschutzpolitisch sinnvoll und längst notwendig ist, ist auch in Deutschland längst überfällig. Dazu bietet sich der Schienenverkehr als klimaschonende und platzsparende Alternative an.

Laut destatis sind bereits 4,9% (17.627 km²) der Bodenfläche Deutschlands vom Verkehr beansprucht. Damit ist die Verkehrsfläche in Deutschland bereits größer als das Land Thüringen. Seit 1992 hat die Verkehrsfläche um 1.186 km² zugenommen. Das entspricht seitdem jährlich einer Fläche in der Größe der Insel Sylt, die zubetoniert oder –

asphaltiert wird, von Parkplätzen auf Privatgrundstücken ganz abgesehen, die in der Statistik gar nicht erfasst werden.

Doch zurück ins sächsische Osterzgebirge. Im Altenberger Ortsteil Schellerhau ist seit Jahren die grundhafte Erneuerung der Staatsstraße 481 vorgesehen. Sie war sozusagen „fertig“, die Straße, wie es im Volksmund heißt. In den 17 Jahren nach der Wende war sie zu oft aufgerissen worden, um Elektro- und Telefonkabel, Erdgas- und Wasserleitungen sowie Kanäle in ihr verschwinden zu lassen. Jedes dieser Medien extra und zeitlich unabhängig voneinander verlegt, war die Unabgestimmtheit in diesen Jahren des Aufbruchs und der Veränderungen fast schon System. Nicht Komplexplanungen bestimmten damals das Handeln, sondern die Vergabe von Fördermitteln und das völlig auf sich allein gestellte Vorgehen der Versorger.

Kein Wunder, dass die geschundene Straße in den letzten Jahren immer wieder nach den jährlichen Frostaufbrüchen geflickt wurde. 2005, als es besonders schlimm mit den Löchern auf der Dorfstraße war, die die Autofahrer zu wahren Slalomfahrten veranlassten, wurde diese kurz vor Beginn der Wintermonate mit einer provisorischen Schwarzdecke überzogen. 300.000 Euro soll dieses Flickwerk gekostet haben, wie man sich im Dorf erzählte. Ein wahrhaft teures Unterfangen für den Steuerzahler, wie ich meine, aber für Straßen scheint in Deutschland immer Geld da zu sein.

Bezeichnenderweise fielen bei der jährlichen Flickschusterei insbesondere nach der Sachsenflut 2002 immer wieder Straßenbäume zum Opfer. Hie und da wurde die Straße verbreitert, so dass diese weichen mussten, an anderen Stellen waren sie nach den irrigen Auffassungen des allmächtigen Straßenbauamtes in Dresden (heute Meißen) „verkehrsgefährdende Hindernisse“. Nach der Jahrtausendwende wurde durch den ganzen Ort im Zuge jahrelangen Ringens mit EU-Fördermitteln ein straßenbegleitender Fußweg gebaut. Bei diesem wurden die Bäume noch weitgehend geschont und in den Fußweg integriert. Es schien noch eine Art Gewissen dabei gegeben zu haben, das nach der Flut jedoch völlig abhanden gekommen zu sein schien.

Mit der grundhaften Erneuerung der Straße, die im Mai 2006 begann, wurden nun ohne Rücksicht auf Alter, Gesundheit und Jahreszeit weitere Bäume Opfer der Kettensägen. So schnell konnte man gar nicht blicken, wie diese, im besten Saft und Blattwerk des Jahres stehend, von der Bildfläche verschwanden. Ausgleichspflanzungen von Jungbäumen im Verhältnis 3:1 im größeren Abstand zur Straße bzw. auf Nebenwegen wurden vorgenommen. Auch der von der EU geförderte und erst wenige Jahre alte Fußweg wurde während der Straßenbauphase arg zugerichtet und zum Teil zerstört, da er streckenweise als Fahrweg der halbseitig befahrenen Trasse diente. Er müsse halt nach dem Straßenbau eben wieder neu errichtet werden, so die lakonische Antwort der Verantwortlichen. Die Vernichtung von Steuergeldern nimmt man dabei billigend in Kauf.

Auf 6,50 m wird die Dorfstraße nach sächsischen Regeln verbreitert plus Bankette, wie die Straßenbauer erklären. Nur wenige im Dorf wehren sich, ihre Grundstücke hierfür herzugeben und die im neuen Straßenbereich stehenden Bäume fällen zu lassen.
Wieder werden mehrere Hektar Land auf dem Kamm des Osterzgebirges in einem einzigen Ort versiegelt, ohne dass ein einziger Quadratmeter dafür entsiegelt wird.
Schulterzuckend steht der Landschaftsplaner da mit seinen Richtlinien, die Flächenentsiegelungen oberste Priorität beim Ausgleich von Eingriffen in Natur und Landschaft einräumen, ja andere Maßnahmen ausgesprochen kritisch sehen. Schließlich rechnet er irgendetwas zurecht, was jedem Berufsethos widerspricht. Doch das Naturschutzrecht ist in Deutschland praktisch ein ganz schwaches, und Landschaftspflegerische Begleitplanungen sind zumindest aus naturschutzfachlicher Sicht oft reine Alibi-Papiere.
Doch die nächsten Starkniederschläge auf dem Kamm kommen, scheren sich nicht um Rechenexempel, und noch schneller und ungebremster werden sich die Regenmassen in die Flussläufe ergießen und entlang ihres Laufes noch größere Schäden anrichten. Zukünftig wird kein Fluss breit genug, kein Deich hoch genug sein und keine Talsperre die Wassermassen fassen können, wenn wir Menschen nicht endlich beginnen, uns zu ändern.

Die nächste Flut ist absehbar wie auch die nächsten Klimakatastrophen. Es soll keiner sagen, er habe es nicht gewusst. Wird das Straßenbauamt dann vor dem Richter sitzen und dafür bestraft werden oder werden es die Menschen unseres Ortes sein, die die Straße bejahten und ihre Höfe für Straßenanschlüsse und Parkplätze versiegelten und dafür noch zusätzlich Bäume fällen ließen?

Auch der zunehmende Verkehr in Schellerhau ist absehbar. Soll keiner sagen, er habe es nicht gewusst. Wer Straßen sät, wird Verkehr ernten, sagt ein Sprichwort. Das gilt auch für Schellerhau. Und breite Straßen locken überdies große Fahrzeuge an und motivieren einige Verkehrsteilnehmer obendrein zum schnelleren Fahren mit den bekannten Konsequenzen.

Die damaligen Mahnungen von Umweltminister Steffen Flath werden genau so ignoriert wie auch jeglicher Respekt vor der Natur. Der Klimawandel, der bereits Gegenwart ist, steht für die meisten Menschen nicht auf der Agenda, geschweige denn, etwas dagegen zu tun. Dabei wäre es längst an der Zeit, da er immer bedrohlichere Züge annimmt – auch direkt vor unserer Haustüre. Manche meinen immer noch, das Wetter werde vom Lieben Gott gemacht. Weit gefehlt – wir sind es, die sofort handeln müssen, denn inzwischen sind wir die Wettermacher, wir Menschen. Solange wir das nicht begreifen wollen, werden wir und unsere Nachkommen auf dieser Erde die Folgen zu spüren haben.

Was Julia Butterfly Hill und Sandro Knauß eint

Im Januar 1997 löste sich von den Berghängen über Stafford im US-Staat Kalifornien eine Schlammlawine und begrub sieben Häuser unter sich. Schuld dafür waren intensive Abholzungen an Wäldern, die die Pacific Lumber Gesellschaft (PL) durchgeführt hatte. Nichts hatte man aus dem Vorfall gelernt, denn nur wenige Monate später hörte man im Oktober in der Gegend erneut das Geräusch von Kettensägen von den Hängen.

Eine weitere Abholzaktion begann in einem einmaligen Waldstück, wo auch der einzige auf den Stafford-Hügeln noch verbliebene Mammutbaum mit einem geschätzten Alter von 1500 bis 1800 Jahren, dessen Durchmesser am Boden fast fünf Meter beträgt, den Kettensägen zum Opfer fallen sollte.

Zu dessen Schutz kletterte zunächst Daniel auf den Stafford-Riesen, wie wir in Julia Butterfly Hills Buch „Die Botschaft der Baumfrau" lesen, das sie später über die versuchten Rettungsaktionen der Bäume schrieb. Denn solche prächtigen Bäume ragen bis zu 60 Meter in den Himmel und leben bis zu 2000 Jahre. Sie sind wahre Wunderwerke der Natur. Früher erstreckten sich Wälder zwischen dem Norden Kaliforniens bis nach Süd-Oregon, doch rücksichtsloses Abholzen hinterließ nur noch einen kläglichen Rest, der weiterhin geplündert wird.

Zunächst verbrachten Daniel und weitere Aktivisten einige Tage im Gipfel auf einer Besetzungsplattform, die in 50 Meter Höhe befestigt und mit Planen bedeckt wurde. Julia Butterfly Hill war die Letzte, die im Dezember 1997 hinaufkletterte. Sicherlich wusste sie zunächst nicht, auf was sie sich eingelassen hatte. Doch bald wurde ihr das klar, denn im Zuge einer schnell eskalierenden Frontenverhärtung versuchte PL, sie auszuhungern, attackierte sie durch nächtelanges Flutlicht und intensive Megaphon-Beschallung und setzte sogar einen enormen Hubschrauber ein, der sie mit Windstößen von über 100 km/h durchschüttelte. Doch alles vergeblich! Die
25-jährige Umweltschützerin Julia Butterfly Hill wich keinen Fingerbreit von ihrer Plattform. Und das zwei Jahre lang. Erst am 18. Dezember 1999 kletterte sie von dem alten Baum herunter, nachdem sie mit dem Holzunternehmen Pacific Lumber ein Abkommen ausgehandelt hatte.
Auf einer anschließenden Pressekonferenz in der Ortschaft Stafford erklärte sie ihren Sieg. 737 Tage hatte sie auf der sechs Quadratmeter großen Plattform aus Sperrholz im Wipfel des Redwoodbaumes, den sie liebevoll „Luna" nennt, gelebt. Zeltplanen schützten sie vor Regen und Schneestürmen. Sie vertrieb sich die Zeit mit Lesen, schrieb Gedichte und kochte auf einem Gaskocher vegetarische Mahlzeiten. Ihre Mitstreiter versorgten sie regelmäßig mit Nahrungsmitteln und Wasser.

Um sich fit zu halten, kletterte sie täglich mehrere Stunden am Seil und vorzugsweise barfuß in der Baumkrone. Per Handy hatte sie Kontakt zur Außenwelt. Alle Anstrengungen der Pacific Lumber Company, sie zu vertreiben, waren fehlgeschlagen. Den Lesern ihrer Geschichte als erfolgreiche Baumbesetzerin, die sie in dem Buch „Die Botschaft der Baumfrau" veröffentlichte, bleibt Julia Butterfly Hill unvergessen. Die Baumschützerin erfuhr ein weltweites Medienecho auf ihre Aktion zum Schutz der Küstenmammutbäume *(Sequoia sempervirens)* in Kalifornien. Dieses bestärkte die inzwischen 26-jährige Tochter eines Wanderpredigers in der Auffassung, dass eine einzelne Person etwas bewegen kann. "Ich bin der lebende Beweis dafür", gibt sie sich selbstbewusst gegenüber der Öffentlichkeit. Aber die Baumbesetzung hat auch ihr Leben verändert. "Ich habe gelernt, die kleinen Dinge zu schätzen. Luna hat mich verändert", sagt sie. Welt und Schöpfung hätten dort oben im Gebet zu ihr gesprochen. Die Menschen sollten lernen, "von den Zinsen der Erde zu leben, statt ihre Substanz anzugreifen", lautet ihre Botschaft.

Ortswechsel Deutschland – Fast genau auf den Tag 10 Jahre später. Um Baumbesetzung geht es auch in Dresden, in Sachsens Landeshauptstadt. Dort halten Umweltschützer eine über 200 Jahre alte Rotbuche besetzt, die nach dem Willen der Stadt gefällt werden soll, da sie dem Bau der umstrittenen Waldschlösschenbrücke angeblich im Wege steht. Mit dem Bau der umstrittenen Brücke droht die Aberkennung des UNESCO-Welterbetitels für das einmalige Elbtal in Dresden.

Sandro Knauß von der Umweltschutzorganisation „Robin Wood" hält die Buche mit seinen Freunden seit Mitte Dezember 2007 besetzt. Auch sie haben wie Daniel und Juli im Stafford-Wald auf dem Baum der Bautzner Straße in Dresden mehrere Plattformen errichtet, auf denen sie unter Planen ihren Willen kundtun, die Baumfällung zu verhindern. Viele Dresdner solidarisieren sich mit den Baumbesetzern. Auch hier ist das Medienecho groß. Die Sächsische Zeitung widmet ihnen in ihrer Ausgabe vom 11. Januar 2008 ihre
Seite 3 unter dem Titel „Rächer der Entlaubten".
Doch Sandro Knauß weiß: „Wir werden die Fällung nicht verhindern, sondern nur verzögern können". 10 bis 15 Aktivisten wechseln sich auf der Rotbuche ab, seit dem 12.

Dezember. Mit Seilen, Schlingen und Sicherungsgeräten kennt sich Sandro aus. Der 23-Jährige konnte bei den Protesten gegen den G8-Gipfel in Heiligendamm im Sommer 2007 seine Kletterkünste bereits unter Beweis stellen. In Dresden versorgt ein Bodenpersonal die Besetzer mit Essen, Wasser und Strom.

Bis zum 14. Januar 2008 konnte die Baumfällung verhindert werden. 34 Tage boten die Robin Wood-Aktivisten und Demonstranten den Kettensägen Paroli. Zwei Mal musste die Polizei eine angekündigte Räumung auf der Baustelle der Waldschlösschenbrücke im UNESCO-Welterbe Dresdner Elbtal abbrechen. Am 15. Januar um 6:25 Uhr jedoch fraßen sich die Kettensägen ins Holz der 200 Jahre alten Rotbuche. „Schämt Euch!“ und „Aufhören!“ rief ein Chor von Demonstranten, die seit der Nacht gegenüber des Baumes ausharrten, den Bauleuten zu. Immer wenn diese Krane und Hebebühnen in Stellung brachten, brandeten Pfiffe und Buhrufe neu auf.

Gut eine Stunde zuvor hatten die Mitglieder der Umweltorganisation Robin Wood der Kampf um die Buche aufgegeben, die einer Zufahrtsstraße im Weg stand. Die Baumfällaktion hatte nach Mitternacht begonnen. Zunächst weigerten sich die acht Baumbesetzer, das Geäst zu verlassen. Protestierer am Boden suchten Drehleitern, Baufahrzeuge, Hebebühnen und eine Straße zu blockieren. Einige Demonstranten mussten von Beamten weggetragen werden.

Wie die Sächsische Zeitung in ihrer Online-Ausgabe am selben Tage berichtete, trennten Absperrgitter die anwachsende Menge von Demonstranten von den Akteuren an der Baustelle. Unter Pfiffen und Buhrufen sägten Bauarbeiter von unten nach oben Ast für Ast der rund zwölf Meter hohen Buche in Stücke. Wegen der dichten Bebauung und Straßenbahn- Oberleitungen konnte sie nicht einfach gefällt werden. Transparente und Fahnen fielen aus den Ästen, darunter das weiße Tuch mit der Aufschrift „Ich will leben!“ am Stamm. Dessen scheibchenweise Zerlegung trieb vielen Schaulustigen die Tränen in die Augen. „Eine Schande“, murmelte ein älterer Herr empört zwischen zwei Schlucken aus der Thermoskanne.

Mit der Buche sei nun das letzte sichtbare Symbol des Widerstands gegen die Brücke gefallen, deren Bau seit dem 19. November 2007 läuft und von Protesten begleitet wird, heißt es in der Sächsischen Zeitung. Haben sie den Baum nicht erhalten können, so schrieben Sandro Knauß und seine Aktivisten in Dresden doch Geschichte. Sie symbolisieren der Öffentlichkeit, dass es sich lohnt zu kämpfen, auch wenn sie sich am Ende menschlicher Unvernunft beugen mussten. Aber Sandro Knauß hat auch viele Freunde gewonnen, die sich mit den Baumbesetzern solidarisch erklären, waren sie doch gerade durch Vorfälle der jüngeren Vergangenheit besonders sensibilisiert.

Bereits Anfang Dezember 2007 hatten sich nämlich einer DPA-Meldung vom 9. Dezember zufolge dramatische Szenen an der Baustelle für die Waldschlösschenbrücke im UNESCO-Welterbe Dresdner Elbtal abgespielt. Am 8. Dezember demonstrierten rund 400 Menschen gegen die Baumfällarbeiten für den umstrittenen Brückenbau auf der anderen Elbseite. Viele von ihnen hatten sich rund um die letzten Eichen zu einer Sitzblockade formiert. Einige Demonstranten weinten und hielten sich an den Händen oder umarmten sich. „Hier werden mit Brachialgewalt Fakten geschaffen", sagte ein junger Mann fassungslos vor der Geräuschkulisse kreischender Sägen. Eine Frau trug auf ihrem roten Overall die Aufschrift „Nicht Bäume - sägt Milbradt ab" und kritisierte damit die Politik des Ministerpräsidenten und Brückenbefürworters Georg Milbradt. „Die Bäume haben die Bombardierung amerikanischer und britischer Streitkräfte am 13. Februar 1945 überstanden - aber diese Regierung nicht", sagte eine ältere Frau leise.

Unter lautem Protest der Anwesenden trugen Polizeibeamte ihren Angaben zufolge etwa ein Dutzend sitzender Demonstranten weg. Die Bürgerinitiative „Welterbe erhalten" rief in der aufgeheizten Stimmung immer wieder zu Gewaltfreiheit auf. Für Empörung sorgten Videoaufnahmen, die die Polizei während des Einsatzes anfertigte.

Die Baumfäll-Arbeiten für den umstrittenen Brückenbau hatten am Morgen des 8. Dezember 2007 begonnen. Die Beseitigung der letzten alten Eichen soll weitere Baufreiheit für den Brückenbau schaffen. Ein Versuch der Grünen Liga Sachsen, die Aktion in letzter Minute zu stoppen, scheiterte. Das Verwaltungsgericht Dresden hatte tags zuvor grünes Licht für die Fällarbeiten gegeben. Die Bäume wurden trotz der Protestaktion wie geplant gefällt - ohne die weitere juristische Auseinandersetzung abzuwarten. Viele Dresdner empfanden das als Hohn.

Die Bauarbeiten selbst an der Brücke hatten bereits am 19. November begonnen. Erst 2004 hat die UNESCO Dresden den Welterbe-Titel verliehen. Im Jahre 2008 sieht sie die Flusslandschaft durch die Brücke verschandelt – was nicht mit dem Welterbetitel zusammengeht. Sie hat deshalb mehrfach zum Ausdruck gebracht, Dresden den Titel wohl abzuerkennen. Die Entscheidung darüber soll im Sommer 2009 auf der UNESCO-Tagung im spanischen Sevilla fallen.
Der Freistaat aber beharrt auf dem Bau und beruft sich auf einen Bürgerentscheid pro Brücke aus dem Jahr 2005. Das OVG hatte einen im August aus Naturschutzgründen verhängten Baustopp aufgehoben und Auflagen für den Brückenbau erteilt. Allerdings geht Anfang 2008 der Rechtsstreit im Hauptsacheverfahren vor dem Verwaltungsgericht Dresden weiter.

Die Brückengegner setzen indes ihren Protest fort. Sie haben dabei hochrangige Verbündete. Am 9. Dezember 2007 erfuhren sie Unterstützung durch den Literaturnobelpreisträger Günter Grass an der Baustelle. Auch er hatte bei der Gelegenheit die 200-jährige Rotbuche besucht. Weitere Demonstrationen an der Frauenkirche schlossen sich an. Anfang Dezember hatten 2000 Menschen für den Erhalt des Welterbes demonstriert. Mitglieder der Bürgerinitiative entzündeten allabendlich ein Mahnfeuer an der Brückenbaustelle. Anfang 2008 wurden bei einer Demonstration zur Erhaltung des Welterbetitels 2.500 Menschen gezählt.

Ob im kalifornischen Redwood-Wald oder an Dresdens Bautzner Straße – engagierte Menschen setzen sich für die Natur und gegen einseitige Wirtschaftsinteressen ein. Diese Aktionen machen Mut zur Einmischung, für Veränderungen und zur aktiven Teilhabe an der Demokratie.

Das sehen jedoch nicht alle so. Die Fronten zwischen Brückenbefürwortern und Brückengegnern in Dresden sind verhärtet. Unversöhnlich stehen sich die beiden Parteien gegenüber. Die Stimmung ist aufgeheizt und voller Emotionen. Die Hamburger Wochenzeitung „Die Zeit" veröffentlichte Anfang Januar 2008 ein Essay vom Dresdner Schriftsteller Thomas Rosenlöcher, das auch die Sächsische Zeitung in ihrer Ausgabe vom 13. Februar 2008 unter dem Titel „Die Last, ein Dresdner zu sein" abdruckt. Rosenlöcher, der selber aktiv gegen die Waldschlösschenbrücke kämpft, sich auch schon von der Polizei während einer Sitzblockade wegtragen ließ, polarisiert darin, macht in der Person von Ministerpräsident Milbradt einen der Schuldigen aus und beklagt den Import sauerländischer Verhältnisse im Straßenverkehr nach Sachsen und in die wunderbare Elbaue bei Dresden. Während der friedlichen Revolution 1989 hatte er sich wie viele „fest vorgenommen, nie mehr im Leben ein Mitläufer zu sein", wie er schreibt. Vielen und auch mir spricht Rosenlöcher aus dem Herzen, weil er die Dinge auf den Punkt bringt. Aber er bekommt bei weitem nicht nur Zustimmung. Er muss sich in Leserbriefen auch zahlreichen Beschimpfungen aussetzen, die teilweise unter die Gürtellinie gehen.

Aber darf ob dieses lokalen Streites nicht gefragt werden, ob inzwischen nicht Klimawandel und demografische Entwicklung uns zum Infragestellen alles Bisherigen, auch des damaligen Bürgerentscheides, auf den die Brückenbefürworter pochen, geradezu zwingen? Ist es nicht so, dass dies leider diejenigen immer noch nicht erkannt haben, die immer neue Straßen und Brücken fordern, da sie einzig in automobilen Kategorien denken und ihnen auch der Welterbetitel egal ist? Und deshalb hat Rosenlöcher Recht, wenn er anklagt, dass diese, an der Spitze die Landesregierung, das Regierungspräsidium Dresden und eine starke Automobil-Lobby in Sachsen, die Sauerlandslinien-Politik auch in Sachsen durchsetzen möchten: Mehr Straßen und Brücken, mehr Autobahnen und immer mehr Infrastruktur in Sachsen.

Ich dagegen liebe wie Thomas Rosenlöcher und viele andere das Elbtal und die einmalige Kulturlandschaft zwischen Stadtzentrum und Pillnitz und setze mich für deren Erhaltung ein.

Nun, inzwischen schufen sächsische und Dresdner Politik Tatsachen. Trotz der Warnung der UNESCO, der Stadt den Titel abzuerkennen, wird die Waldschlösschenbrücke weiter gebaut, bar jeder Vernunft und jeglichen Einlenkens gegenüber durchaus vorhandener Alternativen. Der Versiegelungswahn in Sachsen geht weiter, trotz der Warnungen vieler. Verlogenheit und Schizophrenie feiern fröhliche Urständ.

Kuschelig weich

Wer von uns Bürgern der neuen Bundesländer erinnert sich nicht an das vor der Wende in der DDR übliche Toilettenpapier? Hart war es und äußerst wirksam und dabei zumeist in zartem Grau gehalten, denn es war zu 100% aus Sekundärrohstoffen recycelt. Das gesammelte Altpapier kam über SERO direkt in die Papierfabriken, wo es zu jenen harten und grauen einlagigen Rollen verarbeitet wurde, die in den öffentlichen oder heimischen Toiletten zur Hygiene des Allerwertesten dienten.

Mit der Wende wurde das Papier flauschiger und weicher und dazu auch mehrlagig und gar mancher Ost-Konsument freute sich über den Qualitätszuwachs in den heimischen Hütten und vor allem darüber, dass er dem West-Verbraucher gleichberechtigt sein Hinterteil weich behandeln konnte. Klangvoll sind die Namen, die etwa mit „Hakle vlaush“ oder „Charmin“ den Hochgenuss des gehobenen Po-Putzens schon beim Kauf im Supermarkt einleiten.
Doch wie es im Leben so ist: Alles hat seinen Preis. Und so auch das flauschige, weiche und mehrlagige Rollenpapier. Etwa das von Procter & Gamble, einem weltweit agierenden US-Konzern. Das Unternehmen, das seit Jahren geschäftlich mit dem Zellstoffkonzern Aracruz in Brasilien verbunden ist, erwirtschaftet seine Gewinne auf Kosten der Indianer in diesem südamerikanischen Land.

So liefert Aracruz einen Großteil des Rohstoffes für Marken-Hygienemittel wie „Tempo“-Taschentücher und beispielsweise auch das bereits erwähnte „Charmin“-Toilettenpapier. Aracruz, einer der größten Zellstoffhersteller der Welt, hat im Süden Brasiliens mehr als 250.000 Hektar Eukalyptusplantagen angelegt. Der aus den Stämmen der Bäume gefertigte

Zellstoff verleiht Papiertaschentüchern und Toilettenpapier die Flauschigkeit, die nun auch unser jahrzehntelang übliches grauhartes Recyclingpapier ablöste. Dafür hat aber auch Aracruz riesige Flächen des atlantischen Küstenregenwaldes Brasiliens gerodet und damit zu den weltweiten Klimaveränderungen beigetragen. Daran sollten wir beim Benutzen der vermeintlich neuen Errungenschaften auch denken.

Aber nicht nur das ist der Preis für unsere Lust auf Flauschigkeit in den Ländern des Wohlstandes. Auch die Tupinikim und Guarami, zwei Indianerstämme Brasiliens mussten dafür einen hohen Preis bezahlen. Ihnen gehören nämlich 11.000 Hektar des jetzt mit Plantagen bewaldeten Landes.

Als in den 1960er Jahren Aracruz im südlichen Bundesstaat Espirito Santo mit der Zellstoffproduktion begann, herrschte im Land eine Militärdiktatur, in der die Indianer praktisch rechtlos waren. Für die Schaffung der Plantagen wurden sie, ohne Besitzpapiere ausgestattet, von ihrem angestammten Land vertrieben und anschließend der Regenwald gerodet.
Mit der Regierungsübernahme Lula da Silvas sahen sie als Landlose ihre Stunde gekommen, ihr ehemaliges Land wieder einzuklagen. Im Mai 2005 markierten sie das ihnen zustehende Land inmitten der Eukalyptusplantagen und bauten zwei ihrer ehemaligen Dörfer wieder auf. Im Januar 2006 erwirkte Aracruz bei Gericht den Räumungsbefehl und 120 Bundespolizisten, begleitet von Hubschraubern und schwerem Gerät, zerstörten die frisch aufgebauten indianischen Siedlungen. Paulo Vicente de Oliveira, der Vorsitzende des Häuptlingsrates der Tupinikim berichtete danach, dass mehrere seiner Stammesgenossen durch Gummigeschosse verletzt wurden. „Sie massakrierten uns schon zu Zeiten der Kolonisation und jetzt jagen sie uns wieder“.

In der „taz“ vom 10. Oktober 2006 las ich, dass tags zuvor Aktivisten der Umweltorganisation „Robin Wood“ die Zufahrt der Procter & Gamble-Fabrik im nordrhein-westfälischen Neuss blockierten, um die Öffentlichkeit auf dieses Unrecht aufmerksam zu machen und gegen die Geschäfte des Unternehmens mit dem Zellstoffkonzern Aracruz zu protestieren. Ein Drittel des weltweiten Bedarfs an Tempo-Taschentüchern und Toilettenpapier wird rohstoffseitig durch Aracruz gedeckt. Allein in Neuss werden täglich mehr als 7 Millionen Päckchen Taschentücher produziert.

Nun können wir uns überlegen, was wir fortan tun werden. Weitermachen wie bisher oder uns für Alternativprodukte entscheiden, die der Markt natürlich auch, etwa in Form von recyceltem Toilettenpapier, anbietet? Und was Taschentücher betrifft, so ziehe ich nach wie vor meine waschbaren Stofftaschentücher vor, auch wenn ich da als altmodisch gelte.

Aber es muss jeder selbst wissen, was er tun will oder nicht. Es soll nur eines Tages keiner sagen, er hätte das alles nicht gewusst – das mit Procter & Gamble und Aracruz, den vernichteten Regenwäldern und auch das mit den Indianern, ihren zerstörten Dörfern und ihrem geraubten Land.

Über Schuldgefühle und unseren Fußabdruck auf der Erde

Schuldgefühle sind etwas sehr Differenziertes. Etwa, wenn wir einen Menschen unberechtigt verletzen und wir zur Einsicht kommen, dass dies falsch war – diese Art Schuldgefühle kennt jeder von uns. Ganz anders verhält es sich mit Schuldgefühlen, die uns sagen, dass es irgendwie schlecht ist, was wir gerade tun – zum Beispiel, wenn wir mitten im Winter ein Päckchen frische, rote Erdbeeren kaufen, die per Luftfracht von einem Acker in Südostasien in das Supermarktregal vor uns gebracht worden und so schön billig sind. Oder wenn wir für 29 Euro mit dem Billigflieger von Schönefeld nach London düsen, Bananen für 99 Cent pro Kilogramm im Penny-Markt kaufen oder oder oder…
Diese Art von Schuldgefühlen ist noch wenig verbreitet in einer Gesellschaft, in der der Verbraucher grenzenloses Zielobjekt des Konsums ist. Wie schnell ist da der Gedanke über unser Tun vergessen - die Grübelei über Flugzeugabgase, Billiglohnarbeit und Verpackungsmüll kann bis morgen warten. Aber „morgen“ kommt selten oder niemals, zumindest bei vielen.

Gott sei Dank kenne ich inzwischen doch eine hoffnungsvolle Menge Leute, bei denen das Denken über das „Wieso ist das eigentlich möglich“ immer öfter einsetzt, denn an irgendeinem Punkt beginnen wir, Antworten auf die großen Fragen zu suchen: Was stelle ich an mit meinem Leben? Bin ich ein verantwortungsbewusster Mensch? Was hält mich eigentlich davon ab, etwas Gutes für die Welt zu tun, egal wie klein es auch sein mag und auch unabhängig von meinen materiellen Möglichkeiten? Die Ironie unseres westlichen Lebensstils - inzwischen in allen Bundesländern angekommen - ist ja nicht, dass wir in glückseliger Ignoranz darüber leben, welch schlimme Folgen er für uns, unsere Mitmenschen und die Umwelt hat; sondern dass wir einfach trotzdem weitermachen, sozusagen gut eingehüllt von einem bequemen Nebel aus Trägheit und Apathie.

Mich befällt dieses Denken immer stärker, je älter ich werde und je mehr die Widersprüche zwischen unserem Tun und den daraus resultierenden Folgen spürbar werden.
Denn es vergeht kaum ein Tag, an dem wir nicht von Klimaveränderungen und Umweltkatastrophen, verachtender Massentierhaltung, Gammelfleischskandalen, quecksilberverseuchten Lachsen lesen, über den Zusammenhang von Kosmetika und Krebs oder die wachsende soziale Ungleichheit oder den Hunger in den armen Ländern des Südens, an dem wir mitschuldig sind. Uns stockt der Atem angesichts der betrüblichen Fakten über unser verschwenderisches und selbstsüchtiges Leben, etwa, dass weltweit pro Jahr 33 Milliarden Dollar für Kosmetika ausgegeben werden, während 29 Milliarden Dollar ausreichen würden, den Hunger weltweit auszurotten und alle Menschen mit sauberem Trinkwasser zu versorgen. Oder dass die Hälfte der Weltbevölkerung von weniger als zwei Dollar pro Tag leben muss – weniger als wir für ein Glas Bier ausgeben, oder, dass Leute wie Zumwinkel an der deutschen Steuer vorbei Millionen nach Liechtenstein verbrachten.

Müssen wir uns eigentlich auf Grund dieser Tatsachen nicht immer wieder neu fragen, ob wir die wirklichen Auswirkungen unserer Gewohnheiten und Konsumentscheidungen nicht verstehen oder nicht verstehen wollen? Können wir unseren „Fußabdruck“ auf der Erde wirklich nicht reduzieren?

Matthis Wackernagel und William Rees haben in ihrem Buch „Unser ökologischer Fußabdruck“ die ökologischen Belastungen der Lebensweise von Menschen in verschiedenen Ländern untersucht. Sie kommen zu der Einschätzung, dass ein Durchschnittsdeutscher für seine Lebensweise, also für Nahrung, Wohnung, Kleidung, Mobilität, Urlaub, Energie und die dazu gehörigen Herstellungsprozesse gut 4 Hektar Land in Anspruch nimmt. Auf unser Land gerechnet, kommen da bei rund 80 Millionen Menschen 3,2 Millionen Quadratkilometer zusammen. Aber die Bundesrepublik verfügt nur über eine Fläche von 357 000 Quadratkilometer Fläche. Das heißt aber nichts anderes, als dass wir Deutschen für den Erhalt unseres Wohlstandes knapp 3 Millionen Quadratkilometer Flächen anderer Länder benötigen. Das bedeutet wiederum nichts anderes, als dass wir zu neun Zehntel auf Kosten anderer Völker, und das zumeist aus dem armen Süden der Dritten Welt, leben.

Daraus folgt, dass wir unseren Fußabdruck auf der Erde nicht nur reduzieren können, sondern reduzieren müssen, wenn wir wollen, dass es auf der Welt gerechter zugeht. Wer das auch nur im Ansatz begreift, versteht, warum es Terrorismus gibt, warum afrikanische Flüchtlingsströme nach Europa drängen und warum unsere Welt so geworden ist.

Freilich, mit manchem, was wir heute schon tun, können wir zufrieden sein, aber reicht es schon aus? Deshalb sollten wir das Erreichte immer wieder auf den Prüfstand stellen, z.B. welcher Effekt für notwendige Veränderungen daraus für die Welt entstanden ist.

Manchmal kommt es uns als Mahnende doch vor, als wenn wir kleine Fische wären, die gegen den großen Strom schwimmen. Ich ärgere mich über den Egoismus der Menschen, die unbekümmert Müll produzieren, große Autos fahren, die Umwelt belasten und alle Mahnungen als „grüne Spinnerei“ abtun.

Und manchmal ärgere ich mich auch darüber, dass das, was wir im Kleinen tun können beim Naturschutz, beim Kauf regionaler, fair gehandelter und ökologischer Produkte, bei der Nutzung öffentlicher Verkehrsmittel, von Solarwärme und Solarstrom, kurzum in unserer gesamten Lebensweise, nicht ausreicht, den Klimawandel zu bremsen, das Leiden der Menschheit weltweit zu lindern, den Giftausstoß zu verringern, ungerechte Handelspraktiken einzudämmen, die wirtschaftliche Globalisierung zu reformieren.

Trotzdem, davon bin ich überzeugt, sind diejenigen, die das erkannt haben und weitgehend danach handeln, auf dem richtigen Weg. Deshalb ist es so wichtig, weiterzumachen und unseren Fußabdruck auf dieser Erde weiter zu reduzieren getreu dem schönen afrikanischen Sprichwort: „Wenn viele kleine Leute an vielen verschiedenen Orten viele kleine Dinge tun, dann können sie das Gesicht der Welt verändern".

Eine Energiewende muss her

Nur eine Weltwirtschaft, die auf erneuerbaren Energien fußt,
kann langfristig die Selbstzerstörung
aller Wirtschafts- und Lebensformen verhindern.

Hermann Scheer,
1999 Träger des alternativen Nobelpreises

Der fossil-atomare Irrweg

An dem Tag, an dem ich dies schreibe, produziert die industrielle Welt 100 Millionen Tonnen Treibhausgase durch das Verbrennen fossiler Rohstoffe. Das ist etwa das Fünffache dessen, was der Planet ertragen kann. Nun hat der IPCC-Bericht des Weltklimarates 2007 die Menschheit aufgerüttelt mit der Botschaft: Wir müssen umsteuern – und das sofort. Bundesregierung, EU und andere Staaten reagieren endlich. Doch auch 2008 hat man das Gefühl, wir machen unentwegt weiter, ohne zu bedenken, wohin wir gehen wollen, wenn wir diesen unseren Planeten ruiniert haben und wahrscheinlich ohne daran zu denken, dass wir nur diesen einen Planeten haben.

Die Zerstörung geht solange weiter, bis wir eine grundsätzlich andere Energiepolitik betreiben, die ein radikales Energiesparen, eine umfassende Energieeffizienzerhöhung und eine hundertprozentige Energiewende zu erneuerbaren

Energien beinhaltet. Freilich hat sich das Marktanreizprogramm durch Regierungshandeln 2008 nochmals verbessert, aber einen Paradigmenwechsel hat das noch nicht eingeleitet. Die Verlierer unserer heutigen Energiepolitik sind hauptsächlich immer noch die Bewohner der armen Länder dieser Welt sowie unsere Kinder und Enkel, denn nicht nur ihre Umwelt, sondern auch ihre Innenwelt wird zerstört. Wenn wir nicht umkehren, verlieren sie die wichtigste Zukunftsressource überhaupt: die Hoffnung.

Solange die Gesellschaft nicht begreift, dass wir mit unserer verfehlten Energiepolitik im Norden unseres Planeten die Verantwortung dafür tragen, dass nachgewiesenermaßen:

- jede Sekunde ein Mensch verhungert,
- jede Minute 30 Hektar Regenwald zerstört werden,
- jede Stunde eine Tierart ausstirbt.
- jeden Tag 80 Pflanzenarten aussterben,
- jede Woche mehr als eine halbe Milliarde Tonnen Treibhausgase in die Luft geblasen werden,
- jeden Monat die Wüsten um eine halbe Million Hektar ausgedehnt werden,
- jedes Jahr die Ozonschicht um 1% dünner wird,

solange kann dieser Paradigmenwechsel nicht wirksam eingeleitet werden. Und diesen Schuldgefühlen können wir uns wohl nicht entziehen, oder?

Wie lange aber geht das noch gut? Dabei steht außer Zweifel, dass mit einem Bruchteil des Aufwandes zur Rettung der Banken oder des Aufwandes, den es beispielsweise gekostet hat, einen Menschen auf den Mond zu schicken, einem Industrieland wie Deutschland, Japan oder den USA auch der Durchbruch zur Sonnenenergiewirtschaft gelingen könnte. Damit hätten wir eine Basis zur Lösung der Umwelt- und Klimakatastrophe.

Aber noch ist alles anders. In Australien, Südchile und Südargentinien werden die Eltern aufgefordert, ihre Kinder nicht länger als 13 Minuten am Tag ins Freie zu lassen - die ausgedünnte Ozonschicht über der südlichen Erdhälfte führt schon heute zu Krebs, Augen-, Haut- und Atemwegserkrankungen. Allein in Australien erkranken jährlich etwa 140 000 Menschen neu an Hautkrebs. Man kann sich ausrechnen, was das „Ozonloch“ in wenigen Jahren möglicherweise auch über der nördlichen Erdhalbkugel anrichten wird.

Geht es nicht eigentlich wieder einmal um einen Ausweg aus unserer „selbstverschuldeten Unmündigkeit", wie Immanuel Kant vor 200 Jahren die Aufklärung definierte?
Die Naturkatastrophen, die die Menschheit bereits heimsuchten und die in der nächsten Zeit drohen, sind nicht gottgewollt, sondern menschengemacht. Nicht der liebe Gott oder ein höheres Wesen macht das Wetter, wie viele von uns glauben, sondern inzwischen sind es wir, wie es in Tim Flannerys Buch „Wir Wettermacher“ nachzulesen ist. Aber Gott oder die Natur gab uns Menschen den Verstand, die selbstgemachten Probleme auch zu lösen.
Dazu müssen wir gegen die zweitstärkste Macht der Welt vorgehen - die heutige Energiewirtschaft. Dazu gehören die Ölscheichs, die Atomlobby, die Kohlepolitiker, die Gasinteressen ebenso wie die gehätschelte deutsche Autoindustrie und die Politiker in den Aufsichtsräten der Energieversorgungsunternehmen.

Der Golfkrieg 1991 und der Irakkrieg 2003 haben gezeigt, welche Macht und Gewalt hinter diesem Energiekomplex stehen. Er beherrscht die Welt, kann militärische Konflikte wie den Golfkrieg inszenieren, Milliardensubventionen organisieren und eine Expertenelite großziehen. Die oft gestellte Frage, warum die Zerstörung der Umwelt nicht gestoppt wird, ist leicht zu beantworten: An der Zerstörung unserer Umwelt wird sehr viel Geld verdient. Immer noch.

Die geballte Macht des Energiekomplexes schien unbesiegbar, als es der US-Energiewirtschaft gelungen war, George W. Bush zum Präsidenten zu machen. Es gibt nur eine Kraft, die stärker wäre: der Überlebenswille der Menschheit im Angesicht des Abgrunds.

Unsere eigentliche Ohnmacht ist, dass wir uns die Macht des Volkes nicht zutrauen. Wir sind noch keine aktiven Demokraten, sondern verstehen uns eher als Mitglieder einer passiven Zuschauerdemokratie. Immer wieder höre ich bei meinen Buchlesungen und Vorträgen das hilflose Argument: „Was kann ich kleiner Mann oder ich kleine Frau denn schon ändern? Allein bin ich doch viel zu schwach!“ Mich machen solche Argumente wütend, weil ich überzeugt bin, dass es keine „kleinen“ Menschen gibt, sondern nur Menschen, die sich kleinmachen oder kleinmachen lassen. Wir sind wohl in der Lage, die Welt zu verändern und zu verbessern. Das ist zwar schwer und mühevoll, es jedoch nicht zu versuchen, wäre sträflich. Erste Voraussetzung dafür ist jedoch, dass wir es wollen und dazu uns zunächst selbst verändern. Der Mensch ist von Natur aus lernfähig, und das bis ins hohe Alter.

Noch immer reden die einen von Ökonomie und die anderen von Ökologie, als stände beides im ständigen Widerspruch. Die Ökologie funktioniert, seit es unser Sonnensystem gibt - seit mindestens fünf Milliarden Jahren. Die Natur - und damit die Ökologie - ist die älteste Firma, die noch nicht bankrott ist. Die klassische Ökonomie jedoch gibt es seit etwa 200 Jahren. Sie war in dieser historisch kurzen Zeit so „erfolgreich", dass heute dadurch die Zukunft des Lebens auf dem Spiel steht. Diese Ökonomie hat jedoch keine Chance, wenn sie weiterhin nicht ökologisch, also nicht zukunftsfähig und weiterhin nicht nachhaltig ist. Ökologie ist also weit mehr als bloßer Naturschutz; sie ist die Voraussetzung unseres Überlebens. Was sich heute Ökonomie nennt und ewiges wirtschaftliches Wachstum meint, ist in Wahrheit zerstörerisch. Klaus Töpfer nennt den ökonomischen Wachstumswahn zu Recht „das größte Selbstmordprogramm der Geschichte".

Am meisten betroffen durch die zunehmenden Naturkatastrophen sind die Menschen der südlichen Halbkugel unseres Planeten. Die UNO schätzt, dass zur Zeit schon 18 Millionen Umweltflüchtlinge allein in Afrika umherirren - zum Beispiel auf der Suche nach der nächsten Wasserquelle. Ihre Wasserkreisläufe haben aber wir in den Industriestaaten durch unseren Energieverbrauch zerstört. Die UNO befürchtet freilich auch, dass die Zahl der Umweltflüchtlinge sich bald auf 50 Millionen erhöhen wird. Der Selbstmord der Menschheit ist nur durch zwei zentrale Strategien zu stoppen.

Erstens muss Energie gespart und effizienter eingesetzt werden. Dazu müssen wir konsequent weg vom fossil-atomaren Ressourcenpfad und kompromisslos den Sonnenpfad nutzen. Sonne, Wind, Wasserkraft, Biomasse und Erdwärme werden nicht verbraucht, sondern gebraucht. Sie sind für alle Zeit ohne Umweltzerstörung nutzbar. Obwohl weltweit diese Energieressourcen ausreichend für die Menschheit zur Verfügung stehen, sollten sie so effizient wie möglich eingesetzt werden.

Zweitens bietet das Solarzeitalter die Voraussetzung dafür, dass die Ökologie zukünftig die intelligentere Ökonomie wird - preiswert und unerschöpflich. Denn Sonne und Wind schicken keine Rechnung. Und Kriege um die Sonne sind auch künftig unwahrscheinlich.

Was wir als einzelne Menschen können, ist, damit zu beginnen. Das Gute ist, dass dies immer mehr Menschen erkennen und eine breite Bewegung entstanden ist. Auch meine Frau und ich haben schon vor ein paar Jahren damit begonnen, unser Haus auf erneuerbare Energien umzustellen. Eine 23 Quadratmeter große thermische Solaranlage auf dem Süddach unseres Hauses und eine automatische Holzpelletsheizungsanlage versorgen das Haus ganzjährig mit Wärme und Warmwasser. Zwei Photovoltaikanlagen erzeugen Strom aus Sonnenlicht, der in das Netz eingespeist und als Grüner Strom zurückgekauft wird. Das Haus wird somit zu 100% aus erneuerbaren Energien versorgt.

Es war für uns ein großer Tag, als am 15. Juli 2004 die Erdgasleitung gekappt wurde. Adé Gasversorgung Sachsen Ost (heute ENSO) mitsamt der Abhängigkeit von Ruhrgas-AG und Gasprom. Es war für uns ein Sprung in die Unabhängigkeit von einer die Welt zerstörenden Ökonomie, aber auch von einer die Welt beherrschenden Energieversorgung. Es war für uns der Ausweg aus unserer „selbstverschuldeten Unmündigkeit", genau wie Immanuel Kant vor über 200 Jahren die Aufklärung formulierte.

Ich kann allen Leserinnen und Lesern versichern: Wir haben für diesen Ausweg, was die Solaranlagen betrifft, von der Sonne noch nie eine Rechnung bekommen. Ganz im Gegenteil:

Wir schreiben selbst Rechnungen an den regionalen Energieversorger, der gesetzlich verpflichtet ist, uns unseren Solarstrom abzukaufen.

Und eine Rechnung von einer Tankstelle haben wir seit 2003 nicht mehr bekommen, als wir uns zu Beginn des Irakkrieges entschlossen, unseren Kleinwagen auf Pflanzenöl umrüsten zu lassen. Diese schickt uns jetzt der Ölmüller aus der Region, der unsere hauseigene Tankstelle beliefert. Das Kappen der Leitungen zu BP, Aral, Shell und Total war für uns ein weiterer großer Tag. So hat auch unsere Mobilität erneuerbare Grundlagen, vor allem aber sind wir von den weltmarktbeherrschenden Mineralölkonzernen unabhängig.

Was jeder Einzelne noch tun kann, auch wenn er kein eigenes Haus hat: Er kann den Stromanbieter wechseln und von diesem ökologisch erzeugten Strom beziehen. Dann kann man sicher sein, dass der notwendige Strom unter ökologisch besten Bedingungen für das Klima und damit so CO_2-neutral bzw. so CO_2-frei wie möglich hergestellt wurde. Seit 2007 kommt auch ein ökonomischer Grund dazu, der für einen Wechsel spricht. Der Bezug von ökologischem Strom von einem der 4 bekannten deutschen Ökostromanbieter ist teilweise schon preiswerter als der der vier großen Energiekonzerne mit ihren regionalen Ablegern.

Jeder wird in seiner Wohnung, in seinem Haus Einsparpotenziale finden. Diese aufzuspüren und zu nutzen, muss zur ersten Bürgerpflicht werden.

Es geht nicht ohne Energiesparen und Energieeffizienz

Bei dem steigenden Energiehunger in der Welt wird es nicht möglich sein, allein mit erneuerbaren Energien die alten fossil-nuklearen loszuwerden und damit die Erderwärmung zu stoppen. Sichere Energie und erträgliche Temperaturen gehorchen einem Imperativ, der allerdings politischen und noch zu oft auch gesellschaftlichen Denken eher fremd ist: Energie muss sparsamer genutzt und effizienter eingesetzt werden. Dies ist aber jedoch neben dem Ausbau erneuerbarer Energien die beste Möglichkeit für jedermann/frau, für mehr Klimaschutz und mehr Sicherheit zu sorgen.

In der Ausgabe Nr. 13/2006 der Wochenzeitschrift „DIE ZEIT“ vom 23.03.2006 fand ich einen Artikel, der sich einem bevorstehendem ersten Spitzentreffen Angela Merkels mit 28 auserwählten Personen, darunter fünf Minister und die Chefs von RWE, E.o.n, DaimlerChrysler und Siemens, widmet, auf dem über die Energiezukunft des Landes im Bundeskanzleramt beraten werden soll. Diese Treffen sind gemeinhin als Energiegipfel in den deutschen Sprachgebrauch eingegangen.
Energie, ohne die sich nichts bewegt, ohne die es kalt und dunkel bleibt, beschäftigt das Spitzenpersonal von Politik und Wirtschaft seit diesem ersten Gipfel. Eine Debatte über sichere „Energieversorgung“ kommt in Gang.

Doch bereits der Begriff „Versorgung“ weise in die falsche Richtung, weiß ein Mann mit dem komplizierten Namen Nebojša Nakifenovif. Dieser ist Professor in Wien und hat überraschende Erkenntnisse gewonnen, als er die Logik von Energiesystemen studierte. Er hätte für den Gipfel eine ganz einfache Botschaft: Die Beschaffung von mehr Energie löst kein einziges Problem – solange Energie weiter verschwendet wird.

Und dass diese in der Tat verschwendet wird, beweisen nicht nur in den letzten Jahren aufgekommene Heizpilze in Biergärten, allerorts entstehende Skidome und künstliche Beschneiungsanlagen, sondern auch vielfältige Beispiele aus der Praxis, auf die die Autoren des ZEIT-Artikels hinweisen.

Hydraulischer Abgleich etwa sei ein sperriger Begriff und ein nicht alltäglicher dazu. Dass aber viele Klempner damit nichts anzufangen wissen, ist in Zeiten der Energieunsicherheit eigentlich ein Skandal, meinen viele. „Ein Manko“ nennen das auch die Mitglieder des Energie-Tisch Altenberg e. V., vor allem Jörg Hüttner und Jürgen Holzapfel, die sich auf dieses Thema spezialiert haben. Das Manko, von dem sie sprechen, koste unglaublich viel Energie und Geld. Eine Heizungsanlage hydraulisch abzugleichen heißt, Pumpen und Ventile so einzustellen, dass die im Heizkessel erzeugte Wärme optimal genutzt wird.

Eigentlich eine Selbstverständlichkeit, um die sich indes kaum jemand kümmert, von Ausnahmen abgesehen. Keine Bauaufsicht nicht und kein Bauherr. Und kaum ein Handwerker. Der hydraulische Abgleich scheint einfach in Vergessenheit geraten zu sein.

Die Spezialisten der Solarinitiative im Osterzgebirge sind sich indes einig, dass sich viel Heizenergie durch bloßes Pumpen- und Ventil-Einstellen sparen lässt und fanden heraus, dass mindestens 10% immer möglich sind. Damit aber ließen sich in Deutschland rund eine Milliarde Kubikmeter Erdgas, gut 600 Millionen Liter Heizöl und dazu einige Tonnen Kohle einsparen. Damit könnten sogar Kraftwerke überflüssig gemacht werden.
Jede Heizung verbraucht so genannten Pumpenstrom. Heizungspumpen sind in vielen Haushalten sogar der gefräßigste Stromverbraucher. Etwa 20 Millionen gibt es in Deutschland, sie beschäftigen mehr als zwei Großkraftwerke und damit eines zu viel. Denn mittlerweile gibt es Pumpen, die sich mit Bruchteilen des durchschnittlichen Strombedarfs begnügen. Einige Hersteller in unserem Land bieten solche Hocheffizienzgeräte an. Diese sind zwar teurer, aber die niedrigeren Stromkosten machen die höheren Anschaffungskosten schon nach zwei bis drei Jahren wett. Trotzdem läuft das Geschäft mit den Hocheffizienzpumpen ausgesprochen zäh, weil Installateure und Verbraucher entweder davon nichts wissen oder kein Interesse daran haben.
Dabei werden jährlich fast zwei Millionen Mal in Deutschland Pumpen ausgetauscht und bei dieser Gelegenheit könnte man den Fortschritt in die Heizungskeller einziehen lassen. Doch meistens verstreicht die Chance ungenutzt. Pumpenhersteller müssen dadurch zu zwei Dritteln alte Technik verkaufen. Der Grund: Die Hauseigentümer wollen zwar warme Häuser, kennen sich aber mit Pumpen nicht aus, während die Installateure die guten Pumpen zwar vielleicht kennen, aber vor der Herausforderung kapitulieren, die etwas teureren Produkte dem Kunden zu verkaufen. Und schon haben sie wieder die alten Pumpen. Also laufen die Kohlekraftwerke in Sachsen munter weiter, um sie mit Strom zu versorgen. Vattenfall freut es.
Auch Timo Leukefeld, der Geschäftsführer der Soli fer Solardach GmbH in Freiberg, hat das seit langem erkannt und

ist einer anderen puren Verschwendung von Heizungsenergie auf den Grund gegangen, den häufigen Kesselstarts. Ihm fiel immer wieder auf, dass die auf Öl und Gas basierenden Heizkessel einfach zu viel Energie verpuffen.
Dabei lägen diese laut Bescheinigung des Schornsteinfegers zumeist mit 95% offenbar im grünen Bereich. Trotzdem nagte bei Timo Leukefeld der Verdacht, dass nicht alles mit rechten Dingen zugehe, denn die in den Kesseln installierten Brenner zündeten im Winter 60 bis 80mal am Tag, manche sogar bis zu 150mal. Sogar im Sommer springt der Kessel an, kaum dass einer die Dusche aufdreht. Sein Verdacht war begründet, denn dieser bestätigte sich bei näherer Untersuchung.
Sein heißer Tipp an alle Hausbesitzer: Achten Sie ein paar Tage auf die Töne aus Ihrem Heizkeller: Häufige Zündungen sind ein Symptom dafür, dass etwas nicht stimmt. Das ist wie Zahnschmerzen, sie haben eine Ursache: Je früher, desto schmerzloser, rät der Spezialist für Sonnenwärme.
Und weiter rät er: Wenn der Heizkessel aus den 1990er Jahren stammt, also noch nicht zur neuesten Generation zählt, wäre er demnächst zur Komplettsanierung fällig, aber noch zu jung, dass dieser jetzt schon entsorgt werden müsse. In dieser Ausgangslage seien jedoch viele Hausbesitzer vor allem in den neuen Bundesländern, die nach der Wende ihre Heizungen umgestellt haben.

Timo Leukefeld hat dafür die Antwort parat. Er empfiehlt, mit dem alten Kessel zunächst weiterzuleben, ihm jedoch eine energiesparende Funktionsweise aufzuzwingen. Er nennt diese Intervalltechnik. Falls eine Sonnenwärmeanlage sowieso infrage käme, wäre dies noch besser, denn dafür benötige man einen besonders sorgfältig gedämmten Pufferspeicher als Wärmetresor und eine neue, frei programmierbare Regelung. Beides wäre hilfreich für eine puffergeregelte Heizung und würde mit der Solarthermie-Anlage realisiert. Oder Speicher und Regelung würden aufgerüstet. Auf alle Fälle spart man mit einer puffergeregelten Heizung viel Energie, ist sich Timo Leukefeld sicher.

Wie viel gespart wird, hinge von den Umständen im Hause ab. Leukefelds jüngste Forschungsarbeiten, die an der TU Bergakademie Freiberg durchgeführt wurden, bestätigen, dass mit der Intervalltechnik zwischen 10% Heizenergie bei den neuesten, modulierenden Anlagen und 30% bei älteren

Kesselanlagen eingespart werden könne. Denn die Forschungsarbeiten belegten auch, dass ein puffergeregelter Heizkessel weniger als 20-mal pro Tag zündet; die besten konnten auf dreimal pro Tag beschränkt werden.
Wenn jedoch gleichzeitig eine nach dem Heizbedarf des Hauses ausgelegte Solarwärmeanlage mitinstalliert wird, dann können einschließlich der Optimierung des Kesselverhaltens durch Anbindung der Solaranlage ganz andere Einsparungswerte erreicht werden, denn in den Sommermonaten und auch in Frühlings- und Herbstmonaten übernimmt die Sonne die Funktion des Heizkessels, sodass dieser erst gar nicht anspringt.

Wir Deutschen gelten zwar im internationalen Vergleich als energieeffiziente Nation. Nur Japan, Großbritannien und noch ein paar wenige andere Länder setzen Kohle, Öl und Gas effizienter ein. Doch wir im deutschen Musterland vernichten Energie weiter im großen Stil. Die „ach so moderne Industriegesellschaft“, sagt Eberhard Jochem, Professor für Energiewirtschaft in Zürich, befinde sich „eher im Bereich der Eisenzeit der Energiegeschichte“.
Tatsächlich beanspruchen Kraftwerke und Raffinerien, Elektro- und Verbrennungsmotoren, Heizkessel, Glühbirnen und Maschinen aller Art fast zwei Drittel der überwiegend importierten Energie für sich. Als echte Nutzenergie – also als Wärme, Licht und Antriebskraft – kommt bei den Verbrauchern nur der klägliche Rest an. Einiges davon entfleucht wiederum durch schlecht gedämmte Wände, geht in Druckluft- und Kälteanlagen verloren oder muss allzu hohe Roll- oder Luftwiderstände überwinden. Die Verschwendung ist fast grenzenlos.
Inzwischen haben das Leute erkannt, die damit ihr Geld verdienen. Contracting heißt das Zauberwort. Sie verhelfen Unternehmen und der öffentlichen Hand zu niedrigeren Energierechnungen. Die eingesparten Kosten teilen sich die Energiecontracting-Firmen mit ihren Kunden. Oft seien bis zu 30% Effizienzgewinn drin, wissen Kenner dieser neuen Branche.

Selbst die Wirtschaft, die sonst auf jeden Cent schaut, verschleudert Energie, z.B. bei Elektromotoren: Nach Angaben des Zentralverbandes Elektrotechnik und Elektronikindustrie wären sieben Kohle- oder Gaskraftwerke

überflüssig, wenn nicht nur jeder zwanzigste Motor in den Betrieben, sondern jeder dritte mit einer elektronischen Drehzahlregulierung ausgerüstet wäre. Oder das Beispiel Kühltruhen: Viele in Supermärkten stehenden Kühl- und Tiefkühlbehälter haben keinen Deckel. Hätten sie einen, würde ein weiteres Kraftwerk arbeitslos, hat der Energietechniker Jürgen Schmid von der Uni Kassel ermittelt.
Es ist in der Tat grotesk. Während die Energieangst grassiert, haben sich überall Energieräuber eingenistet. „Wo man hinfasst", wie der Kasseler Professor Schmid sagt, „im Großen wie im Kleinen."

Zu den großen Räubern zählt auch Schmid die Wohnhäuser. Um sie warmzuhalten, sind pro Quadratmeter jährlich rund 20 Liter Heizöl oder die äquivalente Menge Erdgas nötig;
10 Liter wären ausreichend. Doch obwohl es profitabel ist, den Energiebedarf durch bessere Wärmedämmung zu senken, sanierten die Eigentümer ihre Gebäude zu selten und zu schlecht, hat Manfred Kleemann vom Forschungszentrum Jülich herausgefunden. Und das trotz Förderung durch den Staat.
Im Kleinen sitzen die Räuber unter der Spüle. In vielen Haushalten befindet sich dort ein elektrischer Boiler, der rund um die Uhr ein paar Liter Wasser erwärmt, ob es gebraucht wird oder nicht. Den überflüssigen Stromverbrauch schätzen Experten auf jährlich drei Milliarden Kilowattstunden. Ein kleiner Helfer, in Baumärkten für etwa 20 Euro zu haben, stoppt die Verschwendung. Die Investition macht sich binnen weniger Monate bezahlt. Genauso verbrauchen zahlreiche Haushaltsgeräte im ausgeschalteten Zustand Strom. Mit einem Strommessgerät, das man zwischen Netzstecker und Steckdose setzt, lässt sich dies leicht überprüfen. Ist dies der Fall, so empfiehlt sich der Einsatz einer Zwischensteckdose mit Kipp-Aus-Schalter, um ständiges Steckerziehen zu vermeiden.

Fast ohne Aufwand bewegen sich auch Autos genügsamer, allein durch richtiges Gasgeben. Um 20% ließe sich der Spritverbrauch dadurch locker senken, hat der ADAC ermittelt, der Kurse für sparsames Fahren anbietet.

Langsamer ist wegen der ökonomischen Fahrweise übrigens niemand unterwegs – bloß billiger.
Die jährliche Spritrechnung sämtlicher Deutschen könnte um neun Milliarden Euro sinken, behauptet sogar der Ölmulti BP.

Auch in den Autos selbst schlummern Sparpotenziale. Welche, das ermittelt gerade Axel Friedrich, der im Umweltbundesamt (UBA) die Abteilung Umwelt und Verkehr leitet. Friedrich nahm sich den VW Golf GT TSI Twincharger vor, eine Rakete auf Rädern, 170 PS stark und dabei mit einem Verbrauch von 7,3 Litern schon sensationell genügsam. Friedrich verpasste dem Fahrzeug ein anders abgestuftes Getriebe, leichtere Sitze, aerodynamischere Außenspiegel, andere Reifen und einige Kleinigkeiten mehr. Der am Reißbrett modifizierte Golf leistet noch immer 170 PS, verbraucht aber laut Simulationsprogramm fast ein Drittel weniger.

Knapp unterhalb des Zugspitzengipfels, im Schneefernerhaus, hat Friedrichs UBA-Kollege Ludwig Ries seinen Arbeitsplatz. Der Naturwissenschaftler, der sich »Buchhalter des Wahnsinns« nennen lässt, registriert die Folgen des übermäßigen Energieverbrauchs. Unterstützt von einer Armada kleiner Maschinen misst Ries, wie sich die Erdatmosphäre mit Kohlendioxid anreichert. CO_2 kommt nur in winzigen Konzentrationen in der Luft vor und wird in Millionstel Anteilen gemessen. Vor Beginn der Industrialisierung lag die Konzentration bei 280 Millionstel Anteilen. Im Februar vor fünf Jahren registrierte Ries auf der Zugspitze 376, mittlerweile sind es 386. „Das Fieber steigt“, sagt Ries.

Jede Kilowattstunde Strom aus der Steckdose fügt der Luft 640 Gramm CO_2 zu; jeder Liter Benzin verbrennt zu 2,3 Kilogramm CO_2. Die Folge sind Sicherheitsprobleme ganz eigener Art: Es kommt zu Flüchtlingsströmen, weil die steigenden Temperaturen Ackerbau und Viehzucht in Afrika erschweren. Oder zu Sturmfluten: Die NASA prophezeit, dass Jahrhundertstürme die Metropole New York demnächst nicht mehr nur alle 100, sondern alle 15 Jahre ereilen würden – weil die Erderwärmung den Meeresspiegel steigen lässt. Die verheerenden Auswirkungen der Hurricans Katrina und Ike in Oklahoma bzw. Texas vermitteln schon mal einen Eindruck davon, was in Zukunft gang und gäbe sein wird.

Doch während der Pegel steigt, während Öl und Gas teurer werden und eine Handvoll Länder über die verbliebenen Energievorräte verfügt, bleibt die wichtigste, sauberste und billigste Energiequelle ungenutzt - die Effizienz. Warum nur? »Weil es einfacher ist, Politik für ein paar Energieanbieter zu machen als für Millionen Energiekonsumenten«, sagt Claude Mandil, der Chef der Internationalen Energie Agentur (IEA). Bleibe es dabei, schwant dem Franzosen, »bekommen wir ein Riesenproblem«. Wie wir sehen, sind wir dort schon angekommen.

Die Energieabteilung des Bundeswirtschaftsministeriums besteht aus drei Unterabteilungen und 17 Referaten. Die meisten beschäftigen sich mit Öl und Gas, mit Steinkohle und mit Braunkohle, mit Strom im Allgemeinen und mit Atomstrom im Besonderen. Nur zwei Referate, IIIC5 und IIIC6, beschäftigen sich mit Effizienz.
Energiepolitik buchstabiert sich hierzulande, wie anderswo auch, als Versorgungs-, als Angebotspolitik. Die Nachfrage zu beeinflussen, gilt immer noch beinahe als unanständig.

Der Fortschritt in Sachen Effizienz ist deshalb beängstigend klein geworden. Jährlich fast 2% betrug er noch in der ersten Hälfte der neunziger Jahre, auf weniger als 1% war er in den Jahren zwischen 2000 und 2004 geschrumpft.

Kein Wunder. Immer noch kennen zu wenige Verbraucher die Sparchancen. Politik ist trotz positiver Trends immer noch nicht allumfassend um Aufklärung bemüht.
Energieverbrauchsangaben sind oft zu verwirrend und eine Kennzeichnung des Leerlaufverbrauchs elektronischer Geräte ist nicht in Sicht. Gar nicht denkbar scheint in diesem Umfeld eine Vorschrift, die den Energieverbrauch von Autos oder Elektrogeräten begrenzt. Statt um die Nachfrage tobt der Energiestreit daher um das Angebot. Um längere Laufzeiten für Atommeiler und die Ästhetik von Windmühlen, um Kohlekraftwerke und Sprit aus Biomasse, um neue Pipelines und Steinkohlesubventionen. Der Geschäftsführer der Deutschen Energie-Agentur (Dena), Stephan Kohler, gehört zu dem kleinen Kreis, den Angela Merkel zum Gipfel geladen hat. „Die Ausweitung des Energieangebots ist keine Lösung", sagt er und ist damit beim Energiegipfel ziemlich allein. Denn dort dreht sich fast alles ums Angebot. Merkel und ihr

damaliger Wirtschaftsminister Glos wünschen sich Zusagen für den Bau neuer Stromfabriken; die Kraftwerksbetreiber sind dazu bereit, wenn die Regierung ihnen beim Emissionshandel entgegenkommt. Das war er dann, der Gipfel.
Es ist wirklich der Gipfel!

Oder nicht? Kohler ist schon von Berufs wegen optimistisch. Mit seiner Dena, zur Hälfte im Staatsbesitz und zur Hälfte der KfW-Bank gehörend, kämpft er schließlich seit mehreren Jahren vor allem für das eine: mehr Effizienz. Über die Erfolge lässt sich streiten – kaum aber darüber, dass langsam, ganz langsam die Zeit für ihn arbeitet. Erstmals seit langem haben die hohen Preise die Verbraucher mit Energie wieder deutlich sparsamer umgehen lassen. Und die Regierung fördert die Altbausanierung. Und Merkel & Co reden auffällig laut vom Sparen.

Ihr Wirtschaftsminister, Michael Glos, hat sogar eine „nationale Energieeffizienzstrategie“ angekündigt. Abwarten, das Wort geredet haben der Effizienz schon viele. Soll jetzt mehr daraus werden, müsste Glos bzw. sein Nachfolger zu Guttenberg eine Graswurzelrevolution anzetteln.

Im Oktober 2007 hat die SPD-Fraktion im sächsischen Landtag Energieinteressierte nach Dresden eingeladen. Gast ist unter anderem der Parlamentarische Staatssekretär im Bundesumwaltministerium Michael Müller. In einem Impulsreferat informiert das Mitglied des Weltklimarates die zahlreich erschienenen Gäste über den dramatischen IPCC-Bericht 2007 zum Klimawandel. Diejenigen Besucher, die sich bis jetzt mit dem Thema noch nicht oder nicht ausreichend beschäftigt haben, erfasst blankes Entsetzen ob der Ausführungen. Sofortiges Umsteuern fordert Müller, wenn noch etwas gerettet werden soll. Die Abkehr von Wachstumstheorien mit der Hinkehr zu intelligenten Gestaltungstheorien fordert Müller. Und das nicht nur bezogen auf die Energiewirtschaft. Weg von der bisherigen Versorgungswirtschaft, hin zur intelligenten Vermeidungswirtschaft, so sein Credo. Müller begründet, dass dies möglich sei. Mit intelligenten Speicher- und Steuerungssystemen könne man die Hälfte der Kraftwerke in Deutschland einsparen, mit Einzug von Sparsamkeit in der Gesellschaft würde ein Drittel der Kraftwerkskapazität ausreichen. Wir brauchten dazu nicht nur effiziente Kraftwerke, sondern vor allem die effiziente Nutzung von Energie und deren Einsparung. Er redet der Vermeidung von Kraftwerken das Wort.

In der Diskussion dann polarisieren Notwendigkeiten und sofortiges Umsteuern mit sächsischen Gegebenheiten. Eine Koalitionsregierung in Dresden, bei der der Klimawandel noch längst nicht angekommen zu sein scheint, setzt nach wie vor auf den zukünftigen Hauptenergieträger Braunkohle, der jedoch das Klima am meisten belastet. Koalitionspartner SPD steht sich selber im Weg, da er als Minderheitspartner der CDU in Sachen Energie in deren Fahrwasser schwimmt oder möglicherweise in die Opposition zurückfällt. Die CDU-Spitze im Freistaat aber ist in Sachen Ökologie unbelehrbar und hinkt bezüglich Klimawandel sogar Beschlüssen der Großen Koalition der Bundesregierung, etwa den Klausurergebnissen von Meseberg 2007, meilenweit hinterher.

Es ist ein Trauerspiel: Selbst Bundeskanzlerin Merkel scheint inzwischen die fundamentale Bedeutung der sofortigen und wirksamen Einschränkung des Klimawandels erkannt zu haben, in Sachsen dagegen scheint Klimawandel bei den politischen Eliten immer noch ein Fremdwort zu sein. Und das nicht nur auf Landesebene. Ich treffe immer wieder auf Abgeordnete und Sympathisanten der CDU im Freistaat, die den Klimawandel bezweifeln bzw. seine menschengemachten Ursachen in Frage stellen.

Auch in der besagten Veranstaltung gibt es Stimmen, die trotz der dramatischen Ausführungen von Müller Verständnis für neue Kohlekraftwerke und längere Laufzeiten von Atomkraftwerken zeigen.

Schildbürger in Freiberg

Der Energiestammtisch Freiberg ist eine rührige Einrichtung. Regelmäßig lädt Moderator Josef Sykora an Energiethemen interessierte Bürger ein und informiert in Expertenvorträgen über Energiesparen, Energieeffizienz und erneuerbare Energien. Die Veranstaltungen sind meist gut besucht.

Das war auch so am 25. Juni 2007, als der Energiestammtisch zu einem Informationsabend mit dem Thema „Die Energieversorgung des rekonstruierten Schlosses Freudenstein“ eingeladen hatte. Dieses im Zentrum der Bergstadt liegende marode Schloss wird seit einigen Jahren aufwendig saniert und so war das Interesse groß, wie denn die zukünftige Energieversorgung des geschichtsträchtigen kolossalen Gebäudes aussehen würde.
Freiberg, die alte Bergbaustadt, beherbergt in ihren Mauern die weltbekannte Montanuniversität, die Bergakademie. Wer vor hundert Jahren in Südafrika Gold aus der Tiefe holen wollte, besorgte sich schon damals das Können in Freiberg. Lange vorher bereits war diese erste Bergakademie der Welt entstanden, hier hatten schon Novalis (Friedrich von Hardenberg) und Hans Carl von Carlowitz über den Umgang mit der Natur und über das wirtschaftlichen Handeln nachgedacht und geforscht. Daran erinnert der „Sonnenfleck“, ein elektronischer Rundbrief der Firma Soli fer Freiberg im Juli 2007, den deren Geschäftsführer Timo Leukefeld in regelmäßigen Abständen herausgibt und der vom Medienberater Oliver Baer aus Ohorn gestaltet wird.

Dass heute Freiberger Wissenschaftler wie Professor Möller und Praktiker wie Solarworld AG-Chef Frank Asbek oder Timo Leukefeld in Freiberg mit der Sonne arbeiten, folgt aus der Geschichte der Stadt. Als wäre es genetisch verankert, wissen auch die Bürger und Geschäftsleute von Freiberg zumeist, was vorsorgliches Haushalten bedeutet. Sofern sie nicht vergessen, dass sie es wissen. Doch das Vergessen sollte an diesem Informationsabend am 25. Juni fröhliche Urständ feiern, wie ich in dem Sonnenfleck-Beitrag erfahre.

Die zahlreichen Besucher des Freiberger Energiestammtisches verblüffte die Begeisterung, mit der Vertreter der Stadtverwaltung Freiberg und der Stadtwerke Freiberg AG das Energiekonzept des Schlosses Freudenstein vorstellten. Sie trauten ihren Ohren nicht: Der Wärme- und Kühlungsbedarf des Schlosses soll zu 95% aus fossilen Quellen gedeckt werden, den grünen Rest soll eine schlichte Wärmepumpentechnik liefern. Kein Blockheizkraftwerk, keine Nutzung von Pflanzenöl, kein Holzbrenner (mit Presslingen, Holzhackschnitzel oder Stückholz), keine Spitzentechnik der Erdwärmenutzung mit Tiefenbohrungen, keine Photovoltaik, keine Solarthermie soll die zukünftige Energieversorgung des Schlosses gewährleisten. Als gäbe es für all diese modernen Technologien nicht die besten Fachleute an der Bergakademie und in den Solarbetrieben Freibergs. Die meisten Besucher befällt blankes Entsetzen und Wut.

Für ein gesamtheitliches Konzept mit erneuerbaren Energien habe den Verantwortlichen die Zeit gefehlt, wurde auf die Auslassungen und die bohrenden Fragen des Publikums erklärt. Das überraschte den Stammtisch, denn viele Institutionen und Vereine hatten sich seit Ende 2004 um das Thema bemüht. Und nun werden sie mit der verpassten Gelegenheit konfrontiert. Da selbst im Sommer die dicken Schlosswände im Erdgeschoß beheizt und die oberen gekühlt werden müssen, hätte man mit Sonnenwärme eine preiswerte und elegante Vorzeigelösung darstellen können. So, wie es sich für die Solarstadt Freiberg gehört.

Glasflächen auf einem Schlossdach, warum nicht? Konzeptionell hatte die Denkmalschutzbehörde bereits 200 Quadratmeter Kollektoren und Solarzellen durchgewinkt. Diese Leute verstehen es mitzudenken, die Stadt als Gesamtdenkmal könnte das Ansehen gut vertragen, wenn ihr Schloss mit solarer Vollversorgung bei niedrigsten Betriebskosten zum weltweit beachteten Vorbild würde. Tradition und Innovation finden zueinander, man muss es nur wollen. Vorausgesetzt, man hätte keine dringenderen Motive im Sinn.

An dem Abend meldete sich Timo Leukefeld zu Wort. Er hatte das Energiekonzept der Stadt nicht nur in seiner Mappe, er hatte es auch gelesen. Aber die Stadtwerke berufen sich auf eigene Gutachten, wie das halt so geht. Eine Ökolösung sei zu teuer, sagte Dieter Kurzbuch, Vorstand der Stadtwerke Freiberg AG. Da hat jemand, vor lauter Spurtreue, den Anschluss verloren: Die Kanzlerin (CDU) hat schon längst die Wiedervereinigung von Ökonomie und Ökologie ausgerufen!

So schwierig kann der Zusammenhang also nicht sein. Auch sei die Frage erlaubt, wem das Öko "zu teuer" war. Den Eigentümern der Stadtwerke, die nicht in der Region zuhause sind?

"Wer es will, findet Wege, wer es nicht will, findet Gründe." (Götz Werner, Chef der dm Drogeriemärkte)

Von Nachhaltigkeit bleibt beim Energiekonzept für Schloss Freudenstein nur ein Feigenblatt. Das könnte Bürger entrüsten, die sich noch erinnern: Der Begriff des nachhaltigen Wirtschaftens wurde nämlich in Freiberg geprägt. Die Schlossmieter dürfen sich jedenfalls auf gepfefferte Betriebskosten einstellen, darunter die weltberühmte Mineralogische Sammlung der TU Bergakademie Freiberg, das Bergarchiv, eine Gaststätte usw. Der Energiestrategie der Stadt Freiberg kommt die Fernwärmeversorgung des Schlosses entgegen wie ein Geisterfahrer auf der Autobahn. Fachleute auf internationalen Energietagungen, auf Schloss Freudenstein angesprochen, schütteln ratlos den Kopf. Obwohl die Stadt auf den Fortschritt verzichtet, am European Energy Award will sie sich weiterhin beteiligen.

Es ist nicht mehr zu ändern. Offen ist nur noch eines: Man könnte das Schloss mit Ökostrom versorgen. Dazu bedürfte es keiner "zu teuren" Investition, ein Antragsformular genügt, ausgefüllt, unterschrieben, bei der Postfiliale abgegeben.

Übrigens hatte Soli fer im Jahr 2001 zur Außerbetriebnahme der Gasleitung auch Dieter Kurzbuch zu Gast. In seiner Ansprache lobte er die Sonnenwärme als eine Nischenanwendung und das werde so bleiben, Erdgas sei für die nächsten 150 Jahre die "sicherste, umweltfreundlichste und kostengünstigste Wärmeversorgung". Ziemlich aufgebracht wiederholte er seinen Spruch nun, sechs Jahre später beim Energiestammtisch, nur war seine Zahl auf 40 Jahre geschrumpft! Wenn das in dem Tempo weitergeht...

Es ist schon merkwürdig, wie da mit Jahreszahlen jongliert wird. Interessanterweise hat die Internationale Energiebehörde (IEA) nur wenige Tage später in Paris am

9. Juli 2007 in einer Studie prognostiziert, dass in fünf Jahren die Öl- und Gasförderung nicht mehr mit der steigenden weltweiten Nachfrage mithalten könne und gab eine Warnung vor einer Öl- und Gasknappheit aus. Unter diesem Gesichtspunkt wird die Entscheidung der Stadt Freiberg, das Schloss Freudenstein mit fossiler Wärme aus Erdgas zu versorgen, noch unverständlicher. Irgendwann bleiben dann auch die Besucher aus, denn solche Fehlentscheidungen schlagen bis auf die Eintrittspreise durch.

Aber vom Freiberger Schildbürgerstreich war nicht nur im „Sonnenfleck“ zu lesen. Auch die Freiberger Ausgabe der Tageszeitung „Freie Presse“ vom 13. Juli 2007 reagierte angemessen auf das schier Unglaubliche. Sie nennt es unter der Überschrift „Erdwärme für Schloss ist ein Feigenblatt“ einen Skandal, dass nur etwa 5% des Wärme- und Kühlungsbedarfs für Schloss Freudenstein mit dem Pilotprojekt der Grubenwassernutzung abgedeckt werden sollen. Mit ihrem Energiekonzept für das Schloss hätte sich die Stadt Freiberg offenbar ein Eigentor geschossen.

Dabei sollten eigentlich durch dieses Pilotprojekt Kosten gespart werden. Trotz mehrmaliger Nachfragen sei diese geringe Ausbeute erst jetzt bekannt geworden. Geplant wären aber 25% gewesen, wie im Klimaschutz- und Energiekonzept der Stadt Freiberg von Ende 2005 nachzulesen wäre.
Bei einem Investitionsaufwand von über 500.000 Euro und noch nicht absehbaren Nachfolgekosten für die Erdwärmeanlage des Schlosses sei diese Hiobsbotschaft für die Fachleute ein Skandal. Da hilft auch nicht, dass die Stadt mit einer 50%igen Förderung der Investition rechnen kann. Bis heute gäbe es diese Fördermittelzusage noch nicht, die bereits vor Monaten angekündigt worden war. Betriebskosten seien noch gar nicht berechenbar, weil es keine Erfahrungen gäbe, hieß es aus dem Rathaus.

Dabei habe sich die Verwaltung mit dem vom Stadtrat verabschiedeten Leitbild für erneuerbare Energien sowie dem Energie- und Klimaschutzkonzept ganz andere Prioritäten gesetzt. Angebote von Fachleuten im Vorfeld der Schlossplanungen, ihr Wissen um alternative Energiekonzepte mit einzubringen, wären ungehört geblieben, so die Freie Presse.

Auch Josef Sykora, Organisator des Energiestammtisches Freiberg, ärgert sich. „Drei Anläufe haben wir bei der Oberbürgermeisterin unternommen. Immer sind wir abgeblitzt“. Er akzeptiere das Argument des Zeitdrucks ebenso wenig wie andere Experten. Diese wiederum versucht sich damit zu rechtfertigen, „dass der Einsatz regenerativer Energieformen durch anerkannte Fachleute, zuständige Behörden und Ministerien umfassend geprüft worden“ sei. Kein Wort davon, dass eine Expertengruppe der TU Bergakademie Freiberg schon vor Jahren ein Konzept für eine innovative Energieversorgung im Schloss entwickelt hat. Aber diese wurde bei der Konzepterarbeitung erst gar nicht gefragt.

Auch Rüdiger Grimm vom Freiberger Planungsbüro geoENER-GIE Konzept ist der Meinung, dass 5% erneuerbare Energien an der Energieversorgung des Schlosses eindeutig zu wenig seien. Er erklärte: „Mit herkömmlicher Erdwärmenutzung könnte man weitaus billiger zu effektiveren Ergebnissen kommen.“ Selbst Stadtentwicklungsdezernent Holger Reuter räumt nun Fehler bei der Planung ein. Es sei eine Chance für das Energiekonzept verpasst worden. Aber zur Rechenschaft gezogen wird wohl keiner dafür.

Die Solarhauptstadt Deutschlands ist und bleibt halt Freiburg, nicht Freiberg. Zwar haben die fortschrittlichen Freiberger Unternehmer und Forscher den Titel verdient, aber der Fall Schloss Freudenstein zeigt, das die alte Bergstadt im Erzgebirge noch viel tun muss, um den Breisgauern den Rang abzulaufen.

Stromrebellen aus dem Schwarzwald

Der renommierte Deutsche Gründerpreis wird seit 2002 ausgelobt. Die begehrte Auszeichnung wird an Unternehmer verliehen, die in Deutschland Überdurchschnittliches geleistet haben.

2007 ging einer der Preise an die Elektrizitätswerke Schönau. Die überaus gelungene Verknüpfung von ökonomischem Erfolg mit ökologischer sowie sozialer Verantwortung und die starke Kundenorientierung waren die zentralen Argumente für die Jury, die Stromrebellen aus dem Schwarzwald mit dem Sonderpreis 2007 auszuzeichnen. Die Gründung der Werke im Jahre 1997 zeige, so die Experten, dass es sich lohnt für seine Ziele zu kämpfen und dass sich Durchhaltevermögen am Ende auszahlt.

Ursula Sladek, die am 19. Juni 2007 den Preis mit ihrem Mann entgegennahm, erinnert sich: „Angefangen hatte alles mit einer Schreckensmeldung weitere 10 Jahre zuvor". Der Schock von Tschernobyl habe ihren Mann und sie wachgerüttelt. Gemeinsam mit anderen gründete das Ehepaar unmittelbar nach den Geschehnissen in Tschernobyl 1986 eine Bürgerinitiative, die sich für das Energiesparen und eine nachhaltige Stromversorgung einsetzte. Dabei wären beide ursprünglich weder politisch noch ökologisch engagiert gewesen, sagt Ursula Sladek. „Meine Motivation war die Zukunft meiner fünf Kinder."

Als im Jahr 1990 die Verlängerung des Konzessionsvertrages mit dem zuständigen Energieversorger auf dem Programm stand, der 1994 auslaufen sollte, wollte die Bürgerinitiative ökologische Rahmenbedingungen in den Vertrag einarbeiten, was das Unternehmen ablehnte. Alternative Anbieter gab es damals noch nicht. Deshalb beschloss die Initiative, ein eigenes Elektrizitätswerk aufzubauen und sich um die frei werdende Konzession zu bewerben. Knackpunkt der zahlreichen Gutachten und Gegengutachten dieser Zeit war der Kaufpreis für das Stromnetz: Die Bürgerinitiative hatte einen Preis von 4 Mio. DM berechnet, der Energieversorger dagegen 8,7 Millionen. Nach bundesweiten Unterstützungskampagnen und zähen Debatten wurde schließlich ein Preis von 5,8 Mio. DM gezahlt, der nach einem Gerichtsentscheid im Jahr 2005 rückwirkend sogar auf umgerechnet 3,5 Mio. DM gesenkt wurde.

Das Geld kam durch Spenden, direkte Beteiligungen sowie einen von einer alternativen Bank aufgelegten Öko-Fonds zusammen. „Hier hat uns auch die Sparkasse sehr unterstützt, weil sie einen sehr guten Zinssatz für die Beteiligungsgelder gezahlt hat, die auf einem Treuhandkonto lagen", so Ursula Sladek. 1995 erhielten die EWS die Konzession, 1997 nahm das Unternehmen den Betrieb auf.

Die Bilanz nach zehn Jahren Arbeit kann sich sehen lassen: 20 Mitarbeiter bedienen heute über 50 000 Stromkunden, die einen marktüblichen Tarif bezahlen. Damit erwirtschafteten die EWS 2006 einen Umsatz von 24 Mio. Euro. Die Elektrizitätswerke Schönau gehören 750 Bürgern, die „die Vision verfolgen, die gesamte Energieversorgung ökologisch auszurichten und auf dezentrale, sparsame und lokal verankerte Strukturen umzustellen", hieß es bei der Preisverleihung.
„Wir haben zwar geringere Gewinnerwartungen als die großen Stromanbieter", erklärt Ursula Sladek. „Dennoch sind wir ein ganz normales wirtschaftlich arbeitendes Unternehmen, das seit Jahren Gewinne macht." Der große Pluspunkt des Energieversorgers ist seine Glaubwürdigkeit: „Die Verbraucher sind sehr kritisch. Bei uns stimmt das ökologische Gesamtkonzept und das bringt uns auch ohne große Werbung viele neue Kunden", so Frau Sladek. „In den nächsten Jahren müssen und wollen wir weiter wachsen, denn wenn man wirksam etwas für den Klimaschutz tun will, muss man viele Menschen erreichen. Langfristig möchten wir außerdem eine eigene Stromproduktion aufbauen."

Über die Auszeichnung mit dem Gründerpreis haben sich die Sladeks sehr gefreut. Für das Unternehmen ist das eine Bestätigung, dass es als seriöses und professionelles Unternehmen wahrgenommen wird. „Außerdem ist ein so renommierter Preis eine positive Öffentlichkeitsarbeit und die ist für uns sehr wichtig", meint Ursula Sladek. Sie ist Geschäftsführerin der Elektrizitätswerke Schönau, „des Energieversorgers mit dem höchsten Photovoltaikanteil pro Kopf in Deutschland". Jenseits ihres Stromengagements ist sie Familienmanagerin, Mutter von fünf Kindern und Großmutter von drei Enkeln. Was sie hasst, ist „Jammern, ohne etwas zu tun".

Ihr Mann, Michael Sladek, arbeitet seit 1977 als Arzt in Schönau. Außerdem ist er Mitglied des Gemeinderates und der wichtigste Mitarbeiter der Elektrizitätswerke Schönau, „des einzigen demokratisch legitimierten Energieversorgers in Deutschland". Was er hasst, „ist Bürokratie, Freiheitsberaubung und vorauseilender Gehorsam". Das und vieles mehr über die Sladeks lese ich im Sonderdruck der Zeitschrift „Natur und Kosmos" vom Juli 2007. Und auch eine

Nebenbemerkung des Redakteurs der Artikel halte ich für bemerkenswert: „Uns haben die Stromrebellen so begeistert, dass inzwischen fast alle Redaktionsmitglieder EWS-Kunden sind“.

Keine 14 Tage nach Verleihung des Gründerpreises gab es noch etwas zu feiern in Schönau, das 10-jährige Jubiläum.

Die Ziele der Schönauer Stromrebellen, wie sie sich selbst gerne bezeichnen, sind dieselben wie zur Zeit der Unternehmensgründung: Atomausstieg, Energieeinsparung, Klimaschutz und eine ökologische Energieerzeugung. Mit jedem Haushalt und Betrieb, der den sauberen Strom bezieht, kommen wir alle diesen Zielen ein Stück näher. Daher freuen sich die Rebellen über jede noch so kleine Aktion, die dazu führt, dass sich mehr Menschen für eine nachhaltige Energieversorgung entscheiden.

Unter den Jubiläumsgästen auch Hans-Joachim Otto aus Augustusburg in Sachsen. Er hat mit seiner Frau Inge die lange Anfahrt in den Schwarzwald auf sich genommen, weil er vom Konzept der Schönauer überzeugt ist. „Nur so wird es gehen, wenn wir dem Klimawandel aktiv etwas entgegensetzen und Energie in dezentralen Strukturen ökologisch erzeugen“, ist sich der promovierte Mediziner i. R. sicher. Er hat vor einiger Zeit seinem Stromversorger gekündigt und bezieht wie auch meine Frau und ich den Strom von den Elektrizitätswerken Schönau. Das wäre er schon seinen sieben Enkeln schuldig, die auch noch etwas von unserem Planeten und einer intakten Natur haben wollen, meint er. „Und wer den Atomausstieg rückgängig machen will und wer wie Sachsen auf Strom aus Braunkohle setzt, dem muss man einfach die Rote Karte zeigen und sich von dieser Art Stromversorgung abnabeln.“

Ich lernte Dr. Hans-Joachim Otto anlässlich einer meiner Buchlesungen Anfang 2006 im sächsischen Freiberg kennen. Er kaufte meinen „Sonnensucher am Kahleberg“, den ich ihm signierte, und noch Wochen danach diskutierten wir in Telefonaten und anlässlich von gegenseitigen Besuchen über die von mir im Buch angesprochenen erforderlichen Veränderungen in der Lebensweise von uns Menschen sowie über den notwendigen Paradigmenwechsel hin zu einer ökologischen Wirtschaft. Er ist von jener schöpferischen Ungeduld befallen, die ihn nicht mehr in Ruhe lässt, nämlich Veränderungen in unserer menschlichen Gesellschaft herbeizuführen, schneller und wirksamer, als es Politik und Gesellschaft gegenwärtig zulassen. Ich kann ihn mehr als gut verstehen. Obwohl ein paar Jahre älter als ich, gehört er meiner Generation an, die sich nicht zur Ruhe setzt und auch nicht zu alt fühlt, sich in Sachen Demokratie und Gerechtigkeit einzumischen. Ihn braucht man nicht davon zu überzeugen, wo die menschliche Reise hingeht, wenn wir so weiterleben und wirtschaften wie bisher. Er sieht die raschen Klimaveränderungen mit all ihren Folgen ähnlich wie ich.

Ich lade ihn zu Veranstaltungen des Energie-Tisches Altenberg e.V. ein und wir sehen uns gemeinsam Al Gores Film „Eine unbequeme Wahrheit" am Dippoldiswalder Gymnasium an. Natürlich hat er inzwischen eine 24 Quadratmeter große solarthermische Anlage auf dem Dach seines Augustusburger Wohnhauses installieren und seine Heizung optimieren lassen und natürlich verwendet er im Haus Energiesparlampen und schaltet die Stand-by-Schaltungen an den elektronischen Geräten bei Nichtbenutzung aus. Als er von seiner Fahrt aus dem Schwarzwald zurückkam, berichtete er mir stolz, dass sein Pkw auf der weiten Reise statt 9,0 Liter nur 6,2 Liter Sprit verbraucht habe. Er sei allerdings durchweg nur maximal 120 km/h auf Autobahnen gefahren.

Diese Zielmarke hat sich der Arzt außer Dienst vor einigen Monaten selbst auferlegt, als er auf den Gedanken kam, entsprechend einer Forderung deutscher Umweltverbände Aufkleber mit der Aufschrift „Auf Autobahnen 120 km/h" auf eigene Kosten drucken zu lassen. Er verteilte diese an Freunde, Verwandte und Bekannte.

Hans-Joachim – wir sind inzwischen per du – lässt keine Gelegenheit aus, um in Augustusburg Stadträte und die Bürgermeisterin anzusprechen, in der Kommune mehr für den Einzug erneuerbarer Energien in öffentlichen Gebäuden wie Rathaus, Schule und Kindergarten zu tun. Besonders Schulen liegen ihm am Herzen, denkt er doch stets an seine Enkel und deren Zukunft. Natürlich lässt er es sich nicht entgehen, Veranstaltungen zu erneuerbaren Energien im benachbarten

Oederan oder Freiberg zu besuchen. Dort fühlt er sich zu Hause, denn Menschen wie Eberhard Ohm, der in der Stadtverwaltung Oederan seit Jahren die Strippen in Richtung erneuerbarer Energien zieht oder Timo Leukefeld mit seiner Firma Soli fer in Freiberg interessieren ihn. Die müssen auch mal mit einem Anruf rechnen, ob sie schon den Stromanbieter gewechselt hätten oder 120 km/h-Aufkleber auf ihren Autos bräuchten.

Hans-Joachim ist einer, der nicht lockerlässt, hat er sich einmal etwas in den Kopf gesetzt. Seine Frau Inge, die mit den Töchtern und deren Männern das weit über Augustusburg hinaus bekannte Hotel und Restaurant „Cafe Friedrich" betreibt, kann ein Lied davon singen. Sie alle sind inzwischen auch schon von Hans-Joachims Ideen und Visionen infiziert und suchen nach Energie-Alternativen für das Hotel. An Hans-Joachims Ungeduld wird das nichts ändern, da bin ich mir sicher. Solche Geister braucht die Gesellschaft und das Land noch viel mehr. Es ist gut, dass es sie gibt.

Der tägliche Zwiespalt

Im Mai 2007 fand ich in meinem elektronischen Briefkasten Post von Ulf und Anke Geißer aus Reichstädt, einem Ortsteil von Dippoldiswalde. Eine junge Familie, die mir bisher unbekannt war, bedankte sich für den "Sonnensucher am Kahleberg", den sie gerade fertig gelesen hatte und der ihnen „viele neue Einblicke in das tägliche Leben mit unserer Umwelt gegeben hätte".

Frei und offen schilderte mir das Paar, dass es schon immer ein gewisses Umweltbewusstsein hatte, aber durch das Buch, die vielen Berichte in der Zeitung über den Klimawandel und den Film von Al Gore seien ihnen erst richtig die Augen geöffnet worden. Daraufhin hätten sie gleich den Film gekauft und ihrem Neffen zur Jugendweihe geschenkt. Gerade die Jugend müsse über den Klimawandel und seine Folgen aufgeklärt werden, sind sie sich sicher.

Anke und Ulf haben selbst drei Kinder im Alter zwischen 2 und 7 Jahren, wie ich von ihnen erfahre. Sie arbeiten beide in Dresden und nehmen täglich den Weg von Reichstädt zur Arbeit und zurück auf sich, wie viele junge Menschen in meiner Region. Seit drei Jahren wohnt die Familie im eigenen Haus mit einer 42m²-Solarthermieanlage auf dem Dach.

Diese und eine Stückholzheizung, gekoppelt an einen großen Pufferspeicher decken den Wärme- und Warmwasserbedarf des Hauses. Zu 100% regenerativ.

Seit sie mein Buch gelesen haben, würden sie sich noch mehr Gedanken über unsere Umwelt und die ganzen Zusammenhänge machen, die ich beschrieben hätte, berichten sie mir. „Eigentlich weiß man ja vieles darüber, aber wenn man es schwarz auf weiß liest, dann rückt vieles tiefer ins Bewusstsein“, teilen sie mir im Brief mit. Beispielsweise achten beide beim Einkaufen jetzt mehr darauf, Produkte aus der Region zu kaufen, was aber auch nicht so einfach sei, wenn man als Familie aufs Geld schauen müsse. Sie gingen oft in den Supermarkt im Gewerbegebiet und kauften dort k-Classic-Produkte. Diese wären preiswert und ihrer Meinung nach auch qualitativ gut bis sehr gut, hätten jedoch ein Manko: Es stehe nie darauf, wo die Produkte hergestellt werden. Des Weiteren achteten sie darauf, ihre Kinder und sich selbst gut mit Vitaminen zu versorgen, doch in vielen Monaten gäbe es kaum einheimisches Obst im Angebot. So bliebe es oft nur bei Früchten, die von weit her kämen.

Beide teilen mir mit, dass dieser Zwiespalt zwischen täglichem Bedarf und Umweltbewusstsein die junge Familie in einen Konflikt bringe. Und das ginge weiter bei der täglichen Fahrt zur Arbeit. Beide fahren sie ein Auto und damit jeden Tag rund 25 bzw. 35 km zur Arbeit nach Dresden. Nicht nur der Verkehr in der Stadt und die steigenden Spritpreise machen beiden zu schaffen, sondern auch das schlechte Gewissen, denn sie denken daran, dass sie mit jedem Kilometer die Umwelt belasten. Sie beneiden die Fahrradfahrer in Dresden, die mühelos durch die Stadt kämen. Doch von Reichstädt nach Dresden jeden Tag mit dem Fahrrad hin und zurück zu fahren, wäre etwas zu weit, zumal wenn man die Kinder zu festgelegten Zeiten vom Kindergarten abholen müsse.

Anke und Ulf wollen sich mit diesem Zustand jedoch nicht abfinden. So überlegen sie, wie sie in Zukunft umweltfreundlicher, aber trotzdem bezahlbar zur Arbeit kommen. Mit dem Nahverkehr ist es echt kompliziert und man braucht viel länger.

Auch über die Umrüstung eines Autos auf kalt gepresstes Rapsöl haben beide schon nachgedacht, sehen aber in den relativ hohen Umrüstungskosten in Bezug auf die Nutzungsdauer ein Problem. Nichtsdestotrotz überlegen beide weiter.

Zumindest ihren Strom hat die Familie in ihrem Reichstädter Haus inzwischen auf 100% Ökostrom umgemeldet. 2007 dachten sie das ganze Jahr darüber nach, eine Photovoltaikanlage auf dem noch freien restlichen Süddach errichten zu lassen. Da ist nach Meinung der Handwerker immerhin noch Platz für ca. 20 – 25 m², also eine 2,5 bis 3,0 kWpeak-Anlage, die in unseren Breiten über 2.000 bis 2.700 kWh Strom jährlich erzeugen könnte. Das Haushaltsbudget wurde mehrfach herumgedreht, Angebote eingeholt, Banken eingeschaltet. Bisher dachten Ulf und Anke auch immer, dass sie sich eine solche Investition nicht leisten könnten. Aber nun, nachdem sie sich umfangreich informiert und alles durchgerechnet hatten, glauben sie, dass dies finanziell aufgrund der Einspeisevergütung und günstiger Kredite evtl. gehen könnte. Stolz verkündet mir Ulf, den ich auf unserer Jahresabschlussveranstaltung des Energie-Tisches im Dezember 2008 wiedersehe, dass die Anlage 2009 errichtet werde.

Durch die Beschäftigung mit diesem Thema wundert sich die junge Familie, warum es eigentlich nicht schon viel mehr Photovoltaikanlagen auf den Dächern von Reichstädt, Dippoldiswalde oder anderenorts gibt, da die Finanzierung einer solchen Investition, auf Dauer gesehen, kaum ein Problem darstellt. Die Anlagen finanzieren sich in der Regel nach 12 bis 14 Jahren von selbst und werfen danach bares Geld ab. Und die Sonne selbst schickt keine Rechnung. Es stört sie, dass dies viel zu wenige Leute wissen. In ihrem Wohnort Reichstädt haben sie beispielsweise noch keine derartige Anlage entdeckt. Die Ursache könnte wahrscheinlich auch an der fehlenden Vorreiterrolle einer entsprechenden

Firma vor Ort begründet sein. Denn solarthermische Anlagen gibt es in Reichstädt schon reichlich. Die dort ansässige Heizungstechnik–Firma Rehn hat mit ihrem Konzept schon einige Reichstädter Hausbesitzer überzeugt. Nicht nur Wohnhäuser, sondern auch Scheunen sind mit relativ großen Kollektorflächen ausgelegt.

Im Gegensatz zu manch anderen Mitbetreibern sehen die Geißers in ihrem Bestreben, auch Strom aus der Sonne zu erzeugen, insbesondere den Klimaschutz-Aspekt und nicht nur die natürlich auch angestrebte Rendite. Sie sind mittlerweile voll davon überzeugt, dass es darauf ankommt, im großen Stil den Anteil der regenerativen Energien auf sinnvolle, nachhaltige Art und Weise in überschaubarer Zeit drastisch zu erhöhen. Ulf und Anke sind sich bewusst, dass nur dieser Weg für das Bestehen nachfolgender Generationen und den Erhalt unseres derzeitigen Lebens- oder besser Energieniveaus der einzig richtige sein kann.

Einen Sonderweg im Emissionshandel, beispielsweise zur Entlastung der MIBRAG, wie er im Laufe des Jahres 2007 diskutiert wurde und den selbst Bundesumweltminister Siegmar Gabriel mittragen will, halten beide für das völlig falsche Signal. Drei oder vier veraltete, uneffektive Braunkohlekraftwerke mit hohem CO_2-Ausstoß bis 2012 zu erhalten und dann ersatzweise durch ein neues, besseres Kohlekraftwerk zu ersetzen, hieße weiter, das Klima aufzuheizen und uns an zukünftigen Generationen zu versündigen. Damit die Jobs in der Kohle mittelfristig bewusst zu Lasten unserer Umwelt zu sichern; sei ein Skandal. Anstatt die zukünftigen Finanzmittel aus Emissionshandel und für Investitionen in die Braunkohle sowie Fördermittel in die Forschung und den sinnvollen Ausbau der Kapazitäten bei den erneuerbaren Energien zu stecken, verwendet man diese für den Ausbau klimaschädigender Technologien. Und das, obwohl heute schon bedeutend mehr Menschen in der Solarenergiebranche als in der gesamten Kohleindustrie beschäftigt sind. Geißers halten dies berechtigt für einen Riesenunfug.

Ulf und Anke denken nicht nur an sich, sondern wollen auch gern andere Leute vom Umweltbewusstsein überzeugen. Deswegen setzen sie sich bei der demnächst anstehenden

Sanierung des Dachgeschosses der Grundschule im Ort dafür ein, eine Photovoltaikanlage auf das neue Dach zu integrieren und eine technisch machbare Lösung zu finden. Auch bei der Kindertagestätte, die die Kinder besuchen, stellt sich Ulf Geißer eine energiefreundlichere Lösung vor, die die Umwelt entlastet. Er und seine Frau lassen nicht locker und machen ihre Vorstellungen und Forderungen auf Stadt- und Ortschaftsratssitzungen öffentlich. Auch die Möglichkeiten der Errichtung eines Bürgersolarkraftwerkes auf dem Dach der Grundschule schwebt beiden vor, das durch Bürger finanziert und betrieben werden könne.

Obwohl die Eltern von 3 Kindern durch Familie, Beruf, großen Garten und auch noch etwas Hausbau eigentlich sehr wenig Zeit für ein außerfamiliäres Engagement haben, ist es bewundernswert, wie sie trotzdem versuchen, andere Leute für diese dringenden Themen zu sensibilisieren und zum Beispiel im Kindergarten oder in der Schule das Umweltbewusstsein zu verstärken.

Ihnen geht es dabei bestimmt wie vielen, die sich in unserer Gesellschaft für alternative Lebensweisen und -stile einsetzen, dass man manchmal zwischen Mutlosigkeit und Hoffnung schwankt. Beide sind davon überzeugt, dass es den Menschen teilweise noch viel zu gut geht und viele nur an sich denken und nicht an spätere Generationen. Die junge Familie nervt es beispielsweise genau wie mich, dass an einem Frühlingswochenende etwa 10.000 Motorräder der „Dresdner Ausfahrt" auf einer gemeinsamen Rundfahrt durch das Osterzgebirge und unsere Dörfer knattern. Da könne doch nur der Gedanke nahe liegen, dass offensichtlich der Sprit noch nicht teuer genug ist, meint Ulf Geißer und setzt noch eines darauf. Solange Häuser und ganze Wohngebiete noch in Nord-Süd-Ausrichtung ohne jegliche Möglichkeit zur effektiven Nutzung der Solarstrahlung gebaut werden, sind Öl oder Erdgas noch zu billig.Ich kann Ulf und Anke nur beipflichten, wie man noch viele Beispiele aufzählen könnte.

Für mich ist es erstaunlich, einen solch langen Brief von der Familie als Reaktion auf den „Sonnensucher am Kahleberg“ und Al Gore’s Film „Eine unbequeme Wahrheit“ erhalten zu haben. Natürlich freut es mich und macht mich ein wenig stolz, denn das wollte ich ja auch mit dem Buch und mit dem Zeigen des Films in der Öffentlichkeit erreichen: Menschen zum Nachdenken über unsere Lebensweise zu bringen. Ulf und Anke schließen den Brief mit der Hoffnung ab, dass sich viele Menschen den Film von Al Gore anschauen als auch mein Buch lesen sollten.

Natürlich konnte ich solch einem ausführlichen Schreiben die Antwort nicht schuldig bleiben. Seitdem korrespondieren wir in lockerer Folge miteinander, sehen uns gelegentlich auf Naturmärkten, wo die ganze Familie uns an unserem Stand besucht. Ulf hat auch beruflich die Konsequenzen gezogen und ist im November 2007 zur Deutschen Solar AG nach Freiberg, einer Tochter des Solarworld-Konzerns gewechselt. Die neue Tätigkeit bereitet ihm viel Freude, arbeitet er doch nun an der Quelle erneuerbarer Energien, die die unendliche Kraft der Sonne für ein neues Technologiezeitalter nutzt.

Das eigentlich Bewundernswerte an der jungen Familie ist, dass sie trotz der bereits vorgenommenen vielseitigen Veränderungen ihres Lebens in Sachen Nachhaltigkeit immer wieder nach neuen Möglichkeiten suchen, mit ihren Kindern ihren „ökologischen Fußabdruck“ auf der Erde zu verringern. In dem Spannungsfeld, das die Familie mir schildert, leben wir Menschen in den Industrieländern des Nordens schließlich alle, doch an wie vielen geht dies vorbei – trotz Al Gore, Sir Nicholas Stern oder des aufrüttelnden IPCC-Weltklimaberichtes.

Anke und Ulf Geißer gehören zu den Menschen, die die Zeichen der Zeit begriffen haben, die dem Klimawandel und seinen drohenden Folgen etwas entgegensetzen. Sie zeigen Flagge, in dem sie vorbildlich die Kraft und die unendliche Energie der Sonne nutzen, keinen Kohlestrom beziehen, der das Klima aufheizt, regionale Produkte kaufen, Energie sparen und trotzdem immer weiter nach Einsparpotenzialen suchen. Dadurch sind sie in einer Region, in der der Klimawandel noch lange nicht angekommen zu sein scheint, Vorreiter und auch deutschlandweit Millionen Menschen weit voraus.

Damit möchte ich der jungen Familie Mut machen auf ihrer Suche nach einer anderen Lebensweise. Sie brauchen nicht darüber verzweifeln, dass sich unser Leben hier auf dem Lande oft in Kompromissen abspielen muss, etwa was

Mobilität und Ernährung betrifft. Wir sind uns dabei in der Auffassung einig, dass wir unser kritisches Augenmaß als Konsumenten nicht aufgeben.

Deshalb ist es wichtig, dass wir uns an den kleinen Erfolgen erfreuen und dem, was wir unseren Kindern und Enkeln auf den Weg geben, ihnen auch später noch in die Augen schauen können, wenn sie uns fragen: „Was habt Ihr aus unserer Erde gemacht?“

Anke und Ulf Geißer können das. Aber sie wissen auch: „Es kann kein richtiges Leben im falschen geben“, wie einst Adorno feststellte.
Das ist es, was die junge Familie umtreibt. „Noch sind wir in der Minderheit und damit der Wandel noch nicht gesellschaftsfähig.“

Doch einig sind wir uns im Ziel, daran zu arbeiten.

Der Klimaheld aus Heuersdorf

Suchte man vor ein paar Jahren im Internet nach Heuersdorf, so erfuhr man eingangs der Präsentation, dass die historisch einmalige Ortschaft Heuersdorf südlich von Leipzig wegen des Braunkohle-Tagebaus Vereinigtes Schleenhain zum Betrieb des Kraftwerks Lippendorf abgebaggert werden soll. Die Sächsische Staatsregierung und die Mitteldeutsche Braunkohlengesellschaft mbH (MIBRAG) bestanden auf der Umsiedlung des Dorfes, in dem die 1297 erstmals erwähnte Emmauskirche, die Taborkirche im Ortsteil Großhermsdorf sowie zahlreiche Wohngebäude unter Denkmalschutz stehen.

Heuersdorf überstand Epidemien, Kriege, Plünderungen, Brände und zwei Diktaturen. Seit der Jahrtausendwende aber mussten die Heuersdorfer erneut mit allen rechtsstaatlich verfügbaren Mitteln um ihren Heimatort kämpfen. Der Grund: Das Dorf steht auf Braunkohle. Dieser Bodenschatz stellte für die arbeitende Bevölkerung des 20. Jahrhunderts einen befristeten Segen dar. Doch für die regionale Natur- und Kulturlandschaft ist der Bergbau zum ewigen Fluch geworden. Im Leipziger Südraum liegt die Arbeitslosigkeit weit über dem Landesdurchschnitt. Der Wegzug junger Menschen aus der Region hält unvermindert an. Der Angebotspreis vieler

Immobilien liegt bedeutend unter dem Wert vergleichbarer Objekte an anderen Standorten, was auch Investitionen in Erneuerung und Ausbau zu einer risikobehafteten Unternehmung macht.

In Heuersdorf lebte einige Jahre lang Jeffrey Howard Michel. Dieser ist sächsischen Umweltschützern so bekannt wie etwa Julia Butterfly Hill den weltweit agierenden Umweltaktivisten. Beiden ist gemeinsam, dass sie gebürtige US-Amerikaner sind und sich offensiv gegen Naturzerstörung einsetzen. Während Hill als Baumfrau zur Rettung Jahrhunderte alter Redwood-Bäume im Norden Kaliforniens Umweltgeschichte schrieb, setzte sich Michel mit seinem unnachgiebigen Engagement für den Erhalt von Heuersdorf ein.

In der Ausgabe Borna/Geithain der „Leipziger Volkszeitung" (LVZ) vom 27. Mai 2005 lese ich, dass Jeffrey Howard Michel für viele eine Reizfigur ist, der in der Region südlich von Leipzig manchen gegen sich aufbringt. Außerhalb des Südraums sehen Umweltschützer das Wirken des gebürtigen US-Amerikaners jedoch anders.

Weiter lese ich in der Zeitung, dass der mit dem Pandabären auftretende World Wide Fund For Nature (WWF) Michel zum „Klimahelden" erklärt hat. Dieser Titel wurde bislang weltweit nur an sechs Leute vergeben. Die Klimahelden hätten mit ihrer Arbeit auf lokaler Ebene bewiesen, dass jeder gegen den Ausstoß schädlicher Klimagase kämpfen kann, erklärt Christian Teriete, Sprecher der internationalen WWF-Klimakampagne. Michel habe sich „seit Jahren unermüdlich für ein Umschalten von Kohlestrom auf saubere und effiziente Alternativen eingesetzt".

Jeffrey Howard Michel glaubt, dass der historische Stellenwert des Bergbaus in Deutschland häufig Auswirkungen auf Grundwasser oder Treibhausgase verdrängt. Gleichzeitig ist er sich sicher, dass „Heuersdorf dazu beigetragen hat, die Braunkohlennutzung zum europäischen Umweltthema zu machen". Dabei sieht sich Michel nicht am Ziel, denn eine wissenschaftliche Auseinandersetzung mit der Kohleverstromung findet für ihn in der Region kaum statt

„Wir haben Heuersdorf in einen internationalen Rahmen transportiert, aber Sachsens Entscheidungsträger beachten das nicht."

Dabei fing alles so hoffnungsvoll an. Nach der Wende hatte Jeffrey Michel noch viel mit jemandem zu tun, der heute wohl so gar nichts mehr mit ihm anzufangen weiß: Walter Christian Steinbach, einst Umweltpfarrer, heute CDU-Regierungspräsident im Leipziger Bezirk. Damals ging es um die Arbeit im Energiebereich des Europäischen Energie- und Umweltparks. Dort war Michel damals beschäftigt. Heute haben die beiden nicht mehr viel miteinander am Hut, weil Steinbach ins andere Lager gewechselt ist.

Wie ich der Ausgabe der LVZ entnehme, beginnt Michels deutsche Geschichte weit vor der Wende und dem Braunkohlenkonflikt. Nach dem Studium der Elektrotechnik und Informatik an der Tulane University entwickelte er für den US-Luftfahrtkonzern Boeing Computerprogramme für die Saturn-Rakete. „Als sie den Mond erreicht hatten, wurden alle entlassen", berichtet Michel. Er zog vorher einen Schlussstrich, besuchte im Jahr 1970 deutsche Studienfreunde im Schwarzwald und war auch oft in der DDR, wo er Naturschützer im Arbeiter- und Bauernstaat kennen lernte. Er war begeistert von deren Engagement. Irgendwann nach der Wende traf Michel Heuersdorfs Bürgermeister Horst Bruchmann, wurde 1996 Energiebeauftragter der Gemeinde und fühlte sich fortan wie einer von hier. „In Deutschland möchte ich nirgendwo anders leben als in Heuersdorf", sagt der gebürtige New Yorker.

Wir schreiben inzwischen das Jahr 2005. Der Ort, der den Baggern weichen muss, ist für Michel so etwas wie ein Schmelztiegel aller Probleme, die mit der Stromwirtschaft zusammenhängen. Michel kann von vielen solchen Problemen erzählen. Wenn er einmal beginnt, über Energiegewinnung oder die MIBRAG zu plaudern, dann hört er so schnell nicht auf. Die Ausrichtung der ostdeutschen Wirtschaft ist für Michel ein Grund ihrer Schwäche. „Unter den zehn größten Firmen in Ostdeutschland gibt es fünf Energiekonzerne." Ressourcenabbau sei jedoch die niedrigste Wirtschaftsstufe.

Auch wenn er seine neue deutsche Wahlheimat mag - Michel

plant schon wieder neu. Derzeit lernt er Schwedisch und will dort irgendwann hinziehen. Warum? „Ich möchte mich mit dem Klimawandel in Skandinavien befassen, einem Naturereignis ohnegleichen."

Funktionäre der IG Bergbau Chemie und Energie initiierten gemeinsam mit Regionalpolitikern im Sommer 2005 eine beispiellose Kampagne in der Öffenlichkeit gegen Jeffrey Michel. In der Betriebszeitung „Spektrum" der MIBRAG wurden die Äußerungen des IG BCE-Vorstandsmitgliedes Freesed, des MIBRAG-Betriebsratsvorsitzenden Gierl und der Landrätin Köpping anlässlich einer Demonstration unter dem Motto „Gemeinsam für eine starke Region" wiedergegeben.

Danach soll Herr Freese auf der Kundgebung am 27. August 2005 in Borna gesagt haben: „Wer die Welt verändern will und für den Klimaschutz ist, der möge im eigenen Land anfangen. Wer will, dass Ressourcen länger reichen, der möge sich dort fürs Sparen einsetzen, wo vergeudet wird. Wer will, dass Menschen ordentlich leben und in sicherer Umgebung arbeiten können, der soll seine Koffer packen und nach China fahren. Dort kämen jährlich 20.000 Menschen bei der Kohleförderung ums Leben". Und weiter: „Wenn Herr Michel in 30 Jahren fertig ist, dann kann er bei uns weitermachen."
Herr Gierl soll weiter gesagt haben, „die noch Unentschlossenen sollten nicht auf Umweltaktivisten wie Herrn Michel hören, der mit falschen Zahlen immer wieder aufs Neue verunsichern und Unfrieden stiftet." Dieser sollte sich in seiner Heimat Amerika betätigen.

Jeffrey Michel sah in diesen Anwürfen gegen sich einen fremdenfeindlichen Akt und wandte sich darauf hin im Herbst 2005 schriftlich an die IG BCE, an MIBRAG-Chef Bruce DeMarcus sowie an die sächsische Ausländerbeauftragte Friederike de Haas. Von der IG BCE verlangte er, sich gegenüber der Leipziger Volkszeitung, der MIBRAG Mitarbeiterzeitung SPEKTRUM, dem Ortschaftsrat Heuersdorf und sowie ihm gegenüber persönlich ihre Ächtung jeglicher Verleumdung und jeder fremdenfeindlichen Anstiftung - auch wenn es sich dabei um angeblich persönliche Meinungsäußerungen handele - schriftlich zu erklären.

In einem Schreiben vom 5. Januar 2006 ließ die Ausländerbeauftragte Jeffrey Michel mitteilen, dass aus der Sicht der sächsischen Behörde in den besagten Reden der Vertreter keine fremdenfeindlichen Äußerungen zu entnehmen wären.

Jeffrey Michel ließ dennoch nicht locker. In einem Antwortschreiben vom 19.Januar 2006 steht, dass sich nach seinem Verständnis die Funktion eines Ausländerbeauftragten unter anderem auf der Gefahr latenten Ausländerhasses gründet. Wenn nun namhafte Persönlichkeiten vor einer versammelten Menge um ihre berufliche Existenz bangender Bergarbeiter auf das Vorhandensein solcher latenten Emotionen spekulieren, wenn darauf folgend die MIBRAG deren Äußerungen in ihren Publikationen zusammenfassend verbreitet, wird dadurch unweigerlich die mathematische Wahrscheinlichkeit ausländerfeindlicher Gemütsbewegungen erhöht. In seinem Brief bestreitet er entschieden die Behauptung im Schreiben der Behörde vom 5. Januar 2006, dass eine solche Vorgehensweise die Grenzen einer in breiter Öffentlichkeit geführten Debatte nicht überschreite. Denn die Toleranzgrenze für ausländerfeindliches Verhalten liege in Deutschland aufgrund seiner unrühmlichen Vergangenheit nahe null. In diesem Land hieße es deshalb, den Anfängen zu wehren. MIBRAG, IG BCE und das Landratsamt Leipzig hätten diese historische Lehre – übrigens nicht zum ersten Mal - missachtet.

Bereits Monate vorher hatte im Herbst 2005 der Verfassungsgerichtshof Sachsen das zweite Heuersdorf-Gesetz für rechtmäßig erklärt. Die Klage der Heuersdorfer blieb damit ohne Erfolg.

Viele in Sachsen, u. a. die grüne Fraktion im Sächsischen Landtag bedauerten die Gerichtsentscheidung zu Heuersdorf zutiefst. Johannes Lichdi, deren umweltpolitischer Sprecher, meinte dazu: „Wir halten es für einen Anachronismus, dass wie zu DDR-Zeiten Menschen der Kohle weichen müssen und ein Dorf und damit seine Kultur abgebaggert wird".
Hinzu kommt, dass „sich die Energieprognosen und die umweltpolitischen Rahmenbedingungen in den letzten Jahren radikal verändert haben."

Die Kohle unter Heuersdorf kann die Laufzeit des Kraftwerks Lippendorf aber höchstens um vier Jahre verlängern. Ohne Heuersdorf reicht die Kohle im Tagebau bis zum Jahre 2036, mit Heuersdorf bis 2040. Die Mehrkosten aus einer möglichen Umfahrung von Heuersdorf wären für die MIBRAG kein Problem gewesen.

Mit Blick auf den Klimawandel ist in 30 Jahren die Verbrennung von Braunkohle im großen Stil sowieso nicht denkbar, denn Braunkohle emittiert von allen Energieträgern die größte Menge an CO_2 und ist damit dessen Hauptverursacher. Lichdi meint, dass auch bei einer Entscheidung für den Erhalt von Heuersdorf keine Arbeitsplätze auf dem Spiel gestanden hätten. Die MIBRAG wolle nur „Kohle“ machen und das im doppelten Sinne.

Am Ostermontag 2007 hielt Pfarrer Krieger in der Emmauskirche zu Heuersdorf den letzten Gottesdienst ab.
17 Jahre hat er hier gepredigt. Danach übergab er die Kirchenschlüssel an die Mitteldeutsche Braunkohlen AG (MIBRAG), die einen Zaun um die Kirche zog. Denn nur noch 300 Meter trennen sie vom Tagebau Schleenhain, bevor der Energiehunger die Kirche und die Gemeinde Heuersdorf in Kürze verschlingen wird. Noch ragte zu diesem Zeitpunkt das im romanischen Stil 1257 erbaute Gotteshaus trutzig am Nordrand von Heuersdorf in den Himmel. Doch bald schon wurde die 750-Jährige, die zu den drei ältesten Wehrkirchen Sachsens gehört, mittels einer aufwändigen Transporttechnologie auf Reisen ins benachbarte Borna geschickt. Unmittelbar neben der spätgotischen Marienkirche auf dem Lutherplatz hat sie dort ein neues Domizil gefunden. Die Zeit eilte, denn noch 2007 musste das gesamte 700 Jahre Heuersdorf dem Braunkohletagebau weichen. Die Abraum- und Kohlebagger des Tagebaus Vereinigtes Schleenhain hatten Ende des Jahres 2007 Heuersdorf erreicht.

Jeffrey Michels mutiger Einsatz gegen die Kohlekonzerne und den Braunkohlenlobbyismus der Sächsischen Staatsregierung war letztlich nicht der Erfolg vergönnt. Dennoch bleibt sein Einsatz für den Erhalt von Heuersdorf unvergessen. Und was den voranschreitenden Klimawandel und die durch den IPCC-Bericht 2007 veröffentlichten Konsequenzen betrifft, so kämpften Michel und seine Freunde unbestritten auf der richtigen Seite. Schon jetzt belastet der Freistaat Sachsen mit seiner unsäglichen Braunkohlepolitik das Klima über Gebühr. Mit einer jährlichen Emission von über 50 Millionen Tonnen CO_2 pro Jahr gehört der Freistaat zu den größten Klimasündern weltweit. Der Ausstoß pro Kopf liegt 300% über dem der Chinesen. Und in Sachsen steigen die Treibhausemissionen, statt zu sinken. Aber die Landesregierung propagiert immer weiter munter diesen Kurs und unterstützt Vattenfall in seinem Bestreben, weitere Kohlekraftwerke zu bauen, weitere Dörfer abzubaggern und die Bevölkerung zu vertreiben.

Es ist längst an der Zeit, dass wir Menschen sofort Baustopp aller neuen Kohlekraftwerke und den generellen Ausstieg aus der Braunkohle von den Regierenden fordern.

Einer ficht das Bergrecht an

Kein Dorf hat sich je gegen seine Abbaggerung wehren können, meint der grüne Bundestagsabgeordnete Peter Hettlich mit einer Meldung Anfang des Jahres 2008 in den Medien, dass er das Bundesbergrecht kippen will.

Die Situation am Ende des Jahres 2007 war makaber: Knapp 90 Meter noch, dann haben die Abraumbagger die Ortskante von Heuersdorf erreicht. Deshalb musste der kleine Ort südlich von Leipzig sehr schnell leergezogen sein, damit die Mitteldeutsche Braunkohlengesellschaft die Kohle unter dem Dorf abbauen kann. Schon bahnt sich wenige Kilometer weiter für die Orte Röcken und Sössen in der Nähe von Weißenfels das gleiche Schicksal an: Dort hat die MIBRAG bereits mit Probebohrungen begonnen, weil sie auch dort künftig Braunkohle fördern will.

Genau das bringt den Leipziger Bundestagsabgeordneten Peter Hettlich auf die Palme. Natürlich weiß er, dass die Orte kaum eine Chance haben, sich erfolgreich zu wehren. Ihr Protest würde genauso enden wie Heuersdorf. Den Grund dafür sieht er in einem heute noch gültigen Gesetz aus der Zeit des Nationalsozialismus, dem Bundesberggesetz. Dieses lasse den Eigentümern von Grundstücken und Häusern so gut wie keine Chance, sich zu wehren, empört er sich.

Hettlich ist fest entschlossen, alles in seinen Kräften stehende zu tun, um das Gesetz zu Fall bringen. „Das Bundesberggesetz dient hauptsächlich dazu, die Einspruchmöglichkeiten der Bürger zu erschweren“, erklärt er sein Vorhaben. Das Bergrecht kenne weder Rücksichtnahmen auf das Eigentum der Bürger noch den Umweltschutz. Stattdessen werde die Bergung von Bodenschätzen schon dann genehmigt, wenn das Unternehmen lediglich das Gemeinwohl des Abbaus nachweisen könne. Die Interessen der Bürger hätten dann hintenanzustehen, kritisiert Hettlich. Die Folgen für die Menschen seien mitunter katastrophal. Die Redensart „Bergrecht bricht Grundrecht“ sei leider mehr als nur ein geflügeltes Wort.

In Dorothee Berthold und anderen von der Bürgerinitiative gegen den Tagebau in Röcken und Sössen hat Peter Hettlich Verbündete gefunden. Auch sie sind auf das Bundesberggesetz nicht gut zu sprechen. „Es widerspricht dem Grundrecht auf Eigentum“, empört sich auch Frau Berthold. Auch Heuersdorfs Ortsvorsteher Horst Bruchmann (parteilos) hat in den vergangenen Jahren seine ganz eigenen Erfahrungen mit den Paragrafen des Gesetzes machen müssen. Einen Acker habe die MIBRAG ihm abkaufen wollen, und als er mit dem Preis nicht einverstanden war, sei er vor das Bergamt zitiert worden. „Und da hieß es dann: ‚Sie verkaufen oder wir enteignen!‘“, erinnert er sich.

Auch bei seinen Recherchen in den Kohlegebieten in Nordrhein-Westfalen und im Saarland hat Peter Hettlich lernen müssen, dass Enteignen nach dem Bundesberggesetz ziemlich einfach ist. Das Argument „Allgemeinwohl“ reiche schon aus, um einem Bergbauunternehmen den Weg zu ebnen, berichtet er. Was Hettlich dabei besonders in Rage bringt, ist, dass selbst bei der klimafeindlichen Braunkohle das Gemeinwohl-Argument noch immer zieht. Die Rechte der Grundbesitzer seien stark eingeschränkt, ein Klageweg durch die Instanzen meist nicht möglich, und auch der Umweltschutz müsse vor dem Bergbau zurückstehen. Das einzige, erzählt er, was schütze - und hier werde der Charakter als Gesetz aus nationalsozialistischer Zeit deutlich - sei ein Truppenübungsplatz auf der Lagerstätte. Daran komme auch ein Bergbauunternehmen nicht vorbei.

Dass sein Vorhaben politisch schwierig durchzusetzen ist, weiß Hettlich. Für die anderen Parteien sei nach wie vor das Arbeitsplatzargument wichtiger als die Rechte von Eigentümern. In Röcken und Sössen wurde dies gerade wieder deutlich: Im Kreistag des Burgenlandkreises stimmten im Dezember die Abgeordneten von CDU, SPD, FDP und der Linken für die Erkundung der Braunkohlefelder und deren Abbau.

Doch allein für seinen Mut verdient Hettlich Anerkennung, denn er setzt sich für diejenigen ein, die in unserer Gesellschaft kein Recht bekommen. Bleibt ihm zu wünschen, dass er einen Dialog um ein umstrittenes Gesetz anstößt, in dem auch über alte Zöpfe, grundlegende demokratische Rechte und den Klimawandel diskutiert wird.

Borlas und Heuersdorf

Borlas ist ein kleines Dorf nahe der Stadt Freital. Seit Jahren tobt dort der Streit um ein paar Windräder, der in der „Sächsischen Zeitung“ öffentlich ausgetragen wird.

Dieser Streit zeigt einmal mehr, welch unheilvolle Nachwirkung die seinerzeitigen Aussagen des ehemaligen sächsischen Ministerpräsidenten Biedenkopf über Windräder als „ökonomisch und ökologisch unsinnige Gelddruckmaschinen“ zeitigen. Dabei widersprechen sich die Meinungen einiger Borlaser selbst, wenn sie einerseits Windräder als Gelddruckmaschinen bezeichnen und andererseits die Wirtschaftlichkeit der Anlagen in Frage stellen.

Insgesamt kostet die Einspeisevergütung für erneuerbare Energien als wirksames Instrument für den Klimaschutz den durchschnittlichen Haushalt monatlich ca. einen Euro zusätzlich. Davon wurden im Bereich der Windenergie mittlerweile deutschlandweit 60 000 Arbeitsplätze geschaffen.

Aber was viel wichtiger ist: Windenergie ist klimaneutral. Die energetische Amortisation liegt, je nach Standort und Typ, bei drei bis sechs Jahren. Diese Zahl sagt aus, wann das Windrad die Energie, die zu seiner Installation verbraucht wurde, wieder erzeugt hat. Ein Windrad verbraucht nur Energie zur Herstellung; später gewinnt es die verbrauchte Energie zurück und liefert darüber hinaus erheblich mehr – und vor allem saubere! – Energie, als man hineingesteckt hat. Demgegenüber amortisiert sich ein konventionelles Kraftwerk faktisch überhaupt nicht. Beim Kohle- oder Atomkraftwerk wird nicht nur beim Bau Energie verbraucht, sondern auch später beim Betrieb. Wegen der unvermeidlichen Energieverluste bei der Stromherstellung wird immer mehr Primärenergie hineingesteckt, als an elektrischer Energie wieder herausgeholt wird. Von einer energetischen Amortisation kann deshalb nie und nimmer die Rede sein. Im Gegenteil, je länger das Kraftwerk läuft, desto negativer wird seine Energiebilanz.

Die Borlaser Bürgerinitiative hat Recht, wenn sie feststellt, dass zum Zeitpunkt der Beginn ihrer Aktivitäten nur 4 bis 6% des Gesamtstromverbrauches durch Windenergie gedeckt werden. 2007 produzierten die 39 im Weißeritzkreis laufenden Windräder jedenfalls schon soviel Strom, dass dieser für die Versorgung eines Drittels aller Haushalte im Kreisgebiet ausreichen würde; wohlgemerkt sauberen Strom, ohne CO_2-Ausstoß: Darüber wird jedoch nicht geredet.

Angesichts des absehbaren Endes der nicht umsonst so genannten „endlichen Ressourcen“ der fossilen Energieträger müssen wir uns umso mehr Gedanken über erneuerbare Energiequellen machen. Dabei kommt es immer auf den gesunden Mix der verschiedenen Energieträger an. Wichtig ist auch eine Abwägung zwischen den Belangen von Ästhetik, Naturschutz, Tourismusinteressen usw. auf der einen Seite und der schlichten Notwendigkeit, Alternativen zu fossilen Energieträgern zu entwickeln. Den meisten ist die Flut des Jahres 2002 als Indiz für den laufenden Klimawandel noch gut in Erinnerung. Und den Einfluss des CO_2-Ausstoßes auf eben diesen Klimawandel bestreitet mittlerweile kein Mensch mehr.

Die Gefahr, dass Borlas wie Heuersdorf bei Leipzig oder Röcken bzw. Sössen abgebaggert werden soll, besteht nicht, denn hier lagern keine Braunkohlenvorräte. Möglicherweise kommt Borlas auch nicht für ein Atommüll-Endlager in Frage – Glück gehabt! Aber indem man sich diese Alternativen vor Augen hält, könnte man eine reine Blockadehaltung gegenüber der Windkraft vielleicht doch überdenken und nach Varianten suchen, von denen alle etwas haben. Mir scheint nämlich, dass die Ablehnungsgründe nicht unbedingt die lösbaren Sicherheits- oder Naturschutzbedenken sind, sondern der Umstand, dass irgendjemand, meist noch „aus dem Westen", sich angeblich „eine goldene Nase" verdient. Dem könnte man die Idee eines Bürgerkraftwerkes entgegensetzen, das von den Borlasern selbst finanziert wird. Die Erträge gehen dann an die Bürger zurück – warum sollen immer die anderen die Erlöse einstreichen? Ebenso wichtig ist eine transparente und kontinuierliche Bürgerinformation über geplante Vorhaben. Der Energie-Tisch Altenberg e.V. berät u. a. über Finanzierungsmöglichkeiten des Einsatzes erneuerbarer Energien unter der Maßgabe, dass das Geld in der Region bleibt.

Im in der Nähe von Borlas liegenden Lübau regt sich ebenfalls Widerstand gegen den Bau von 2 Windrädern. Bürger fürchten, dass die Windkraftanlagen ihre Lebensqualität vermiesen. Nach Jahren hitzigster Debatten wollen die Lübauer am liebsten gar nichts mehr erzählen zum Thema Windkraft, lese ich in der Sächsischen Zeitung am 12. Juli 2007. Man sei froh, dass jetzt Ruhe herrsche, nachdem vor einem halben Jahr mit dem Aushub einer Baugrube begonnen wurde, aber seitdem nichts passierte. Man hoffte offensichtlich, dass dem Windkraftanlagenbauer WSB Dresden die Luft ausgegangen wäre.

Nun wurde publik, dass die 2 Anlagen, für die es seit 2003 Baugenehmigungen und auch Klarheit gegenüber dem Energieversorger gibt, bis Dezember 2007 gebaut und ans Netz gehen sollen. Die Gemüter Lübaus erhitzten sich nun aufs Neue. Die Stadt Rabenau, zu der der Ortsteil Lübau gehört, hat ein Klageverfahren gegen die Baugenehmigungen für die Windräder eingeleitet. Die hatte das Landratsamt des Weißeritzkreises 2003 erteilt. Erst später wurden neue gesetzliche Festlegungen für Windkraft-Fenster beschlossen, die nun die Kläger ins Feld führen. Unterdessen hat die WSB zwei weitere Windräder bei Lübau beantragt. Es bleibt spannend, wie es weitergeht mit den Windkraftanlagen in Borlas und Lübau.

In der gleichen Ausgabe der Sächsischen Zeitung ist zu lesen, dass es Mitte 2007 im Weißeritzkreis 39 Windkraftanlagen mit einer insgesamt installierten Leistung von 27 Megawatt gibt. Damit könnten jährlich etwa 16 300 Haushalte mit Strom versorgt werden. Statistisch gesehen entspricht das bezogen auf die etwa 45 000 Haushalte des Kreises einem Versorgungsanteil von mehr als 35 %. Das ist ein Pfund, mit dem der Landkreis punkten könnte, tut er jedoch nicht. Vielmehr sehen auch die meisten politischen Entscheidungsträger des Kreises, wie etwa Bürgermeister, Windräder eher als lästiges Übel an. Der Klimawandel scheint offensichtlich auch Mitte 2007 im Osterzgebirge und im Vorland noch nicht angekommen zu sein.

Natürlich nützen Windkraftanlagen in Borlas und Lübau wenig, wenn darüber die Dorfgemeinschaften zerbrechen. Umso mehr ist es notwendig, das Gespräch mit den Bürgern zu suchen und den Streit zu versachlichen. Auch muss man ihnen ihre Sorgen nehmen und ihre Fragen zu beantworten. Auf die Nutzensteilung wird es ankommen. Lärm, Schattenwurf, Infraschall etwa sind Themen, die man sachlich klären kann. Am Ende wird man feststellen, dass Verkehrsgeräusche viel eher den gesundheitlich bedenklichen Pegel überschreiten und dass Schattenwurf nur eine geringe Rolle spielt.

Auch die Preisfrage Ökostrom ist leicht zu beantworten. Windstrom ist nicht zu teuer sondern er ist immer billiger geworden im Vergleich zu konventionellen Strom. Dieser wird immer teurer, und in dessen Preis sind die wirklichen Kosten nicht erfasst. Die externen Kosten muss die Gesellschaft tragen. Und was die oft argumentierte Landschaftsverschandelung betrifft, so ist festzustellen, dass das Auge nicht "fotografiert". Hochspannungsleitungen und ihre Gittermasten, an denen diese hängen und von denen es allein in Deutschland 150.000 gibt, haben eine vergleichbare Auffälligkeit in der Landschaft. Man muss Windräder nicht schön finden, aber im Vergleich zu Gittermasten mit Überlandleitungen und den immer häufiger in unserer Landschaft zu findenden Funkmasten nehmen sie sich ungleich ästhetischer aus.

Aber seltsamerweise wird über erstere eher selten geklagt, dagegen über Windräder viel häufiger. Wäre Aufregen über diese Masten vorgeschrieben, wie man bei Windkraftanlagen oft meint, ich weiß nicht, was geschehen würde.

Seltsam, ich werde bei solchem Tun immer wieder an Don Quichotte und seinen romantischen Kampf gegen die Windmühlen erinnert. Mittlerweile über 400 Jahre lang haben sich Leser köstlich darüber amüsiert. Klingt vor diesem Hintergrund der heutige Widerstand vieler in Sachsen gegen eine zukunftsfähige Alternative zur fossil-atomaren Energieversorgung nicht geradezu absurd?

Wer soll das verstehen? Warum wird gerade diese Zukunfts- und Innovationstechnologie, in der Deutschland führend in der Welt ist, verteufelt?

Hoffnung unterm Bagger

„Ich kann nicht verstehen, dass heute die jungen Leute nicht die Bagger an den Baustellen der Kohlekraftwerke blockieren."

Al Gore, früherer US-Vizepräsident

Mit den Beschlüssen von Meseberg 2007 schien die Bundesregierung endlich erkannt zu haben, dass große Anstrengungen in der Klimapolitik dringend notwendig sind. Darum hat sie sich zum Ziel gesetzt, Maßnahmen zu ergreifen, damit die globale Temperatur nicht mehr als 2 Grad über das vorindustrielle Niveau steigt. Die Klimawissenschaftler halten dies für den richtigen Weg. Denn wenn sich das Klima um mehr als 2 Grad erwärmt, ist es so gut wie sicher, dass die Gletscher in Grönland abschmelzen. Das wiederum würde den Meeresspiegel um mehrere Meter ansteigen lassen. New York, große Teile Südostasiens, aber auch Norddeutschland und andere Küstenregionen würden überflutet, prognostizieren die Wissenschaftler in ihren Projektionen vom Klimawandel.

Darum muss das Abschmelzen des Grönlandeises unbedingt verhindert werden. Deshalb sollen nach dem Willen der Bundesregierung bis zum Jahre 2020 die CO_2-Emissionen um 40% gegenüber 1990 gesenkt werden. Soweit besteht Einigkeit in der Koalition.

Aber wie soll dieses Ziel erreicht werden? Bis 2020 sind nur noch 12 Jahre Zeit – und Deutschland senkt seine CO_2-Emissionen nicht, sondern beginnt mit seiner Politik stattdessen, diese drastisch zu erhöhen. Denn Deutschland baut Kohlekraftwerke. So wirken alle Energiesparlampen, Häuserisolierungen und Hybridautos dagegen wie Kinderspielzeug.

25 neue Kohlekraftwerke mit einer Gesamtleistung von 24 000 Megawatt und einem CO_2-Ausstoß von 140 Millionen Tonnen pro Jahr sind in unserem Land in Planung und teilweise schon im Bau. Als ob es die ganze Klimadebatte nicht gegeben hätte, werden die Maßnahmen vorangetrieben. Wohlgemerkt ist bei keinem dieser 25 neuen Kohlekraftwerke die jetzt oft diskutierte CO_2-Abscheidung und -Lagerung vorgesehen, da diese noch nicht entwickelt ist und sich im Erprobungsstadium befindet. Später ist die Nachrüstung konventioneller Kraftwerke mit Techniken zur CO_2-Abscheidung aber extrem unwahrscheinlich, denn sie ist sehr aufwendig und teuer. Wenn Vattenfall, RWE und andere dennoch regelmäßig vom „CO_2-freien-Kraftwerk“ reden, soll ihnen dies in erster Linie ein sauberes Image verschaffen.

Am 23. August 2006 etwa gab der Energiekonzern RWE den Startschuss für den Bau eines der weltweit größten Braunkohlekraftwerke. Die Bundeskanzlerin und ehemalige Bundesumweltministerin Angela Merkel ließ es sich nicht nehmen, gemeinsam mit NRW-Ministerpräsident Jürgen Rüttgers im rheinischen Neurath/Grevenbroich dabei zu sein und mit RWE-Vorstandschef Harry Roels den Grundstein für das 2,2 Milliarden Euro teure Kraftwerk zu legen. Dieses soll eine Leistung von 2.100 Megawatt haben und nach seiner Inbetriebnahme 2010 jährlich 15 Millionen Tonnen CO_2 in die Luft pumpen.

Doch nicht genug damit: Insgesamt sollen neben dem Neurather noch zwei weitere neue Braunkohlenkraftwerke gebaut werden. Eines davon ist in Boxberg in der Lausitz bereits im Bau, ein weiteres in Profen in Sachsen-Anhalt in der Planung. Diese beiden werden nach Fertigstellung jeweils fast 5 Millionen Tonnen CO_2 ausstoßen. Das macht zusammen ca. 25 Millionen Tonnen pro Jahr. Das ist erschreckend, denn diese Kraftwerke sind für Laufzeiten von 40 Jahren geplant. Warum macht dies die Bundesregierung mit, muss man sich besorgt fragen. Dabei weiß jeder, dass Technik und Betrieb dieser Dreckschleudern nur den Gewinnen von RWE und Vattenfall dient. Die Technik dieser Kraftwerke ist von vorgestern und überhaupt am klimaschädlichsten.

Hier nur zum Vergleich: Bei der Produktion einer Kilowattstunde Strom entstehen laut dem Öko-Institut Freiburg in einem Braunkohlekraftwerk 1153 Gramm CO_2, in einem Steinkohlekraftwerk 949 Gramm, in einem Gaskraftwerk 428 Gramm und in einem auf Kraft-Wärme-Kopplung-Basis betriebenen Gaskraftwerk 148 Gramm. Nun, zumindest RWE und Vattenfall scheinen daraus nichts gelernt zu haben. Sie setzen, unterstützt von der deutschen Politik, weiter auf Braunkohlekraftwerksinvestitionen.
Die notwendigen CO_2-Zertifikate bekommen sie nahezu geschenkt. Damit wird weiter kräftig an dem Ast gesägt, auf dem wir sitzen.

Aber die Luftverschmutzung ist nicht das einzige Problem. Die drei Braunkohlekraftwerke verschlingen auch über 160.000 Hektar Land. Allein Vattenfall plant, in Ostdeutschland drei ganze Dörfer abzubaggern und damit 900 Menschen zu vertreiben. Insgesamt werden ca. 20 Milliarden Kubikmeter wertvolles Grundwasser durch den Tagebau abgepumpt, was ca. der Hälfte des Bodensees entspricht. Und das Schlimme: Die Betreiber bezahlen nichts dafür.

Hält man sich all diese extrem schädlichen Auswirkungen vor Augen, kann man eigentlich nur zu dem Schluss kommen: Heute, wo es andere Lösungen gibt als Braunkohle zu verfeuern, grenzt das schon fast an Kriminalität. Wenn Bundeskanzlerin Merkel und Bundesumweltminister auf internationalen Konferenzen als Verfechter des Klimaschutzes auftreten, und sich dies nicht als Luftblase entpuppen soll, müssen sie ein Gesetz zum Ausstieg aus der Braunkohleverstromung auf den Weg bringen. Es bedarf jetzt einer klimapolitischen Entscheidung, die schrittweise die Braunkohle aus dem Energiemix verbannt. Der erste Schritt dazu wäre der sofortige Baustopp von Neurath und Boxberg!

Über Don Quichotte und den Kampf gegen sächsische Windmühlen

Die absurde Energiepolitik des Freistaates Sachsen erreichte ihren Höhepunkt während der Alleinregierungszeit der CDU bis zum Herbst 2004. Viel hat sich nicht geändert in der CDU/SPD-Koalition, wenngleich sich die SPD-Fraktion im Sächsischen Landtag in dieser Frage uneinig ist. Immer wieder müssen da Arbeitsplätze in der Kohle als Argument für das Festhalten am dauerhaften Abbau der Kohle und ihrer Verfeuerung herhalten. Als wenn es das schnell wachsende Potenzial an erneuerbaren Energien mit all den neu geschaffenen Arbeitsplätzen auch in Sachsen nicht gäbe.

Braunkohleverstromung als Zukunftstechnologie finden wir noch im Sächsischen Energieprogramm der Regierung von 2004. Oder da gibt es beispielsweise diesen Energieartikel auf der Wirtschaftsseite der Sächsischen Zeitung vom 11. August 2004 mit dem Titel „Hoffnung unterm Bagger“, dessen Titel dem letzten Kapitel den Namen gab.

Wie sich die sächsische Regierung hier in den Kampf gegen Windmühlen begibt und gar nicht zu bemerken scheint, wie das Schlachtfeld im Nebel versinkt, brachte mich damals sehr in Rage. Ich möchte den Brief, den ich am 12. August an den damaligen sächsischen Wirtschaftsminister Martin Gillo schrieb, hier ungekürzt wiedergeben:

Sehr geehrter Herr Gillo,

vor dem Hintergrund eines Energie-Artikels auf der Wirtschaftsseite der SZ vom 11. August „Hoffnung unterm Bagger“ möchte ich Ihnen diesen offenen Brief schreiben:

Es ist schon ein Paradoxon: Wir sitzen alle im Treibhaus und Sie setzen weiter auf Kohleverfeuerung zur Aufheizung des Klimas. Dass der Wirtschaftsminister die Klimaschutzziele seiner eigenen Regierung missachtet, vor der Kohlelobby in die Knie geht, und den Stromkonzernen geradezu nach dem Munde redet, empfinde ich als eine Schande. Aber nicht genug damit. Ihre Polemik und Falschaussagen zur Wind- und Solarförderung sind obendrein himmelschreiend. Wenn tatsächlich etwas sozial unausgewogen und enorm Preis treibend ist, dann sind es die Preis treibenden Machenschaften der Energiekonzerne, die weit mehr Subventionen zur Aufrechterhaltung ihrer fossil-atomaren Basis verschlingen, als die zur Anschubfinanzierung der erneuerbaren Energien aufgewendeten staatlichen Zuwendungen. Diese Machenschaften verschweigen Sie aber geflissentlich...
Warum verteufeln gerade Sie die Zukunft und eine Innovationstechnologie, der Sie, so erinnere ich mich gut, als vermeintliche Innovations-Persönlichkeit in die sächsische Regierungsmannschaft geholt wurden. Mit Ihren Aussagen belegen Sie geradezu das Gegenteil: Sie sind, was Ihre Auffassungen zur Energiewirtschaft betrifft, im vergangenen Jahrhundert stehen geblieben. Leider machen Sie auch den in der Braunkohle Beschäftigten damit etwas vor, denn ihre Arbeitsplätze sind bei weitem nicht sicher, was Massenentlassungen bei Vattenfall und anderen Konzernen belegen. Es wäre weitaus besser, diese Menschen schon heute auf die Energieträger der Zukunft - die alternativen Energien - umzuschulen.

Noch vor wenigen Jahren waren viele Bürger gar nicht, unzureichend oder falsch über die heutige Energiepolitik und ihre Folgen informiert. Aber die Flutkatastrophe 2002 mit Dutzenden Toten, die Hitzewelle des Sommers 2003 mit bis zu 5000 Hitzetoten in Europa und die diesjährigen Katastrophen in Bangladesh, Indien und China haben viele Menschen erkennen lassen, dass unsere heutige fossile Energieversorgung für die Zukunft unverantwortlich ist. Wenn wir einfach so weitermachen, reicht in einigen Jahrzehnten das gesamte Bruttosozialprodukt der Welt nicht mehr aus, um nur noch die Naturschäden zu reparieren.

Das haben die Chefmathematiker der Münchner Rückversicherung errechnet. Verdrängen hilft nicht mehr, Energieprobleme müssen jetzt politisch gestaltet werden.

Aber anstatt dies zu tun, kämpfen Sie in dieser Situation wie wild gegen umweltfreundliche Erneuerbare Energien und machen sich zu einem Don Quichotte Martin Gillo.

Sehr geehrter Herr Gillo, es gibt künftig keinen Landschaftsschutz mehr ohne Klimaschutz. Und dafür sind erneuerbare Energien, ja auch Windräder unverzichtbar. Die Deutsche Bundesregierung hat sich zum Ziel gesetzt, den Anteil an erneuerbaren Energien bis 2010 zu verdoppeln. Wie wollen Sie dieses Ziel erreichen ohne Ausbau der erneuerbaren Energien auch in Sachsen? In der Zukunft Kohle- oder Sonnenstrom/wärme? Das ist die Frage, die Sie als Wirtschaftsminister des Freistaates jetzt mitentscheiden müssen, denn allein ein Energiemix aus erneuerbaren und preiswerten Energieträgern wie Sonne, Wind, Wasser, Biomasse, Erdwärme und solarem Wasserstoff wird einem modernen Industrie- und Tourismusland wie Sachsen die Zukunft garantieren.

Sonne und Wind stehen uns noch Milliarden Jahre zur Verfügung: preisgünstig, umweltfreundlich und ohne die Notwendigkeit von Ressourcen-Kriegen. Jedes Windrad, jede Solaranlage, jede Biogas- oder Geothermieanlage sind Zeichen des Friedens. Sonne und Wind sind ein Geschenk des Himmels. Verschließen Sie sich als Mitglied einer christlichen Partei nicht länger diesem Himmelsgeschenk der natürlichen Energiegewinnung. Wir brauchen die Energie von oben. Don Quichotte lebte schon damals in einer Traumwelt. Wenn wir nicht aufwachen, werden uns die nächsten Katastrophen sehr unsanft aufwecken.

Mit freundlichen Grüßen

Dietrich Papsch

Eine Antwort bekam ich nicht.

Martin Gillo wurde im Zuge der Ergebnisse der Landtagswahlen in Sachsen im Herbst 2004 abgewählt, nachdem der Wähler die absolute CDU-Mehrheit erstmals nach der Wende geknackt hatte und eine schwarz-rote Regierung gebildet wurde. Erneuerbare Energien werden zwar seitdem nicht mehr verteufelt, jedoch der Braunkohle weiter Zukunftschancen in Sachsen eingeräumt. Auch der in der schwarz-roten Koalition Sachsens sitzende Wirtschaftsminister Jurk (SPD) knickte gegenüber dem Regierungspartner CDU ein und hält die Braunkohle als Energieträger in Sachsen nach wie vor für wichtig. Er stellte dem hanebüchenen sächsischen Energieprogramm 2004 zwar ein eigenes Programm der SPD entgegen, das auch bei den Ministern des Koalitionspartners auf Interesse stieß, von Regierungschef Milbradt 2007 jedoch abgebügelt wurde.

Inzwischen fällt die sächsische Regierung selbst den Bemühungen von Bundeskanzlerin Angela Merkel beim Klimaschutz in den Rücken. So beim Handel mit CO_2-Emissionen als ein Mittel im Kampf gegen die globale Erderwärmung. Weil die Zuteilung von Zertifikaten begrenzt ist, sollen Energiewirtschaft und Industrie nach den günstigsten Lösungen suchen, den Ausstoß von CO_2 einzusparen. Soweit die Theorie.

In der Praxis wird der klimaschädlichste aller Energieträger, die Braunkohle, nach wie vor durch Länder wie Sachsen und auch Nordrhein-Westfalen bevorzugt. Mit dem Gesetz von CDU und SPD, über das der Bundestag am 22.06.2007 abgestimmt hat, erhalten Braunkohlekraftwerke bei gleicher Leistung mehr als doppelt so viele Zertifikate wie Gaskraftwerke. 750 Gramm pro Kilowattstunde dürfen sie emittieren, Gaskraftwerke nur 365 Gramm. Ohne sachliche Begründung wird ferner festgesetzt, dass Braunkohlekraftwerke 10% länger pro Jahr am Netz sind als andere Kondensationskraftwerke. Alles zusammen ergibt dies eine massive Subvention zu Lasten des Klimas. So kann man den Kampf gegen den Klimawandel nicht gewinnen.

Der Sächsischen Staatsregierung geht jedoch die Bevorzugung der Braunkohle noch nicht weit genug. Sie will den Emissionswert der Braunkohle auf 950 Gramm weiter heraufsetzen. Deshalb gingen die Sachsen im Bundesrat gegen das Gesetz an. Ihr Einspruch wurde jedoch abgelehnt. Hätten sie sich durchgesetzt, würden die Braunkohlekraftwerke in Sachsen jährlich mit mehreren 100 Millionen Euro indirekt bezuschusst. Im Vergleich zum Gas hätte der Energieversorger Vattenfall allein für die sächsischen Kraftwerke damit ein weiteres Geschenk in der Höhe von über 2 Milliarden Euro über die Laufzeit des Gesetzes erhalten. Das ist unglaublich!

Nun ist die Staatsregierung sauer. Sage da noch einer, der Klimawandel wäre im Freistaat bereits angekommen.

Ein Sumpf zieht am Gebirge hin

Immer noch ist die ökonomisch-politische Front gegen eine unstreitbar notwendige radikale Energiewende in unserem Lande groß. Und das trotz rasant voranschreitenden Klimawandels, exorbitant ansteigender Kosten für fossile Energien und ihrer absehbaren Endlichkeit. Nach wie vor feiert, wie kaum auf einem anderen Gebiet, die Abhängigkeit der Politik von der Energiewirtschaft fröhliche Urständ. Also von dem Wirtschaftszweig, der am engsten mit allen Regierungen zusammenarbeitet. Dabei müsste längst Schluss gemacht werden mit der legalen Korruption nach dem Motto „Bezahlt wird später."

Nicht nur leitende Beamte aus Ministerien, Landesminister und Bürgermeister, die in der Energieaufsichtsbehörde tätig waren, erhielten nach ihrer Pensionierung plötzlich einen Sitz im Aufsichtsrat eines Energiekonzerns oder sind als Berater für die Branche tätig. Viel schlimmer ist, dass solche Leute während ihrer Amtszeit häufig in den Aufsichtsräten privater Energieversorgungsunternehmen sitzen. Und keiner wagt sich daran, mit dieser Art der Vernetzung bzw. attraktiven Versorgung ehemaliger und amtierender Politiker radikal zu brechen. Die Beispiele in unserem Land sind vielfach. Und wer glaubte, dass die Fälle um Bundeswirtschaftsminister Müller, seinen Staatssekretär Tacke oder Hermann-Josef Arentz und Laurenz Meyer - alle wurden in irgendeiner Form als Interessenvertreter der Energiewirtschaft entlarvt – ein Umdenken einsetzen lassen, sah sich arg getäuscht. Im Gegenteil: Ungebrochen wird in Regierungen und Parlamenten gegen den Artikel 38 des Grundgesetzes verstoßen, der die völlige Unabhängigkeit der Abgeordneten fest schreibt. Doch kaum einen stört das; allenthalben die Presse, die es an den Tag bringt.

Im Februar 2006 las ich in der Ausgabe 5 der Wochenzeitschrift „Der Freitag“, wie sich dieser Sumpf zwischen Energieversorgung und Politik inzwischen deutschlandweit ausgebreitet hat. Kommunal- und Landespolitiker, Stadtwerke und Energiekonzerne geraten dabei immer mehr ins Kreuzfeuer der Kritik. So folgte eine 17-köpfige Gruppe, bestehend aus dem Aufsichtsrat der Stadtwerke Burscheid und sieben weiteren Burscheider Ratsherren, einer Einladung von Eon Ruhrgas und reiste für drei Tage nach Norwegen, um unter anderem die Förderplattform „Sleipner A“ zu besuchen. Auf Grund eines anonymen Hinweises durchsuchten darauf hin im Juni 2005 Kölner Staatsanwälte die Geschäftsräume der Burscheider Stadtwerke und der Verkaufsdirektion West der Ruhrgas AG. Anlass war die „Lustreise zur Bohrinsel“, wie auch „Der Freitag“ den Beitrag überschrieb.

Aber das sollte längst nicht alles sein. Wenig später ermittelte die Sonderkommission „Gas“ der Kölner Staatsanwaltschaft gegen etwa 200 Kommunalpolitiker und fünf Ruhrgas-Manager wegen Vorteilsnahme beziehungsweise Vorteilsgewährung. Betroffen sind unter anderem die Stadtwerke von Burscheid, Essen, Krefeld, Moers, Meerbusch, Grevenbroich, Remscheid, Solingen, Stolberg, Kaarst, Grefrath, Nettetal, Willich, Wülfrath, Hilden, Langenfeld, Leverkusen, Siegburg, Troisdorf, Bad Honnef, Euskirchen, Dormagen, Langenfeld, Aggertal, Radevormwald, Wipperfürth, Wermelskirchen, Neuss und des Rhein-Erft- und Oberbergischen Kreises. Die Energiekonzerne hatten "Landschaftspflege" im wörtlichen Sinne betrieben.

Daraufhin wurden die Nachforschungen auch auf Bayern, Hessen, Rheinland-Pfalz wie das Saarland ausgedehnt und die Geschäftsräume des nach Eon/Ruhrgas zweitgrößten deutschen Gaslieferanten, RWE/Thyssengas, durchsucht.

Die vorgegebenen fachlichen Motive der Einladungen an die Kommunal- und Landespolitiker ließen sehr schnell Zweifel aufkommen, insbesondere bei Reisen, bei denen Ehe- und sonstige Partner mit von der Partie waren. Reiseziele wie Rom, Barcelona, Brügge, St. Petersburg, Straßburg und das Bergisch Gladbacher Drei-Sterne-Restaurant im Schlosshotel Lerbach mit Starkoch Dieter Müller bestärken die Staatsanwälte in ihrem Verdacht. Deren Ermittlungen bietet sich mit den seit 1997 geänderten Bestimmungen des Paragraphen 331 des StGB, bezogen auf die Tatbestände „Vorteilsannahme" und „Vorteilsgewährung", eine rechtliche Handhabe. Danach sind auch Vergünstigungen strafbar, die nicht zu einer Diensthandlung führen.

Doch die Kommunalpolitiker zeigen kein Unrechtsbewusstsein. So bestätigte der Aufsichtsratsvorsitzende der Essener Stadtwerke Franz-Josef Britz, dass die Fahrt nach Barcelona stattgefunden habe wie auch das Abendessen im Schlosshotel Lerbach, gewiss auch mit Damen. Solche Geschichten seien republikweit jedoch nichts Ungewöhnliches. Auch Wilhelm Helkamp, der Geschäftsführer der Bergischen Energie und Wasser GmbH, rechtfertigt sich: „Das machen wir seit Jahrzehnten so." Damit offenbart sich, dass Britz, Helkamp & Kollegen diese „normalen" Gaben ohne Nachdenken mitnehmen und das seit Jahrzehnten. Alle haben sie sich daran gewöhnt, ja, rechnen sogar damit. Darauf hätten sie so etwas wie einen Anspruch, alle zwei Jahre mal oder so, ist ihre Meinung. Sie sind so eng mit den Energieunternehmen verbandelt, dass sie wie Albert Lopez von den Stadtwerken Willich unschuldsvoll sagen können: „Wir haben da abends zwar gut gegessen, aber eine Einflussnahme gab es nicht." Vom geänderten Strafrecht hat keiner von ihnen gehört.

Die Energiekonzerne hingegen - in das mediale Trommelfeuer geraten - zeigen sich einsichtig, aber nur scheinbar. Ruhrgas/Eon habe einen „neuen Verhaltenskodex" in Vorbereitung und alle „Lustreisen" gestoppt, obwohl es ja reine Dienstreisen gewesen sein sollen, wie immer noch behauptet wird. RWE hat bereits nach der Enttarnung seiner skandalisierten Doppelagenten Arentz und Meyer - sie hatten als Bundestagsabgeordnete beziehungsweise CDU-Generalsekretär heimlich weiter auf der RWE-Lohnliste gestanden - einen „Verhaltenskodex" in Auftrag gegeben. Der wurde zwischenzeitlich vorgelegt. Leuchten des deutschen Geisteslebens wie der Essener Weihbischof Grave, die Liberal-Mumie Lord Dahrendorf und die abgestürzte CDU-

Ikone Paul Kirchhof fordern auf wortreich aufgeschwemmten 30 Seiten, dass hauptamtliche Politiker vom Konzern nicht weiterbezahlt werden sollten. Aber Reisen? „Gewährt werden dürfen derartige Zuwendungen nur im Rahmen geschäftsüblicher Kundenbindungen, soweit darin keine unangemessene Einflussnahme gesehen werden kann." Wie viel geschmeidige korruptive Erfahrung spiegelt sich in solch gediegenen Formulierungen!

Seit Kanzler Schröders Zeiten unterhalten Unternehmerlobby und Bundesregierung die Regierungskommission Corporate Gouvernance, auch unter dem Namen "Cromme-Kommission" bekannt. Sie soll über korrekte Unternehmensführung wachen. Kommissions-Mitglied Marcus Lutter, Professor für Wirtschaftsrecht, stellt fest: „Aufsichtsräte kommunaler Unternehmen sind nicht berechtigt, Vergünstigungen ohne sachlichen Grund anzunehmen." Sollte den Konzernen verboten werden, Politikern Vergünstigungen zu geben? Nein, sagt Lutter: Aber die Konzernvorstände sollten „mehr Sensibilität in der Dienstreisen-Frage entwickeln", sie sollten „Skandale verhindern", weil diese dem „Image" des Konzerns schaden.

Eine Konsequenz ist für Lutter klar: „Die Aufsichtsräte sollten künftig nicht mit Politikern, sondern mit Fachleuten besetzt werden." Meint er offenbar Fachleute wie seinen Kommissionsvorsitzenden Cromme von Thyssen/Krupp, der im VW-Aufsichtsrat die jahrzehntelange Korruption mitgetragen hat? Dazu passt, dass er die bisher mögliche Kontrolle von Stadtwerken durch Ratsmitglieder gleich ganz abgeschaffen will.

Moralwächter Lutter und der RWE-Verhaltenskodex lassen indes Vorteilsgaben unbeachtet, die viel massiver als Vergnügungsreisen sind, bisher aber nicht skandalisiert werden. RWE unterhält nicht nur einen zentralen Beirat mit 100 Kommunalpolitikern. Auch RWE-Tochterfirmen wie RWE Energy (Strom und Gas), RWE Power (Braunkohle), RWE Aqua/Thames Water und so weiter unterhalten Beiräte, zentrale und regionale. In Bayern beispielsweise versammelt Eon Landräte und Kommunalpolitiker in vier „Regionalbeiräten". Die Eon-Tochter Thüga unterhält Beiräte für „kommunale Repräsentanten", die eine jährliche Vergütung von 3.750 Euro und noch ein „Sitzungsgeld“ von 250 Euro erhalten (der Beiratsvorsitzende und sein Stellvertreter bekommen das Doppelte). Die Beiräte treffen sich ein- bis zweimal im Jahr: „Kopfnicken mit Buffet“ heißt das in der Branche.

Besonders ausgewählte Kommunalpolitiker werden zudem in höherrangige Aufsichtsräte berufen. So ist die Oberbürgermeisterin von Mülheim an der Ruhr, Dagmar Mühlenfeld (SPD), Mitglied im RWE-Aufsichtsrat. Dafür bekommt sie 99.000 Euro im Jahr. Auch hier herrscht kein Unrechtsbewusstsein. Mühlenfeld wehrt sich dagegen, dass sie davon 93.000 Euro abgeben soll, wie es seit Anfang 2005 aufgrund des "Korruptions-Bekämpfungs-Gesetzes" in Nordrhein-Westfalen (NRW) gefordert wird. Mühlenfelds Vorgänger Jens Baganz (CDU) unterstützt ihre Weigerung öffentlich: "Ich habe meine Tantiemen auch behalten." Der NRW-Landkreistag will parteiübergreifend die Verordnung aus der rot-grünen Regierungszeit mit teuren Gegengutachten aushebeln:
Die Ablieferungspflicht sei "rechtswidrig".

Während sich die überlasteten Staatsanwälte und die Moralwächter der Unternehmen mit den feinen Unterschieden zwischen Lust- und Dienstreisen abquälen, entwickeln die Konzerne noch viel massivere Formen der Bestechung. Die vier großen Energieversorger Eon, RWE, Energie Baden-Württemberg (EnBW) und Vattenfall, die Deutschlands Energieversorgung unter sich wie Besatzungszonen aufgeteilt haben und die Energiepreise bestimmen, kaufen nicht nur Kommunalpolitiker, die Aufsichtsräte in Stadtwerken sind, sondern sie kaufen die Stadtwerke selbst.

Privatisierung ist das Motto und die Politik mischt kräftig mit. In Hunderten von Stadtwerken haben die Konzerne in den vergangenen Jahren Stadtwerks-Anteile zwischen 20 und 75% erworben, so dass sich in den Konsortialverträgen die Lieferung von Gas und Strom sowie die Preise für Wasser und Abwasser, für Müllentsorgung und Straßenreinigung ganz anders absichern lassen.

Da wird mit harten Bandagen gekämpft, und die Kommunalpolitiker schrauben den Preis ihrer Käuflichkeit hoch. Das in Sachen Gaspreis aufgewachte Kartellamt ist hier bisher immer noch nicht im notwendigen Maße eingeschritten.

Der Hildesheimer Oberbürgermeister Kurt Machens, zugleich Aufsichtsratsvorsitzender der Energieversorgung Hildesheim (EVI), gründete den gemeinnützigen Verein „Pecunia non olet", was so viel heißt wie „Geld stinkt nicht". Erst als die Eon-Töchter Ruhrgas und Thüga 410.000 Euro gespendet hatten, unterschrieb Machens den Vertrag über den Verkauf von
49,6 % der EVI. Mit dieser Vorteilsgabe konnte er sich dann in der verschuldeten Stadt als großzügiger Wohltäter aufspielen, bedachte Schulen mit Laptops, verschenkte Geld an ein Frauenhaus, einen Fußballverein, einen deutsch-jüdischen Freundschaftsverein, eine Museumsinitiative. Nachdem der Verein aufgeflogen war, ermittelte die Staatsanwaltschaft; aber sie stellte die Ermittlungen ein, denn Machens habe sich nichts in die eigene Tasche gesteckt, hieß es. Vom geänderten Strafrecht hatte die Hildesheimer Justiz noch nichts gehört.
Der EVI-Verkauf wurde nicht rückgängig gemacht. Und Thüga bestätigte, es habe sich um einen ganz „normalen Vorgang" gehandelt.

Gut ist auch zu wissen, dass die Energie Baden-Württemberg AG (EnBW), die auch den sächsischen Strom- und Gasversorger Enso zu 69% besitzt, durch Privatisierung entstand. Die Stuttgarter Landesregierung verkaufte das staatliche Unternehmen an den größten Stromkonzern Europas, die Electricité de France.

Und EnBW seinerseits zahlte für die erste Tranche des umstrittenen Kaufs von 29,9% der Düsseldorfer Stadtwerke nicht nur den ausgehandelten Preis von 447 Millionen Euro. EnBW leistete noch 25 Millionen Euro „Sonderzahlungen". So fielen für den Internet-Zugang Düsseldorfer Schulen
2,6 Millionen ab; die Heinrich-Heine-Universität bekam
5 Millionen für einen Stiftungslehrstuhl zum Thema „Energie", und Oberbürgermeister Joachim Erwin (CDU) erhielt
10 Millionen für sein Renommierprojekt „Düsseldorf Arena", das von der verschuldeten Stadt nicht finanziert werden konnte.

Obwohl es einen erfolgreichen Bürgerentscheid dagegen gab, hat OB Erwin Ende 2005 noch einmal 25% an EnBW verkauft. Auch in Düsseldorf scheint der Staatsanwaltschaft die geänderte Rechtslage nicht bekannt zu sein. Moralwächter Lutter und die Verfasser neuer Verhaltenskodexe schweigen. So gehen Kungelei, Vorteilsnahme und Filz zwischen Energieversorgern und Politik munter in Deutschland weiter. Wen nimmt es da wunder, dass Umweltverbände, Energieinitiativen, Firmen für erneuerbare Energien sowie alternative Bundes-, Landes- und Kommunalpolitiker mit ihren Bemühungen um eine radikale Energiewende und eine dezentrale Energiewirtschaft durch diese unheilige Allianz immer wieder torpediert werden?

Über verschleuderte Importkosten und verpasste Wertschöpfung

Aus einer Veröffentlichung der sechs deutschen Wirtschaftsforschungsinstitute aus dem Frühjahr 2005 entnehme ich, dass für deutsche Gesamteinfuhren an Öl, Gas und Kraftstoffen im Jahre 2000 44,63 Mrd. € ausgegeben wurden. Nach einer Veröffentlichung des Ifo-Institutes München ergibt sich, wenn man die jährlichen Mehrkosten für Energieimporte der Jahre 2000 bis 2005 gegenüber der Zahl aus 1999 aufaddiert, dass allein in diesen sechs Jahren die deutschen Unternehmen und Bürger mit einer Summe von ca. 161,57 Mrd. € zusätzlich belastet worden sind.

Nimmt man nicht das Jahr 1999 als Vergleichsbasis, sondern das Jahr 2001, dessen Preise eher am langjährigen Durchschnittsölpreis orientiert waren, so ergibt sich eine addierte Mehrbelastung nur für die vier Jahre von 2002 bis 2005 in Höhe von 40,58 Mrd. €. Und noch ein Zahlenvergleich, der sich auf Deutschlands Rohölimporte in den Jahren 1995 und 2005 bezieht. Mussten dafür vergleichsweise 1995 9,6 Milliarden Euro aufgebracht werden, so waren es 2005, insbesondere durch den exorbitanten Preisanstieg, bereits 35 Milliarden Euro. Wir müssen uns im Klaren darüber sein, dass für diese Importe, von Verteilungsleistungen abgesehen, im Inland keine nennenswerte Wertschöpfung erfolgt. Daraus kann abgeleitet werden, dass sich diese Importe auf Grund der weiterhin zu erwartenden Preissteigerungen von Öl und Gas auf dem

Weltmarkt in den nächsten Jahren noch erheblich verteuern werden. Unter diesen hohen Importpreisen haben wir alle, die Bürger, die Wirtschaft und die öffentliche Hand, zu leiden und sind ihnen machtlos ausgeliefert. Doch Halt: Sind wir es wirklich oder reden wir das uns nur ein, oder wird es uns gar eingeredet? Diese Frage allein ist es wert, näher untersucht zu werden.

Wenn man diesen Grundwiderspruch zwischen unserem Importenergiehunger und der dafür fehlenden Wertschöpfung in unserem Land näher beleuchtet und ernsthaft über diesen nachdenkt, so wird uns eines bewusst: Wir können diesen gordischen Knoten dadurch lösen, dass wir bis Mitte des 21. Jahrhunderts die teuren, endlichen und klimazerstörenden fossilen Energien samt ihrer zentralen Versorgungswirtschaft durch erneuerbare Energien vollständig ersetzen. Energieversorgung erhält so eine dezentrale Grundlage. Möglich macht diesen Ausstieg eine weltweite solare Energiewirtschaft, deren Notwendigkeit, aber auch Realisierbarkeit Hermann Scheer in seinen Büchern „Solare Weltwirtschaft“ und „Energieautonomie“ nachweist.

Noch wird in Deutschland um die von Scheer publizierte unumkehrbare Energiewende heftig gestritten, ihr werden auf diesem Weg durch Energieversorger und ihre Handlanger in der Politik kräftig Knüppel zwischen die Beine geworfen. Die Rede ist gar von Renaissance der Kernenergie und vom Bau neuer Kohlekraftwerke.
Hier ist Umsteuern nicht nur möglich, sondern ein Muss!

Schon tut sich etwas in unserem Land, das aufhorchen lässt.
Im Herbst 2005 nahm ich an dem vom Bundesverband Solarwirtschaft und der Initiative RegioSolar organisierten 2. Solarkongress in Fürstenfeldbruck bei München teil. Beide Institutionen bemühen sich um Unterstützung und Vernetzung der in Deutschland agierenden regionalen Solarinitiativen, die auf den jährlichen Kongressen ihre Erfahrungen austauschen.

Mir fällt besonders eine junge engagierte Frau auf, die einen Vortrag über die Bürgerstiftung „Energiewende Oberland“ hält. Martina Raschke berichtet uns Kongressteilnehmern, dass diese Stiftung im letzten Winter in den bayerischen Landkreisen Bad Tölz-Wolfratshausen und Miesbach, in denen zusammen über 220 000 Menschen leben, gegründet wurde. Diese habe es sich zum Ziel gesetzt, bis 2035 die Energiewende in den beiden Landkreisen herbeizuführen. Um ihr Engagement vor Ort auf gesichertes Zahlen- und Datenmaterial zu stellen, wurde zunächst eine Verbrauchs- und Potenzialanalyse durchgeführt. Diese zeigte, dass nach dem Preisstand von 2004 pro Jahr knapp 500 Millionen Euro für eine Energiemenge von 6.000 Gigawattstunden an Strom, Wärme und Verkehr aus der Region abfließen. Zwei Drittel dieser Energiemenge könnten bis 2035 aus regionalen Ressourcen gedeckt und das fehlende Drittel durch Energieeffizienz schlicht eingespart werden, erklärt die junge Frau.

Auf dem gleichen Kongress erfahren wir von Birgit Baindl mit unverkennbar bayerischen Akzent, dass auch das Brucker Land in der Umlandregion von München diesen Prozess sogar noch fünf Jahre früher, nämlich bis 2030, vollständig abschließen wolle. Hier ist nicht eine Stiftung, sondern die Initiative „Ziel 21“ mit dem Logo „Wir schaffen die Energiewende“ tätig, ein Zusammenschluss von Landkreis, Solidargemeinschaft Brucker Land, Sparkasse Fürstenfeldbruck, Bayerischem Gemeindetag, Bund der Selbständigen und Deutschem Gewerbeverband, Landwirtschaft, Stadtwerken und regionalen Versorgern sowie Fachleuten aus Handwerk und Dienstleistungen. Alle eint das Ziel, die Energiewende mit 100% erneuerbaren Energien bereits bis 2030 zu vollziehen. Die beiden jungen Frauen überzeugten, dass alle drei Landkreise auf gutem Weg dahin wären und bis heute bereits Anteile von etwa 25% erneuerbaren Energien erreicht hätten. Alle drei Landkreise gingen auch davon aus, dass die Region gesamtwirtschaftlich daran partizipieren würde und sich energiewirtschaftlich unabhängig entwickeln könnte. Neue Arbeitsfelder und Arbeitsplätze würden geschaffen. Die gesamte Wertschöpfung fände in der Region statt. Ein bedeutender wirtschaftlicher Aufschwung würde stattfinden nach dem Motto: Eine Region hilft sich selbst.

Beide Frauen bestätigten allerdings auch in ihren Vorträgen, dass es in den drei bayerischen Landkreisen zunächst des Aufrüttelns der regionalen Politik an Hand der Zahlen fremder Wertschöpfung für die benötigte Energie in der Region bedurfte, bevor sich die Landräte und die Bürgermeister der

Kommunen gemeinsam mit Solarinitiativen an die Spitze des Prozesses stellten, der vor 2 Jahren begann und eine Erfolgsgeschichte einleitete.

Der am Kongress teilnehmende Landrat aus dem Brucker Land sowie die Vertreter aus den anderen beiden Kreisen bestätigten ihrerseits den politischen Willen zur Durchsetzung dieser Herausforderung.

Aber nicht nur im Freistaat Bayern wächst die Einsicht, sich von der zentralen fossilen und atomaren Energiewirtschaft so schnell wie möglich abzukoppeln. Auch im Land Brandenburg gibt es ein Beispiel, das von sich reden macht. Bei einem Treffen von 60 deutschen Solariniativen in Frankfurt/Main, die durch das Bundesumweltministerium und den Bundesverband Solarwirtschaft bei der Aktion „Wärme von der Sonne" unterstützt werden, lernte ich Anfang 2006 Frau Dr. Elke Seidel kennen. Engagiert und selbstbewusst erläutert die Medizinerin und Kreistagsabgeordnete der Bündnisgrünen, dass in ihrem Landkreis Potsdam - Mittelmark bereits im Jahr 2005 fast 30% des im Landkreis verbrauchten Stroms durch erneuerbare Energien erzeugt worden seien. Dabei wiederum nähme die Windkraft mit etwa 92% den ersten Platz ein.
In den kommenden Jahren sollen daneben auch andere erneuerbare Energien an Bedeutung gewinnen, etwa Sonnenenergie, Biogas aus Landwirtschaft und Abfall, Holz und andere Biomasse, Rapsöl, Wasserkraft und Geothermie. Und auf 80% der Landesfläche von Brandenburg gäbe es hervorragende Voraussetzungen, die Erdwärme zu nutzen. Damit soll der gesamte Landkreis bis 2030 vollständig durch erneuerbare Energien im Wärme- und Strombereich versorgt werden.

Wenige Wochen später, am 20. Februar 2006, bekundeten Vertreter aus Politik und Wirtschaft des Landkreises Potsdam – Mittelmark auf einem Energieforum die Ziele für diese Energiewende. Den globalen Herausforderungen müsse verstärkt mit regionalen Konzepten begegnet werden, betonte Landrat Lothar Koch (SPD). In einer verabschiedeten Willensbekundung zur Gestaltung der Energiewende im Landkreis erklären die Teilnehmer des Energieforums: „Das heutige Treffen im 20. Jahr der Tschernobylkatastrophe hat deutlich gemacht, dass wir die steigenden Energie- und

Rohstoffkosten nicht als Bedrohung, sondern als Chance begreifen wollen. Mit den eigenen Kräften sollen die Wertschöpfung vor Ort organisiert und damit dauerhafte Arbeitsplätze erhalten und geschaffen werden. Das ist ein beschwerlicher Weg, aber wir wollen ihn in Verantwortung für unser heutiges Handeln und in Verantwortung für die nach uns kommenden Generationen gehen. Mit dem dezentralen Strommanagement hat der Landkreis bereits eine gute Grundlage geschaffen.
Wir unterstützen alle Initiativen, die Energie sparen, die Energieeffizienz erhöhen und die Nutzung erneuerbarer Energien voranbringen - also die drei E auf dem Weg ‚Weg vom Öl' stärken…
Die Projektdurchführung soll von einem Kompetenzzentrum initiiert, unterstützt und koordiniert werden."

Die Auftritte der drei engagierten Frauen aus Bayern und Brandenburg hatten mich zugegebenermaßen tief beeindruckt. Mir war auf beiden Veranstaltungen klar geworden, dass die Energiewende nur so durchsetzbar sein würde. Eine Energierevolution, „von oben nach unten" von der Art, wie sie aus Kosten- und Klimagründen in historisch kurzer Zeit notwendig wäre, ist aus Gründen der Interessenverteilung und Besitzstandswahrung in Deutschland nicht durchsetzbar. Ergo muss diese „von unten nach oben" erfolgen, indem Wirtschaft und Politik gespalten werden, wenn sie es jetzt nicht begreifen wollen, und Kommunen und Landkreise in einem Wettbewerb um Importunabhängigkeit und regionale Wertschöpfung wetteifern. Mir war auch klar, dass mit dieser Art Schaffung regionaler Kreisläufe der ausufernden wirtschaftlichen Globalisierung erfolgreich die Stirn geboten werden könnte. Ich kann mir gut vorstellen, wer in diesem Wettlauf um die Zeit den Zug verpasst und noch zögert, könnte eines Tages mit den Bewohnern und der Wirtschaft der Region Verlierer sein und die teure Zeche für Energie aus Importen bezahlen müssen.

Kaum zurückgekehrt von den Kongressen, machte ich mir darüber Gedanken, wie man die Erfahrungen dieser bayerischen und brandenburgischen Landkreise für die Region nutzen könnte, in der ich lebe.

Ich recherchierte, dass in den drei damaligen Landkreisen Weißeritzkreis, Freiberg und Sächsische Schweiz zusammen etwa 350.000 Menschen leben, die im privaten und öffentlichen Bereich Energie verbrauchen, für deren Import die 3 Landkreise jährlich ca. 800 Mio. Euro aufbringen müssen.

Für diese 800 Mio. Euro erbringen die Landkreise nahezu keinerlei regionale Wertschöpfung, da diese in anderen Inlandregionen (Stromerzeugung) bzw. im Ausland (Erdöl, Erdgas) stattfindet.

Allein dies müsste doch, so meine Meinung, angesichts der Verknappung und Verteuerung fossil-atomarer Energien zum sofortigen Handeln und zur Forcierung der Energiewende hin zu erneuerbaren Energien zwingen. Hinzu kommt der galoppierende Klimawandel mit seinen katastrophalen Auswirkungen, die wir in allen Regionen Deutschlands immer mehr spüren.

Dies müsste vor allem zu völlig neuen Überlegungen, zu neuen Ideen und zu einer enormen Kreativität führen, gerade durch die regionale Nutzung erneuerbarer Energien den Spieß herumzudrehen und den gesamten Energie-Wertschöpfungsprozess in die 3 sächsischen Kreise zu verlagern. Etwa genauso wie das die Beispiele der Landkreise Bad Tölz-Wolfrathshausen, Miesbach, Brucker Land und Potsdam-Mittelmark mit klaren Zielen zeigen. Natürlich bedürfte dies einer riesigen Herausforderung sowie veränderter Zukunftsvisionen für Politik und Gesellschaft in der Region.

Ich ging bei meinen Überlegungen davon aus, dass alle drei Landkreise Sachsens über ein Potenzial an Sonne, Wind, Geothermie und Biomasse verfügen, das innerhalb von 35 Jahren, also bis 2040, die gegenwärtige Versorgung mit fossil-atomaren Energien ablösen kann. Damit ist eine vollständig dezentrale Wertschöpfung in den Landkreisen möglich.

Die Region würde gesamtwirtschaftlich davon partizipieren und könnte sich energiewirtschaftlich unabhängig entwickeln. Neue Arbeitsfelder und Arbeitsplätze würden geschaffen. Ein bedeutender wirtschaftlicher Aufschwung würde stattfinden nach dem Motto: Auch oder gerade im Osten hilft sich eine Region selbst.

Als Ziel sehe ich, für eine vollständige Energiewende bis 2040 zunächst Bürger, Politiker, Institutionen, Firmen, Vereine und Verbände zu gewinnen. In einem weiteren Schritt sollten die Potenziale an erneuerbaren Energien in Form von Sonne, Biomasse, Geothermie, Wind und Wasser in den Landkreisen erschlossen und deren Nutzung forciert werden. Damit werden die Landkreise durch energiepolitische Unabhängigkeit zu wirtschaftlich starken Regionen.

Nach dem Beispiel der bayerischen „Energiewende Oberland" schwebte mir eine Bürgerstiftung mit etwa 70 bis 100 Gründungsmitgliedern vor, die sich zu einem Drittel aus Privatpersonen, zu einem weiteren Drittel aus Vereinen und Verbänden und zu einem Drittel aus Unternehmen und Institutionen zusammensetzt.
Darin sollten auch Einrichtungen von Wissenschaft und Forschung, wie die TU Freiberg und die in Freiberg ansässige sich sehr erfolgreich entwickelnde Solarindustrie vertreten sein. Diese Stiftung sollte wirtschaftlich und parteienpolitisch unabhängig arbeiten und ausschließlich auf die Entwicklung in den Landkreisen Weißeritzkreis, Sächsische Schweiz und Freiberg ausgerichtet sein. Danach sollte die Einsetzung von Fachgruppen für die Erschließung der verschiedenen Potenziale erneuerbarer Energien und deren Umsetzung in den Landkreisen sowie die Erarbeitung von Projektideen erfolgen. Durch ein aufzubauendes Technologie- und Beratungszentrum in der Region und die Projektbegleitung in den Landkreisen sollte die Umsetzung begleitet werden. Was ich damals noch nicht wusste, war die im Rahmen der Kreis- und Verwaltungsreform in Sachsen 2008 weitergehende Entwicklung bei der Zusammenlegung der Kreise.

Am 9. Dezember 2005 hatte der Landrat des Weißeritzkreises zu einer Konferenz des Landschaf(f)t Zukunft e.V. in die Dippoldiswalder Parksäle eingeladen. Es ging um Ideen für die Entwicklung des Kreises im Rahmen der zusammengefassten Förderprogramme „Regionen Aktiv" und „Leader plus". Als Sprecher des Vereins „Energie-Tisch Altenberg e.V." hatte ich auch eine Einladung bekommen und nahm an der Konferenz teil. Ich nahm die Gelegenheit wahr, meine Vorstellungen von Stiftung und Energiewende in den 3 Kreisen, die auch in etwa den Förderregionen entsprechen, zu unterbreiten und bekam überraschenderweise viel Beifall für meine Ausführungen. „Nur so wird es gehen“, hörte ich Zurufe. Der Landrat äußerte sich zunächst nicht, ermahnte mich aber dann in der Zusammenfassung der Diskussion zu mehr Realitätssinn. Ich fühlte mich mit meinen Konzeptvorschlägen „abgeschmettert“.

Zudem fand ich mich im „Heute“ wieder, dachte aber, über „Morgen“, die nächsten 35 Jahre gesprochen zu haben und darüber, dass uns die Zeit weglaufe, andere uns überholen, wir im Osten erneut den Zug verpassen und gewaltige Potenziale vor unserer Haustüre nicht nutzen. Dass ich mit meinen Ideen und Visionen vor allem die natürlichen Lebensgrundlagen erhalten und sichern, die regionale Identität und Wirtschaftskraft stärken wollte mit dem Ziel einer Verbesserung der Lebensqualität in der Region; dieses mein Anliegen hatte offensichtlich der Landrat nicht verstanden.

Anfang Februar 2006, keine 3 Monate später, ließ mich eine Meldung in der „Freien Presse“ aufhorchen, dass der Landrat Tassilo Lenk (CDU) des Vogtlandkreises laut darüber nachdenke, dass sich das Vogtland unabhängig von Erdöl und Erdgas machen sollte, indem es alle natürlichen Möglichkeiten zum Energiegewinnen nutzt. Die Resonanz darauf sei so groß, dass Lenk für den 15. März 2006 zu einer Energiekonferenz unter dem Motto „Forschung und regionale Zusammenarbeit bei alternativen Energien“ ins Umweltzentrum Oberlauterbach eingeladen habe. Für die Überlegungen des Landrats gäbe es zwei Gründe: Einerseits die in den Vorjahren stark gestiegenen Energiepreise, andererseits die Überlegung, sich von traditionellen Energieträgern unabhängig zu machen und im Vogtland eine Selbstversorgung anzustreben - eben eine energie-autarke Region zu werden.
Diese Zeitungsnotiz nahm ich zum Anlass, mal wieder einen Brief zu schreiben. Diesmal an meinen Landrat. Unter Hinweis auf meine Ausführungen anlässlich der Konferenz in Dippoldiswalde am 9. Dezember 2005 fügte ich ihm die Kopie der Zeitungsnotiz und zusammengefasst meine Ideen von einer Energiewende in der Region samt Stiftungsmodell bei. Ich appellierte in dem Schreiben an ihn, dass es das Gebot der Stunde sei, jetzt sofort umzusteuern auf erneuerbare Energien, auf Energieeffizienz und auf Energiesparen und dass wir damit, über Jahre gesehen, den gesamten verlorenen

Wertschöpfungsprozess in die Region zurückholen und hier die Arbeitsplätze schaffen könnten.
Auch hier steht eine Antwort auf mein Schreiben bis heute aus.

Im Herbst 2006 erreicht dieses Thema für mich eine völlig neue Qualität. Nach Vorliegen neuer Klimauntersuchungen von Experten und Kommissionen und heftiger Wetterereignisse in vielen Regionen unserer Welt greifen die Medien viel stärker als bisher das Thema Klimawandel auf. Es ist in vieler Munde. Am 29.10.2006 wird in Dresden der Deutsche Umweltpreis vergeben. Ich bin mit meiner Frau unter den 1500 Eingeladenen. Die Auszeichnung aus der Hand von Bundespräsident Köhler erhalten zu gleichen Teilen der bayerische Unternehmer Hans G. Huber für innovative Wasser- und Abwassertechnologien insbesondere für Entwicklungs- und Schwellenländer und der Wissenschaftler Prof. Dr. Ernst-Detlef Schulze für seine grundlegenden wissenschaftlichen Arbeiten auf dem Gebiet der Ökosystemforschung und der globalen Stoffkreisläufe. Letzterer warnt in seiner Dankesrede vor dem Abholzen von Wäldern und fordert ihren Erhalt als wichtiger CO2-Speicher. Für die Funktion des Ökosystems Erde ist dieser unabdingbar. Bundespräsident Köhler, der die Preise überreicht, gibt sich an dem Tag als Umweltschützer. Das Publikum dankt es ihm durch Applaus. Gastgeber Georg Milbradt, Sachsens Ministerpräsident, den man nicht wieder erkennt, will ihm nicht nachstehen und lobt das Nationalparkhaus Sächsische Schweiz und die ökologische Modellstadt Ostritz-Marienstern, die sich inzwischen zu 100% aus erneuerbaren Energien versorgt. Dass er die sächsische Braunkohle noch 100 Jahre verbrennen möchte, um daraus Strom und Wärme zu erzeugen, verrät er an diesem Tage lieber nicht.

Bundesumweltminister Siegmar Gabriel lädt alle ein, im Anschluss an die Festveranstaltung mit ihm gemeinsam Al Gores Film „Eine unbequeme Wahrheit“ anzuschauen.

Diejenigen, die seiner Einladung folgen, sind tief betroffen. Sie sehen an Hand klar dokumentierter Fakten eine einzige Abrechnung mit dieser Welt, wie sie ist und was wir aus ihr gemacht haben mit unserem Energiehunger fernab von Nachhaltigkeit und Verantwortung für zukünftige

Generationen. Deshalb ist es nur logisch, dass Al Gore auffordert, jetzt sofort umzusteuern, um noch etwas zu retten, bevor es ganz zu spät ist.

Nur einen Tag später, am 30.10.2006, erreicht die kompromisslose Botschaft von Nicholas Stern die Medien der Welt: „Jetzt handeln - oder später eine gesalzene Rechnung präsentiert bekommen". Der ehemalige Chefökonom der Weltbank hat an diesem Tag in London eine von der britischen Regierung in Auftrag gegebene Studie über die Konsequenzen des Klimawandels vorgestellt. Dieser so genannte „Stern–Bericht" beziffert erstmals die ökonomischen Kosten klimapolitischer Untätigkeit. Nach seinen Rechnungen könnten bei einem „Weiter wie bisher" die zu erwartenden Klimakatastrophen und deren Folgeschäden die Weltwirtschaft in eine Depression stürzen, die größer wäre als die in den 1930er Jahren. Diese globale Rezession könnte 5,5 Billionen Euro kosten – eine Weltwirtschaftskrise ungeahnten Ausmaßes.

Wenige Tage später mache ich mich auf zum RegioSolar-Kongress nach Hannover. 200 weitere Solarpioniere sind aus ganz Deutschland angereist. Gemeinsam suchen wir nach Lösungen, wie wir noch stärker in unseren Regionen wirksam werden können, um den Druck auf die Politik bezüglich einer schnellen und radikalen Energiewende zu erhöhen.
Wir sind uns einig darin, dass jetzt neue Strategien auch von unserer Seite gefragt sind, um die Untätigkeit der Verantwortlichen und gesellschaftliche Gleichgültigkeit gegenüber einem der Hauptthemen unserer menschlichen Existenz auf diesem Planeten umzukehren.

Die Aktiven sind sich einig darin, dass weiterhin mit viel politischem Gegenwind zu rechnen ist. Das bestätigt der auf dem Kongress anwesende Prof. Dr. Ernst Schrimpff, der seit vielen Jahren an der Fachhochschule Weihenstephan lehrt und als einer der Vordenker für erneuerbare Energien gilt. Die Einschränkung der Fördermöglichkeiten für erneuerbare Energien, etwa bei Sonnenwärmeanlagen, oder die Besteuerung von biogenen Kraftstoffen zeigen, dass die schwarz–rote Bundesregierung nicht begriffen hat, wo der Zug energetisch hingehen muss. Sie bleibt also Handlanger der großen Energieversorger und der Mineralölwirtschaft in

Deutschland, die ihre Zentralmacht erhalten und weiter unseren Planeten durch Verbrennen fossiler Brennstoffe aufheizen möchten. Sie wollen dem Klimawandel mit einer Renaissance der Atomenergie und durch CO_2–Sequestierung (Abscheiden von Kohlendioxid im Erdinneren) begegnen. Anstatt die dafür notwendigen Mittel in erneuerbare Energien zu investieren, erweitern die Konzerne ihre Pfründe und fahren auf Kosten der Verbraucher weiter Milliardengewinne ein. Für 2007 befürchtet Prof. Schrimpff noch Schlimmeres.

Wie wir uns diesem Treiben durch Druck auf die Politik und selbstbestimmte Entscheidungen als Verbraucher, etwa durch den Bezug von Öko–Strom, entgegen stellen können, ist Thema der beim Kongress angebotenen Vorträge und Workshops.

Natürlich spielen dabei die Erfahrungen der Initiativen aus den Regionen eine wichtige Rolle, deren Austausch im Mittelpunkt der zahlreichen Veranstaltungen stehen.

Ich treffe Martina Raschke, Birgit Baindl und Elke Seidel wieder. Sie berichten über Fortschritte im Prozess der angestrebten Strukturwende. Auch der Landkreis Straubing habe nun ein eigenes Konzept zur Erreichung der 100%igen Energiewende in Gang gesetzt, erfahre ich von ihnen. Birgit Baindl verteilt eine Broschüre von „Ziel 21", in der sich einleitend der Landrat des Landkreises Fürstenfeldbruck, Thomas Karmasin, zu seiner Verantwortung für den Klimaschutz bekennt. So wendet er sich an alle Bürger des Kreises, das Ziel der erfolgreichen Entwicklung der Region zur vollständigen Energiewende bis 2030 durch Energiesparen, Energieeffizienz und erneuerbare Energien mitzutragen.

Auch Peter Rubeck aus Südostbayern, einen alten Bekannten, den ich im März 2006 nach Dippoldiswalde geholt hatte, um vor 80 interessierten Bürgern und Handwerkern über seine Erfahrungen aus den Kreisen Traunstein, Rosenheim und Berchtesgadener Land zu berichten, treffe ich auf dem Kongress. In seiner Heimat ist er Spiritus Rector der Solarinitiative „Vom Watzmann bis zum Wendelstein". In seinem Beitrag spricht er vom Marketing für die Sonne und informiert die Kongressteilnehmer, dass in den drei bayerischen Landkreisen innerhalb von wenigen Jahren 1.800

Solarstromanlagen, 40 Biogasanlagen und 8 Windräder errichtet wurden, die mit den in der Region befindlichen 200 Wasserkraftanlagen bereits heute einen Anteil von 52% der Energieversorgung der gesamten Region mit erneuerbaren Energien absichern. Ich freue mich mit ihm über diesen schönen Erfolg.

Denn die Zahlen sprechen für sich: Allein 42 MW Sonnenstrom sind zumeist auf Dächern installiert, was dem regionalen Handwerk und den beteiligten Firmen in den letzten Jahren insgesamt einen Umsatz von 180 Millionen Euro beschert hat. Peter Rubeck hat auch die meisten der in 51 Kommunen der 3 Kreise errichteten 74 Bürgersolarkraftwerke mit einer Leistung von zusammen 1500 KWp initiiert. Im Solarwärmebereich kann die Initiative auf 121.400 Quadratmeter Kollektorfläche verweisen. Allein 2006 beträgt der Umsatz der regionalen Wirtschaft dabei 14 Millionen Euro. Peter Rubeck hat auch das Ölbarometer in der Region eingeführt, an dem man ablesen kann, dass die Öleinsparung daraus im Jahr 2006 6,1 Millionen Liter Heizöl beträgt. Das alles konnte nur erreicht werden, weil es der Initiative gelungen ist, sich mit 11 weiteren Initiativen zu vernetzen, den Zusammenschluss von 30 Partnergemeinden in den 3 Landkreisen zu erreichen sowie regionale Politik und Wirtschaft mit ins Boot zu holen. Auf meine Frage, wann die Region die vollständige Energiewende erreichen will, lächelt Peter Rubeck verschmitzt. Die Zeit sei noch nicht reif für das Fassen von Beschlüssen im konservativen Südostbayern, aber die Zeit arbeitet angesichts des Erreichten für uns, erwidert er mir.

In einer Podiumsdiskussion sitze ich neben Gerhard Kreutz von der Energie-Initiative Kirchberg e.V. Er erklärt mir seine Strategie für die Energiewende im Landkreis Schwäbisch Hall in Baden-Württemberg. Seit Jahren mischt der hagere Mann mit dem weißen Bart sich dort in die Politik ein. Das hat Früchte getragen: Am 23. Oktober 2006, also eine gute Woche vor unserem Kongress, beschloss der Landkreis Schwäbisch Hall, die Energieversorgung langfristig auf erneuerbare Energien umzustellen. Gerhard Kreutz sieht das als großen Erfolg für seine Initiative. Er sagt mir, dass sich der Kreistag auf die ursprüngliche Zielsetzung „bis 2030“ nicht einlassen wollte, ist aber überzeugt davon, dass ihn die

Realität jedoch von selbst dazu zwingen werde, denn für den Solaraktivisten ist klar, dass spätestens 2020 sämtliche anstehenden Energieinvestitionen entschieden werden. Das Ziel „100% bis 2030“ werde die Folge sein, ist er sich sicher.

Gerhard Kreutzer überrascht mich mit weiteren Forderungen. Etwa, dass in den nächsten Jahren die Konzessionsverträge der Energieversorgungsunternehmen (EVU) mit den Gemeinden auslaufen und die Konzerne eine vorzeitige Verlängerung der bestehenden Verträge erreichen möchten. Da mit den Energiemonopolisten keine Umkehr von der fossilen Versorgung möglich sei, gelte es jetzt, mit der Gründung von Eigenbetrieben in den Kommunen die Dinge selbst in die Hand zu nehmen.
Sollte dies nicht möglich sein, sollten die EVU in den neuen Verträgen gezwungen werden, verbindliche Vorgaben für den Ausbau erneuerbarer Energien aufzunehmen. Generell müsse man die öffentliche Diskussion über Chancen anregen, die sich aus neuen Verträgen mit evtl. anderen Versorgern, wie Stadtwerken, ergeben. Weiter plädiert Kreutzer für den massenhaften Einsatz von dezentralen BHKW und den massiven Ausbau der Kraft-Wärme-Kopplung aus Biomasse als Alternative für den Neubau von fossilen Kraftwerken. Er unterbreitet mir seine Vorstellungen über eine zukünftige Großproduktion von BHKW in großen Stückzahlen, die angeschoben werden müsse.
Viele Ideen werden während des Kongresses und noch spät bis in die Nacht in kleinen Runden diskutiert, in den anschließenden Workshops Argumente, Hemmnisse, Handlungsbedarf und regionale Umsetzungsstrategien ausgetauscht. Der Kongress wird mit der Aufforderung der Teilnehmer an die Bundesregierung beendet, jetzt umzusteuern und die Voraussetzungen für eine 100%ige Energiewende in Deutschland zu schaffen. Fazit des Kongresses für mich war, dass es inzwischen in 10 deutschen Landkreisen Beschlüsse für eine 100%ige Energiewende gibt, die durch Kreistagsbeschlüsse dokumentiert sind.

Hoffnungsvoll und mit vielen neuen Gedanken im Kopf steige ich in Hannover in den Zug und trete die Heimreise an. Eines will mir dabei nicht aus dem Kopf gehen: Wenn es möglich ist, seit 2 Jahren unser Haus in Schellerhau zu 100% mit erneuerbaren Energien im Wärme- und Strombereich zu versorgen, wenn es möglich ist, das Dorf Jühnde in Niedersachsen und die Gemeinde Ostritz-Marienstern in Sachsen mit erneuerbaren Energien zu beheizen und mit Strom zu versorgen, wenn, wie ich auf dem Kongress höre, ganze Landkreise in Bayern, Baden-Württemberg und Brandenburg bis 2030 bzw. 2035 die vollständige Energiewende hin zu erneuerbaren Energien realisieren wollen, dann muss es doch, verdammt noch mal, möglich sein, in der ganzen Bundesrepublik die Energiewende bis 2050 zu vollziehen.

Natürlich bedarf es dabei des politischen Willens und eines Paradigmenwechsels in der Gesellschaft. Aber was wir heute schon können, ist, ab sofort daran zu arbeiten.

Stolz berichtete Peter Rubeck Anfang Juni 2007 auf einem Solarkongress im fränkischen Fürth, dass der Kreistag Traunstein am 6. Mai den Beschluss gefasst habe, den Kreis bis 2025 vollständig mit erneuerbaren Energien zu versorgen.

Und auf dem 5. RegioSolar-Kongress in Marburg im September 2008 nahmen wir beide freudig zur Kenntnis, dass inzwischen 22 deutsche Landkreise den Beschluss zu einer Energiewende vollständig aus erneuerbaren Energien gefasst haben. Immerhin umfassen diese 11,6% der Fläche der Bundesrepublik, wo etwa 6 Millionen Menschen leben.
Wenn das nicht optimistisch macht!

Beten und Handeln

Auf o.e. RegioSolar-Kongress traf ich auch Michael Ipolt, den katholischen Pfarrer aus dem Eichsfeld. Er ist mir inzwischen ans Herz gewachsen. Wenn alle so handelten wie er, könnte man tatsächlich über einen möglichen Wiedereintritt in die Kirche nachdenken, geht mir so durch den Kopf. Nun es muss ja nicht gleich die katholische sein, aber wenn man sich mit ihm unterhält, spürt man, dass die Kirche für ihn nicht in erster Linie Institution ist. Michael Ipolt lebt seinen Glauben und tut das Seine für den Erhalt der Schöpfung, nicht durch Beten allein, sondern vor allem durch Handeln. Er ist wie ich davon überzeugt, dass wir Menschen eine andere Lebensweise als die unsrige anstreben müssen, um als Spezi Mensch zu überleben. Dazu gehören, darin sind wir uns beide einig, vor allem ein sparsamerer Umgang mit Energie und der Wechsel zu anderen Energieformen.

Anlässlich der 1. Bundeskonferenz regionaler Solarinitiativen im April 2004 in Berlin war der Pfarrer aus Thüringen den Teilnehmern bereits aufgefallen, als er seine Visionen darlegte. Auf der 2. Regiosolar-Konferenz im November 2005 im bayerischen Fürstenfeldbruck saß ich mit ihm im Podium der Session 1 „Solarinitiativen und Kampagnen". Michael Ipolt war mit seinem Konferenzbeitrag vor mir dran. Er hatte diesen „Die Sonne kommt vom großen Chef" benannt und berichtete den Konferenzteilnehmern, wie er einen Großteil seiner Träume und Visionen bereits verwirklicht hat. Sein Eingangscredo: Die fossilen Vorräte gehen zur Neige. Das sei sicher. Schließlich verbrauche der Mensch des Industriezeitalters jährlich etwa soviel Öl, wie sich erdgeschichtlich in einer Million Jahre gebildet habe. Die Zeit der großen Neufunde sei vorbei.

Und was dann, fragt Ipolt. Darum beten, dass die Geologen noch etwas finden? Wallfahrten nach Saudi-Arabien abhalten oder Prozessionen nach Sibirien?

Diese Fragen sind für Pfarrer Ipolt und seine Kirchgemeinde im Eichsfeldischen Rohrberg im Dreiländereck Thüringen, Niedersachsen und Hessen ausschlaggebend gewesen. Er wollte eben nicht nur um den für ihn gottgewollten nachhaltigen Umgang mit der Schöpfung beten, sondern selbst auch zeichenhaft damit beginnen und Mittel und Wege finden, um den Menschen dieses Anliegen auch ganz sinnfällig und greifbar nahe zu bringen. Ein Prospekt der Deutschen Stiftung Umwelt, das um Solaranlagen auf Kirchendächern warb, war sozusagen der Funke für die Initialzündung, die durch die Kirchgemeinde in Entscheidungen umgesetzt wurde.

Am 6. Dezember 2000 feierte die Gemeinde Rohrberg die Einweihung einer 5,4 kWp- Photovoltaikanlage auf dem Dach der St. Georgs-Kirche in Burgwalde, einer der drei Filialkirchen der Pfarrei. In Fürstenfeldbruck rechnete Michael Ipolt den Kongressteilnehmern vor, wie viele Kilowattstunden Strom das

Sonnenkraftwerk auf dem Kirchendach „vom großen Chef" umsonst geerntet hat. Beim sonntäglichen Kirchgang kann jeder einen Blick auf die schöne Anzeige an der Kirche werfen, die den aktuellen Stand der Stromernte ablesbar verkündet. (am 9.7.2007 bereits 22.480 KWh) Selbst die vielen Skeptiker, die es anfangs gab, ergehen sich in Spekulationen, was denn am Ende des Jahres an Kilowattstunden und natürlich auch an Geld, das die Kirchenkasse spürbar aufbessert, zu erwarten sei. Inzwischen gibt es auch noch eine 17,6 KWp Anlage auf dem Dach eines Dorfbewohners, der sich von der Idee anstecken ließ. Für Thüringer Verhältnisse und das 250 Seelendorf ist das schon eine ganz schöne Leistung.

Das ist es, was Michael Ipolt freut, denn damals im Jahre 2000 wurde er ob seiner Ideen von manchem noch als Träumer oder gar Spinner belächelt. Die gestiegenen Öl- und Gaspreise, die Endlichkeit der fossilen Energieträger und der nicht mehr zu leugnende Klimawandel haben jedoch zwischenzeitlich bewirkt, dass die vermeintlichen Utopisten die Realisten der ersten Stunde waren, jedenfalls im ländlichen thüringischen und überwiegend katholisch geprägten Eichsfeld.

Für den Pfarrer war dies aber nur der Anfang. Bald darauf sorgte er dafür, dass der Gemeindekindergarten auf 100 % erneuerbare Energien im Wärmebereich umgestaltet wurde. Eine Holzpelletsheizung gekoppelt mit einer 8 qm Sonnenkollektoranlage auf dem Dach versorgen die Einrichtung seit 2002 mit Raumwärme und warmen Wasser. Der Pfarrer weist auf die Bedeutung hin, dass Kinder schon von klein auf erfahren, was es bedeutet, die Wärme der Sonne, die uns geschenkt wird, auch wirklich sinnvoll zu nutzen. Als das Pfarrzentrum 2004 saniert wurde, war es für Michael Ipolt keine Frage: Das Süddach wurde mit PV-Modulen gedeckt.

Aber auch das war noch nicht genug. Bereits auf dem Kongress in Berlin 2004 hatte Ipolt von einer nachführbaren Solaranlage geträumt, die in ihrer Ausrichtung täglich automatisch dem Lauf der Sonne folgt und dadurch eine maximale Sonnenernte einfährt. In Fürstenfeldbruck lässt Pfarrer Ipolt die Zuhörer wissen, dass anlässlich des 950-

jährigen Bestehens 2005 eine nachgeführte 1,4 kWp PV-Anlage im Rohrberger Pfarrgarten in Bertieb genommen werden konnte. Sie liefert Strom für Gartenpumpen und –beleuchtung. „Diese dreht sich für alle sichtbar immer in Richtung der Energiequelle, der wir unser ganzes Leben verdanken und die uns der ‚große Chef', den wir Christen Gott nennen, zur Verfügung stellt", ist sich Pfarrer Ipolt sicher. Denn für ihn gehören die Verehrung Gottes, die Sorge um die Zukunft unserer Kinder und die Bewahrung, das Hüten und Pflegen von Gottes Schöpfung zusammen. „Das ist unsere ethische und moralische Verantwortung, die wir mit diesem Geschenk als Anspruch an uns bekommen haben", sagt er wörtlich. Genau das wolle seine Gemeinde verdeutlichen, wenn sie über den Räumen, in denen sie zu Gebet, Gesang oder Gespräch zusammenkommt, das Licht der Sonne in Energie für uns Menschen umwandelt. Michael Ipolt bekam für seinen Vortrag viel Beifall.

Ein Jahr später, beim 3. RegioSolar-Kongress in Hannover, sehen wir uns wieder. Wir tauschen unsere Erfahrungen aus und reden über Gott und die Welt. Und nun, im Juni 2007, begegnen wir uns bei bestem Sommerwetter in Fürth wieder. Wir studieren gemeinsam vor Kongressbeginn die Teilnehmerliste und stellen fest, dass wir die einzigen Teilnehmer aus den neuen Bundesländern sind; er der Thüringer aus dem Eichsfeld und ich der Ex-Thüringer und nun Sachse aus dem Osterzgebirge. Stolz berichtet er mir über seine Solarkirchgemeinde und die veränderten Denkstrukturen in seiner Pfarrgemeinde im katholischen Eichsfeld. Wir reden über die Ökumene und die Verantwortung der Christen in der heutigen Zeit. Wir reden über Franz Alt, den Ipolt schon zweimal in seiner Gemeinde begrüßen konnte. Dass es keine Tabus zwischen uns gibt, macht die Kommunikation zwischen uns so frei, abgesehen davon, dass wir in Richtung alternativer Lebensweisen und Energieformen aus ähnlichem Holz geschnitzt sind. Und so nebenbei erfahre ich auch, dass es nun auch eine alternative Fortbewegungsmöglichkeit für den Regionalverkehr in der Pfarrei gibt: ein Elektroauto der Marke Skoda Eltra 151, Bj.1994. Auch dadurch wird sichtbar, dass hier nicht nur geredet, sondern auch gehandelt wird. Ich bin gespannt, was ich von diesem „nachhaltigen Geistlichen" auf der nächsten Regiosolar-Konferez erfahren werde...

Höhepunkt ist dann die Überreichung der Urkunden noch vor der eigentlichen Meisterfeier, in der die Sieger des Solarbundesliga-Wettbewerbs 2007 gekürt werden. Wie zu erwarten, sind es wieder die Städte und Gemeinden aus Bayern und Baden-Württemberg, die unter sich die Sieger ausmachen. Immerhin, Pfarrer Ipolt's Gemeinde Rohrberg belegt mit 129 Punkten den 2. Platz in Thüringen und den 107. im Bundesmaßstab. Da kann ich nicht mithalten: Ich erhalte die Urkunde für Altenberg mit 44 Punkten und dem 371. Platz im bundesweitem Wettbewerb, in dem über 1.000 Städte mitspielen. Damit kommt Altenberg aber immerhin auch auf den 2. Platz in Sachsen.

Mein Trost ist, dass Rohrberg 252 Einwohner hat und Altenberg fast 6.000, denn je größer der Ort, um so schwieriger ist es, vordere Plätze zu belegen, da die installierten Solaranlagen von ihrer Flächenauslegung bzw. ihrer elektrischen Leistung durch die Einwohnerzahl dividiert werden. Zudem erhalte ich noch 7 Urkunden für die im Ortsteile-Wettbewerb mitspielenden Altenberger Ortsteile, von denen mein Heimatort Schellerhau 112 Punkte und den 1. Platz in Sachsen erreicht, und das mit 475 Einwohnern. Eher spielerisch frotzeln wir über unsere Ergebnisse hin und her, ehe sich unsere Wege wieder trennen, nicht ohne die Zusage, in Verbindung zu bleiben.

Auf dem 5. RegioSolar-Kongress in Marburg weilt er nur kurz. Trotzdem bleibt Zeit, unsere Gedanken auszutauschen. Am Abschlusstag lädt er die Kongressteilnehmer zu einer Andacht ein. Natürlich ist vor allem der Erhalt der Schöpfung sein Thema. Wir seien nicht Besitzer dieser einen Welt, sondern eher Treuhänder. Mit ihr sorgsam umzugehen, Natur und Ressourcen zu schonen und sie für unsere Nachwelt zu erhalten, sei unsere Verantwortung. Michael Ipolt singt mit uns zur Gitarre.

Auch die Verkehrswende ist unerlässlich

Steuern wir nicht schnell um, dann führt unter den gegenwärtigen Bedingungen unsere Mobilität des Einzelnen zur Immobilität unserer Gesellschaft und zur ökologischen Katastrophe.

Straße statt Schiene

Seit Jahren wollen die Bundesrepublik Deutschland und auch die Europäische Union ihre Verkehrspolitik umorientieren - von der Straße auf die Schiene. Und das aus gutem Grunde. Die Politik war angetreten, die Verkehrspolitik umweltfreundlicher zu gestalten. Doch wenn wir die Entwicklung verfolgen, so stellen wir fest, dass es gerade genau umgekehrt läuft. Dass die EU-Verkehrspolitik komplett gescheitert ist, geht bereits aus der „Halbzeitbilanz" des EU-Weißbuches Anfang 2006 hervor. Dieses wurde im Jahr 2000 vorgestellt und sollte bis 2010 verwirklicht sein. Darin waren vor allem grundsätzliche Zuwächse auf der Schiene gegenüber den anderen Verkehrsträgern vorgesehen.

Schreibt man die bisherige Entwicklung seit 2000 fort, so dürfte der Güterverkehr auf der Schiene von Anfang 2006 11% bis 2010 auf 8% und der Personentransport auf der Schiene von 6 auf 5% bis 2010 zurückgehen. Und was die Prognosen bis 2020 betreffen, so sehen diese noch düsterer aus.

EU-Verkehrskommissar Jacques Barrot sieht in seinen Prognosen noch Wachstum, allerdings vor allem bei den anderen Verkehrsträgern. An erster Stelle beim Luftverkehr – EU-weit wird von einer 108%igen Steigerung zwischen 2000 und 2020 ausgegangen. Dem Straßenverkehr räumt er im gleichen Zeitrum ein Wachstum um 55% (Güterverkehr) bzw. 36% (Personenverkehr) ein. Das Schlusslicht bildet bei seinen Prognosen der Schienenverkehr mit 13% bei Gütern bzw. 19% bei Personen.

Das ursprüngliche Ziel europäischer Verkehrspolitik, diese umweltfreundlicher zu gestalten, ist damit gänzlich vom Tisch. Im Gegenteil. Die Verkehrspolitik wird immer umweltzerstörender. Darüber täuscht auch der Eindruck nicht hinweg, den der damalige Bahnchef Mehdorn und die deutsche Bundesregierung zu vermitteln versuchen, dass bei der Beförderung von Personen und Gütern durch die Deutsche Bahn AG in den Jahren von 2005 bis 2008 Zuwächse erzielt wurden.

Aus Umweltsicht werden die Fortschritte in der Energiepolitik, z.B. durch einen immer größer werdenden Anteil erneuerbarer Energien, durch eine katastrophale europäische Verkehrspolitik wieder aufgefressen. In Deutschland ist das nicht anders. Wurde bereits der letzte Bundesverkehrsminister der rot-grünen Regierung, Manfred Stolpe, zu einem Umfaller gegenüber der allmächtigen Straßenlobby in Deutschland, so entpuppt sich sein Nachfolger Wolfgang Tiefensee als noch größerer Straßenbekenner. Seine Plädoyers gegen Tempolimits und Pkw-Straßen-Maut sowie gegen eine Ausdehnung der Lkw-Maut auf Kleinlaster ab 3,5 Tonnen sind beredtes Beispiel für eine einseitige Begünstigung des Straßenverkehrs. In Sachen „Mehr Verkehr auf die Schiene" ist der deutschen Politik Versagen auf der ganzen Ebene vorzuwerfen.

Obwohl die Anzahl der Toten auf deutschen Autobahnen erfreulicherweise zurückgegangen ist, sind diese noch immer Hochgeschwindigkeitsachsen des Terrors, einfach Todeszonen. Auf der A 4 zwischen Chemnitz und Dresden etwa kann man dies erleben. Kein Wunder, dass es fast täglich dort kracht, trotz Dreifachspuren. Aber von Geschwindigkeitsbegrenzungen, die dort und anderswo unbedingt erforderlich sind, will die deutsche Politik nichts wissen, obwohl unser Land in Europa noch nahezu das einzige ist, auf dem das Motto „Freie Fahrt für freie Bürger" gilt.

Die große Koalition entpuppt sich im Verkehrsbereich vor allem als große Straßenbaukoalition. Obwohl überall gespart werden soll, wurden 2006 die Verkehrsinfrastruktur-Investitionen um insgesamt 4,3 Milliarden Euro erhöht. Der Löwenanteil davon floss in den Straßenbau. Gleiche Investitionen in Straße und Schiene, wie noch unter Rot-Grün zumindest festgeschrieben, sind längst kein erklärtes Ziel mehr. Schwarz-Rot lässt ein deutliches Bekenntnis zu mehr Verkehr auf der Schiene auf ganzer Linie vermissen.

Straßen und Autos scheinen in Deutschland mit einem Mythos behaftet zu sein. Wie weit dieser und der mit ihm verbandelte Lobbyismus geht, zeigt das Beispiel vom Januar 2009. Kaum hat die Große Koalition in Berlin die Abwrackprämie für Alt-Pkw in Höhe von 2.500 Euro beschlossen, fordert der Automobilverband VDA angesichts der Finanz- und Wirtschaftskrise eine Abwrackprämie für Lkw in Höhe von 8.000 Euro einzuführen sowie die Erhöhung der Lkw-Maut für ein bis zwei Jahre auszusetzen. „Wenn sich die Automobilindustrie mit derart unökologischen Forderungen durchsetzt, fahren wir mit Vollgas in die Klimakrise" sagte Dirk Flege, Geschäftsführer der „Allianz pro Schiene", dazu in Berlin. In der Tat sind solche Vorschläge verantwortungslos und ökologisch völlig falsch. Gott sei Dank sieht das offensichtlich auch die Politik in Deutschland so; bis jetzt jedenfalls. Wie eine neue Studie zu den Auswirkungen von Lkw auf die Umwelt, die Sicherheit und den Verkehrsfluss in den EU-Mitgliedsstaaten belegt, verursachen Lkw bereits jetzt 23% aller klimaschädlichen CO_2-Emissionen des Straßenverkehrs und erhalten seit vielen Jahren hohe Milliardenbeträge von den Steuerzahlern.

Die Chancengleichheit zwischen den Verkehrsträgern herzustellen, wie es zumindest die EU-Kommission fordert, ist für die neue Regierung kein Ziel mehr.

Statt Einführung einer Kerosinsteuer, Abbau der Mehrwertsteuerbefreiung im grenzüberschreitenden Luftverkehr oder Halbierung der Mehrwertsteuer im Schienenfernverkehr wurde Bahn fahren durch die Mehrwertsteuererhöhung und mehrere Preiserhöhungen 2006 und 2007 deutlich teurer.
Zudem wurden die Regionalisierungsmittel für den Schienen-Personennahverkehr weiter gekürzt.

Und wie sieht es im Freistaat Sachsen aus? Auch hier ist die Große Koalition zwischen CDU und SPD vor allem eine Straßenbaukoalition. Das zeigt auch die Zustimmung Sachsens zu der Kürzung der Nahverkehrszuschüsse (Regionalisierungsmittel) in der Sitzung des Bundesrates am 16. Juni 2006.

Noch Tage zuvor hatte Sachsens Verkehrsminister Thomas Jurk (SPD) im sächsischen Landtag den Eindruck erweckt, dass Sachsen die Kürzung der Regionalisierungsmittel ablehnen würde. Bei der Abstimmung im Bundesrat erfolgte genau das Gegenteil. Dass diese Kürzungen katastrophale Auswirkungen für den Nahverkehr in Sachsen haben, steht außer Zweifel. Vielen Nahverkehrszügen droht die Einstellung. Auch in Sachsen ist nichts von einem politischen Willen zur Verlagerung des Verkehrs von der Straße auf die Schiene zu spüren.

Umso schlimmer ist, dass die Politik mit der Kürzung der Regionalisierungsmittel auch sämtliche Bemühungen um eine umweltfreundliche Verkehrspolitik gefährdet. Heute nutzen deutschlandweit 27 Mio. Fahrgäste täglich Busse und Bahnen. Bereits 1% weniger Fahrten würde zu einem Anstieg privater Pkw-Nutzung von ca. 400 Mio. Fahrzeugkilometern führen. Und dies mit allen Konsequenzen für das Klima und die Umwelt.

Inzwischen werden über ein Viertel aller CO_2-Emissionen vom Verkehr produziert. Davon entfallen mehr als 90% auf den Straßen- und Luftverkehr. Die Europäische Umweltagentur stellt in ihrem letzten Bericht zum Thema Umwelt und Verkehr fest: Fahrzeuge von heute stoßen zwar weniger CO_2 aus, trotzdem wurde die Bilanz durch den Anstieg des Verkehrsvolumens verschlechtert. Daraus ergibt sich für die letzten 10 Jahre europaweit „ein Netto-Anstieg der CO_2-Emissionen durch den Straßenverkehr in Höhe von 20%“, so die Europäische Umweltagentur in ihrem Bericht. Und da die EU-Verkehrskommission für die nächsten 10 Jahre weitere hohe Zuwächse im Straßenverkehr prognostiziert, ist ein weiterer Anstieg der CO_2-Emissionen vorprogrammiert.

Obwohl der Klimawandel mit all seinen katastrophalen Folgen immer bedrohlicher wird, denkt weder die deutsche noch europäische Politik daran, den umweltfreundlichsten Verkehrsträger Schiene wirklich zu stärken und nicht durch massive Wettbewerbsverzerrungen, rückläufige Investitionen oder Kürzungen im Nahverkehr zu behindern.

Fakt ist, dass als Schlussfolgerung und Antwort auf den Weltklimabericht des IPCC sofort radikale Veränderungen in der Verkehrspolitik angegangen werden müssten. Dazu gehört zum Beispiel die Umkehr des bisherigen Verhältnisses Individualverkehr/öffentlicher Verkehr. Letzterer beträgt in Deutschland etwa 25%. Aber wenn Politik und Gesellschaft die dramatische Warnungen der Klimaforscher für die nächsten 15 Jahre wirklich ernst nähmen, hieße das, in diesem Zeitraum den Individualverkehr von 75 auf 25% zu reduzieren. Das wird aber nur durch andere Rahmenbedingungen und Verantwortung der öffentlichen Hand für den öffentlichen Verkehr mit Bussen und Bahnen gehen.

Fangen wir aber auch bei uns an und frage sich jeder von uns, ob er/sie für diesen gewaltigen Paradigmenwandel bereit ist. Denn ebenso Schuld an dem Dilemma haben wir Verkehrsteilnehmer mit unserem Unwillen, im großen Stil vom Auto auf Bahnen und Busse umzusteigen. Die Auto-Verrücktheit ist Symbol unserer Unfähigkeit zum Überleben. Ich bin mir sicher, dass uns unsere Enkel und Urenkel wegen dieser Unvernunft verfluchen werden.

Natürlich weiß ich auch, dass ständige Preiserhöhungen im öffentlichen Nah- und Fernverkehr die Menschen nicht gerade dazu anhalten, vom Pkw auf Busse und Bahnen umzusteigen. Oft ist gerade deshalb eher das Gegenteil der Fall. Hier ist einmal der Staat in der Pflicht, die im Grundgesetz verankerte Daseinspflicht für den öffentlichen Verkehr stärker wahrzunehmen und Kostenehrlichkeit nach dem Verursacherprinzip zu schaffen. Aber auch wir Menschen müssen mehr Ehrlichkeit beim Vergleich der Kosten der einzelnen Beförderungsmittel üben, d.h. die Pkw-Kosten nicht nur an den Spritkosten festmachen, sondern an den Gesamtkosten.

So ist jeder Verkehrsteilnehmer Teil des Problems, wie auch jeder, der auf Deutschlands Autobahnen oder Straßen im Stau steht.
Erst wenn jeder begriffen hat, dass er nicht im Stau steht, sondern er der Stau selbst ist, beginnt vielleicht das Begreifen. Denn die Frage ist doch: Wie werden wir Teil der Lösung?

Autofahren ist heilbar

Ich hatte neulich einen Traum. Darin wachte ich eines Morgens auf, nahm die Sächsische Zeitung aus dem Briefkasten und las auf der Titelseite über eine Aktion der Stadt Dresden, die das Ziel hat, Staus zu verringern, den CO_2-Ausstoß zu verringern und den Verkehrslärm zu reduzieren. Der Oberbürgermeister, die Stadträte und selbst der Wirtschaftsbürgermeister der Landeshauptstadt ermuntern Autofahrer zum Umstieg auf Rad, Bus und Bahn. In einer Eilentscheidung des Stadtrats war im Einvernehmen mit dem Regierungspräsidium der sofortige Baustopp an der Waldschlösschenbrücke verfügt worden. Die Wirtschaft in Sachsens Landeshauptstadt zeigt sich von ihrer ökologischen Seite. Die Dresdner Firmen bieten der Stadt ihre uneingeschränkte Zusammenarbeit an, allen voran die großen Speicherchiphersteller AMD (Advanced Micro Deciced) und Infineon. Zug um Zug soll die Verkehrsbelastung verringert werden.

Bemerkenswert ist, dass sich auch der Autohersteller VW Gläserne Manufaktur an der Aktion „Mobil ohne Auto“ beteiligt. Der Grund: Auch bei VW fehlen – wie bei so vielen Dresdner Firmen – Parkplätze!

Immer mehr Firmenmitarbeiter beklagen seit Jahren, dass sie ihren Pkw nicht mehr in der Nähe ihres Arbeitsplatzes parken können. Also werben jetzt die Unternehmen bei ihren Beschäftigten dafür, ohne Auto zur Arbeit zu fahren. Plötzlich stellen sogar Autobauer fest, dass es auch ohne Auto geht und außerdem Bus und Bahn billiger sind als das bisherige Autofahren.

Auch andere Firmen sparen Parkhäuser und Parkplätze ein. Viele stellen ihren Mitarbeitern Jahresumweltkarten auf Firmenkosten für die ÖPNV-Benutung im Netzbereich zur

Verfügung und bemerken plötzlich, dass sich das für sie rechnet, denn die Kosten für den Bau von Parkplätzen sind wesentlich höher. Mit Verzicht hat dieser Sieg der Vernunft also gar nichts zu tun. Alle sind sich einig, dass die Umstellung ein vielfacher Gewinn ist - ein Gewinn an Geld, ein Gewinn an Lebensqualität und ein Gewinn an Sicherheit. Denn eine ÖPNV-Fahrt ist etwa 100-mal sicherer als eine Fahrt mit dem eigenen Pkw. Zudem ist eine solche Fahrt mit öffentlichen Verkehrsmitteln stressfreier als eine Autofahrt.
Vom Universitätsklinikum Dresden ist zu hören, dass Parkplätze für Mitarbeiter aus dem Krankenhausgelände völlig verbannt wurden. Dafür wurden neue Fahrradständer angeschafft – seitdem radeln Mitarbeiter und Chefärzte zur Klinik. Und die Rettungsfahrzeuge haben so wirklich freie Fahrt, sparen für die Patienten lebensnotwendige Sekunden, weil kein Stau im Klinikgelände sie behindert.

Selbst die bisher oft in die Schlagzeilen geratene Sächsische Landesbank, die jetzt der Landesbank Baden-Württemberg gehört, geht nun mit gutem Beispiel voran. Sie hat für ihre Mitarbeiter Jobtickets der Deutschen Bahn sowie die Jahresumweltkarte des Verkehrsverbundes Oberelbe (VVO) eingeführt.
Wie die Sächsische Zeitung weiter informiert, haben alle dabei gewonnen. Erfolgskriterium in den Betrieben sind betriebliche Mobilitätsmanagements, die von einer Firma beraten werden. Diese gibt den beteiligten Unternehmen in mehreren Workshops Tipps, wie sie ihr Ökomanagement und ihre Mobilitätsplanungen verbessern können. Natürlich haben auch die steigenden Benzinpreise beim Umstieg aufs Rad oder öffentliche Verkehrsmittel geholfen. Geld sparen ist immer ein hilfreiches Motiv.

Die Sächsische Landesbank und die Ostsächsische Sparkasse Dresden haben für ihre Mitarbeiter ein Programm entwickelt, mit dem sie ihr Einsparpotential auf den Euro genau berechnen können. Einige kommen auf über 500 Euro Ersparnis pro Jahr. Und mit gutem Umweltgewissen lebt sich's besser. Der Kluge fährt eben im Zug. Autofahren ist heilbar.

Auch Leipzig ist inzwischen von der Dresdener Initiative „infiziert“ worden. So hat der MDR in seiner Länderzentrale in Leipzig eine Kampagne unter dem Motto „Mobil ohne Auto“

ins Leben gerufen und dabei ebenfalls positive Erfahrungen gemacht. So wurden die täglichen Busfahrten von und zum Fernsehstudio in Leipzig von fünf auf 15 erhöht. Und sofort nutzten täglich 150 Mitarbeiter mehr den Bus. Die Zahl der Busfahrer hat sich seit 2006 ochmals verdoppelt. Die Mehrkosten haben sich aber lediglich um 7% erhöht, obwohl sich die Busfrequenz verfünffacht hat. Achtmal mehr MDR-Mitarbeiterinnen und –Mitarbeiter nutzen jetzt „Call-a-bike“-Fahrräder.

In Dresden fällt der finanzielle Aufwand der Stadt für dieses „Betriebliche Mobilitätsmanagement“ gegenüber dem erzielten Nutzen bescheiden aus. So können die Dresdener Verkehrsbetriebe, die Deutsche Bahn AG und der Verkehrsverbund Oberelbe neue Investitionen für den Schienenverkehrswegebau auflegen.

Eine neue erfolgreiche Verkehrspolitik, die mehr als die alte Autopolitik sein will, braucht positive Botschaften wie das „Betriebliche Mobilitätsmanagement“ der Stadt Dresden: Umsteigen ist ein Gewinn und macht Spaß.

Die Sächsische Zeitung zieht daraus den Schluss, dass eine moderne, verantwortbare und zukunftsfähige Verkehrspolitik mit dem Schwerpunkt öffentlicher Verkehr einen Aufbruch der europäischen Eisenbahnen inspirieren könnte wie in den Anfängen vor 160 Jahren. Wir könnten in etwa 20 bis 25 Jahren eine Vervierfachung des öffentlichen Verkehrs organisieren und damit auch eine Million neue Arbeitsplätze schaffen. Freilich bedürfte es hierfür eines Bahnkanzlers oder einer Bahnkanzlerin. Eine Art Klinsmann mit Verkehrsvisionen an der Spitze der Bundesregierung. Es ist höchste Eisenbahn für eine Verkehrswende.

Dass sie grundsätzlich möglich ist, zeigt das positive Experiment der Stadt Dresden. Herzlichen Glückwunsch. Dresden kann überall sein.

Lautes Autohupen riss mich aus dem Schlaf und holte mich in die Wirklichkeit zurück. Aus war der Traum und schnell begriff ich, dass es ein schöner Wunschtraum war, der mit der gegenwärtigen Politik in Stadt und Land, aber auch mit unserem mobilen Egoismus gegenwärtig nicht machbar ist. Leider noch nicht.

Sind Autofahrer wirklich die Melkkühe der Nation?

Ob bei der Einführung der Öko-Steuer oder bei Preiserhöhungen an den Zapfsäulen der Tankstellen – immer wieder wird das gängige Vorurteil bedient, dass Autofahrer die Melkkühe der Nation seien. Ganz vorne dabei immer der ADAC sowie der Verband der Deutschen Automobilindustrie (VDA) und ihre Helfershelfer im deutschen Parlament.

Dieses Vorurteil wird jedoch auch von Bürgern, Medien und selbst von Politikern, wie nach dem Regierungswechsel 2005 vom scheidenden Bundesverkehrsminister Manfred Stolpe und von seinem Nachfolger Wolfgang Tiefensee, bedient. Sie alle bauen darauf, dass die meisten Wähler Autofahrer sind und deshalb ihr Individualverkehrs-Egoismus bedient werden sollte. Nicht nur ständig steigende Benzinpreise, sondern auch berechtigte Diskussionen um Geschwindigkeitsbegrenzungen auf Autobahnen oder um City- und Autobahn-Maut für Pkw nähren das Vorurteil beharrlich, dass Staat und Kommunen mit ihren klammen Kassen den Autofahrer immer mehr zur Kasse bitten würden.

Zumindest Stolpe und Tiefensee müssten es eigentlich besser wissen. Eine Studie des internationalen Städtenetzwerkes ICLEI brachte es vor kurzem an den Tag. In der von der EU in Auftrag gegebenen Studie wurden die Haushaltspläne von 15 Städten analysiert, darunter Aschaffenburg, Augsburg, Bremen, Freiburg, Graz, Düsseldorf und Dresden.

Das Ergebnis ist ernüchternd: Lediglich mit 15 Euro pro Jahr subventioniert jeder Bundesbürger durchschnittlich den Pkw-Verkehr in seiner Heimatstadt. Das eigentliche Problem dabei ist jedoch, dass es nirgendwo einen ausgewiesenen Einzeletat gibt, der alle verkehrsrelevanten Ausgaben und Einnahmen ausweist.

Demgegenüber versteckt sich Geld, das dem Autoverkehr unmittelbar zugute kommt, hinter nahezu allen Posten und Einzelplänen der städtischen Haushalte. Beim Bau einer Schule etwa werden die Kosten für scheinbar benötigte

Parkplätze dem Schulprojekt zugeschlagen, so dass die Ausgaben nicht als Verkehrskosten wahrgenommen werden. Bei Rathäusern, Stadien, Freizeitzentren und anderen Neubauten wird genauso verfahren. Dies gilt auch für Entwässerung, Grünstreifen, Reinigung und Beleuchtung der Straßen oder Investitionen in städtische Fuhrparks. Zu den größten Kostentreibern zählen dabei neben dem Straßenbau selbst die meist kostenlosen Parkplätze vor öffentlichen Gebäuden sowie der Neubau und Betrieb von Parkhäusern. Hinzu kommt immer wieder die Unsitte, dass Städte Grundstücke zum Parkhaus-Bau kostenlos abgeben.

Für die Untersuchungen in der Studie wurden die Haushaltspläne aufgeschlüsselt und aus den gewonnenen Daten richtigerweise der Anteil herausgerechnet, der auf das Auto entfällt. Von dieser Summe wurden Zuschüsse von Bund und Land sowie die Einnahmen aus Parkgebühren und Verwarn- und Bußgeldern abgezogen.

Das Ergebnis der ICLEI–Studie verrät: Selbst in Fahrradstädten wie Freiburg und Bremen wird der motorisierte Individualverkehr mit 110 bzw. 104 Euro pro Einwohner und Jahr subventioniert. Am meisten Geld fließt mit 142,5 Mio. Euro pro Jahr in Düsseldorf. Das macht pro Einwohner und Jahr 250 Euro. In Dresden sind es etwa 150 Euro pro Einwohner und Jahr, die an Subventionen in den Individualverkehr fließen.

Zusammengefasst heißt das, dass in den untersuchten Städten unter dem Strich nur ein Minimum der Kosten durch die gegengerechneten Einnahmen gedeckt wird. Rechnet man dieses Ergebnis auf die Gesamtzahl der Bundesbürger hoch, so ergibt sich die unglaubliche Summe von 10,5 Milliarden Euro, mit der die Kommunen den Autoverkehr subventionieren. Die Ausgaben der Länder und die des Bundes sind hierbei nicht mit berücksichtigt.

Damit werden gängige Vorurteile relativiert. Aber nicht nur das, denn dadurch wird auch zugleich der öffentliche Personennahverkehr rehabilitiert, der stets in Kritik steht, wenn das Wort Subventionen fällt. Die Studie ermittelt etwa dass in Graz beispielsweise Busse und Bahnen mit 84 Euro pro Bürger und Jahr bezuschusst werden, die Stadt jedoch mit

169 Euro für den motorisierten Individualverkehr gut das Doppelte davon ausgibt. Nicht viel anders ist es übrigens in Dresden.

Es ist an der Zeit, endlich mit Lügen und Halbwahrheiten über die Kosten des Autoverkehrs aufzuhören und alles auf den Prüfstand zu stellen –

auch die anderen externen Kosten, die schnell vergessen oder verschwiegen werden, wie Gesundheit, Unfälle und die Umweltschäden, über die noch gar nicht geredet wurde, auch nicht in der Studie.

Wenn wir dies nicht endlich tun, belügen wir uns weiter, wie wir auch das gängige Vorurteil der Auto fahrenden Melkkühe weiter bedienen.

Das Ein-Liter-Auto von VW

Im Januar 2007 kommt endlich mal eine gute Nachricht aus Brüssel, lese ich auf Franz Alts „Sonnenseite" im Februar 2007. In einer Mitteilung von EU-Umweltkommissar Stavros Dimas an die EU-Kommission wird über die "Ergebnisse der Überprüfung der Strategie der Gemeinschaft zur Minderung der CO_2-Emissionen von Personenkraftwagen" berichtet. Die EU hat sich vorgenommen, bis 2012 den durchschnittlichen CO_2-Ausstoß der Neuwagen auf 120 Gramm CO_2 pro Kilometer (gCO_2/km) zu drücken. Der Verband der Europäischen Automobilindustrie hatte sich daraufhin, weil er einer gesetzlichen Regelung aus dem Weg gehen wollte, gegenüber der EU-Kommission verpflichtet, bis zum Jahr 2008 die spezifischen Emissionen auf 140 gCO_2/km zu reduzieren. Die deutschen Pkw-Hersteller haben dieser Entscheidung nicht nur zugestimmt, sondern waren aktiv an ihr beteiligt.

Bereits seit dem Frühjahr 2006 zeichnet sich allerdings ab, dass die Selbstverpflichtung nicht eingehalten wird. 2005 gaben neu zugelassene Fahrzeuge in der EU im Schnitt etwa 160 g CO_2/km an die Umwelt ab und offensichtlich ist der Straßenverkehr auf dem besten Wege dahin, das sehr moderate Klimaschutzziel der EU zu gefährden.

Um 8% muss die EU bis spätestens 2012 ihre Treibhausgasemissionen reduzieren, hat sie mit der Unterzeichnung des Kyoto-Protokolls zugesagt.

Klimaforscher fordern hingegen seit Jahren, dass die Industriestaaten ihre Emissionen langfristig um 80 % gegenüber dem Bezugsjahr 1990 senken müssen, wenn eine Klimakatastrophe aufgehalten werden soll.

Kaum nun hatte EU-Umweltkommissar Stavros Dimas seine Mitteilung verkündet, gab es ein Aufheulen unter den deutschen Straßenfahrzeugbauern und ihrer gewaltigen Lobby. Allen aktuellen Alarmmeldungen der Klimawissenschaftler zum Trotz stellte sich Bundeskanzlerin Angela Merkel sofort wie eine Schutzheilige vor die Automobilbranche. Sie lehnte den von ihr einst selbst als Umweltministerin eingebrachten CO_2-Wert für die Autoindustrie ebenso ab wie Fahrverbote oder andere wirksame Klimaschutzmaßnahmen. Wirtschaftsminister Michael Glos tönte ins gleiche Horn wie auch der deutsche EU-Wirtschaftskommissar Verheugen und warnte vor einer angeblich gigantischen Arbeitsplatzvernichtung.

Auch die sächsische Politik meldete sich zugleich in Person des damaligen Staatsministers und Kanzleichefs Hermann Winkler zu Wort. Sachsen sei mit über 450 Betrieben der Auto- und Zulieferindustrie und 65.000 Beschäftigten inzwischen ein sehr erfolgreiches Autoland. Von den beabsichtigten Maßnahmen des EU-Umweltkommissars wären in Sachsen insbesondere die Premium-Segmente von Porsche, VW und BMW betroffen. Gerade diese Modelle würden weltweit stark nachgefragt und sicherten in Sachsen Arbeitsplätze. Winklers Reaktion hat seinen Grund. Die Premium-Modelle sind die größten Dreckschleudern, wie inzwischen jeder weiß. Dazu gehören neben der Mercedes S-Klasse auch VW-Phaeton, Porsche und die großen Geländewagen von BMW. Sie alle emittieren weit über 160 g CO_2/km.

Alle jammerten plötzlich, dass eine sofortige Umsetzung der Pläne, den durchschnittlichen CO_2-Ausstoß von Neufahrzeugen innerhalb der nächsten fünf Jahren auf 120 Gramm pro Kilometer zu senken, eine beträchtliche Anzahl

von Arbeitsplätzen gefährden würde. Auch wenn Umweltaspekte sicherlich einen bedeutsamen Stellenwert einnehmen, so müssten dennoch den Unternehmen die Chance gegeben werden, sich auf die zukünftigen Bedingungen und Herausforderungen einzustellen.
Kein Wort davon, dass Deutschlands Autobauer auf diesem Gebiet in den letzten 10 Jahren die Zeit verschlafen haben und eben in dieser Richtung nichts getan haben.

Wieder einmal bewies deutsche Politik ihren Wählern, dass ein Befreiungsschlag der Bundes- und Landespolitiker gegen den Würgegriff der im VDA versammelten deutschen Automobilbauer, die derzeit jede wirksame Klimaschutzpolitik der Bundesrepublik blockieren, oberstes Gebot ist.

Das sehen überall Menschen genauso wie ich. Deshalb protestierten sie unverzüglich danach mit E-Mails und Briefen an Merkel, Glos und Verheugen gegen Spritfresser und die Lobbymacht der Autoindustrie. Dennoch knickte am
7. Februar 2007 Brüssel auf die deutschen Forderungen ein: Der durchschnittliche CO_2-Ausstoß der Neuwagen bis 2012 wurde auf 130 Gramm CO_2 pro Kilometer hochgesetzt.

Das alles geschah exakt zu der Zeit, als der aus den Schlagzeilen nicht herauskommende VW-Konzern einen neuen Konzernchef erhielt. Kaum war dieser angetreten, wartete er gleich mit einer Sensation auf: Das vom Volkswagen-Konzern hergestellte Edel-Auto "Bugatti" sei die "Perle der Automobilkunst", sagte der neue VW-Boss Martin Winterkorn in einem Exklusiv-Interview mit der Süddeutschen Zeitung.
Angela Merkel hatte trotz ihrer Unterstützung für die deutschen Autoentwickler gerade von diesen mit Blick auf die Hybrid-Autos aus Japan mehr Innovation und deutschen Erfindergeist gefordert. Da prescht VW vor: "Bugatti" heißt die Antwort aus Wolfsburg auf den Klimaschutz und die Anregung der Kanzlerin. Dieses Auto verbraucht auf 100 Kilometer 100 Liter Benzin. Das heißt einen Liter auf einen Kilometer. Endlich war ein echtes Ein-Liter-Auto geboren. Das sei nun wirklich die Perle deutscher Automobilkunst, lästert Franz Alt auf seiner „Sonnenseite“.

Die ersten 50 Exemplare wurden bereits 2006 verkauft, meint der VW-Boss. Und 2007 sollen es „ein paar mehr" werden. Dieses Ein-Liter-Auto kostet eine Million Euro, fürwahr ein echter Volkswagen, spottet Franz Alt. Ja, so ist das: Kaum hustet die Kanzlerin, spurt auch schon der Konzern, der als VW natürlich immer die Autos des Volkes baut. „Unsere Ingenieure haben viel gelernt durch Bugatti", sagt Martin Winterkorn in seinem Exklusiv-Interview.
Jetzt müssen die VW-Ingenieure nur noch lernen, den Benzinverbrauch des „Bugatti" um den Faktor 100 zu senken, dann haben wir wirklich das Ein-Liter-Zukunftsauto. Also: Herr Winterkorn, dann machen Sie den „Bugatti" mal zukunftsfähig, damit sich die Kanzlerin freuen kann!

Übrigens haben die VW-Bosse Piech und Pischetsrieder das wirkliche Ein-Liter-Auto schon vor einigen Jahren vorgestellt. Für Presse und Fernsehen sind sie damit von Wolfsburg nach Hamburg gefahren.
Spritverbrauch auf 100 Kilometer 0,89 Liter - es geht also. Die Frage ist nur, wo dieses Ein-Liter-Auto in der Zwischenzeit gelandet ist. Was meinen Sie, liebe Leser?

Richtig: Im VW-Museum! Ganz in der Nähe des „Bugatti" steht es! VW hat also schon zwei Ein-Liter-Autos! Übrigens: Toyota hat bereits das Null-Emissions-Auto angekündigt. Aber Herr Winterkorn sagt ganz gelassen: „Volkswagen wird besser als Toyota." Na also! Nichts ist unmöglich!

Welch ein Wandel beginnt sich jetzt zu vollziehen? Jahrelang verstopften die gewaltigen Geländewagen nicht nur die Parkplätze, sondern auch zunehmend die Innenstädte. Jetzt verstopfen sie zumeist die Lagerplätze der Autofirmen und die Höfe der Autohändler. Sie bleiben förmlich auf ihren Beständen sitzen. Und das ist gut so, denn Dummheit oder Angebertum mancher Verbraucher muss bestraft werden. Waren sie bei einer bestimmten Spezies von Menschen beliebt, um aufzufallen oder Macht zu demonstrieren, sind auch in den USA immer weniger Menschen bereit, das Potenzmobil auf breiten Rädern bei steigenden Spritpreisen mit dem teuren Saft zu tränken. Immerhin verbrauchen diese meist mehr als 10 Liter auf 100 Kilometer. Mangelnde Verkäufe vermiesen auch den deutschen Premiumklasse-

Herstellern, wie Mercedes, Porsche und anderen Bilanz und Image. Genau mit diesen haben sie ja jahrelang satte Profite eingefahren.

Allein in den USA brachen von ihrem Markt 2008 ca. 26% weg. Wer nicht hören will, muss fühlen, kann ich da nur sagen. General Motors in den USA hat jahrelang auf den Hummer gesetzt, das Kultauto der Amerikaner. Mit 15 Litern pro 100 Kilometern hat er sich nun tief in ihre Portemonnaies gefressen. Keiner will ihn jetzt mehr haben, General Motors die Marke abstoßen. Aber auch das fällt dem größten Autokonzern der Welt jetzt rezessionsbedingt auf die Füße und wird zum tonnenschweren Klotz am Bein. Es findet sich kein Käufer dafür. Der Hummer ist verstoßen, er ist tot. 2006 wurden noch 76.000 Stück abgesetzt. 2008 ist der Markt um die Hälfte und 2009 fast ganz eingebrochen. Viele Händler mussten inzwischen aufgeben. General Motors ist nahezu bankrott und meldet im Juni 2009 Insolvenz an. Kurz vorher wurde die Opel-Tochter in Deutschland unter Zuschießen von erheblichen Mitteln des Steuerzahlers an den kanadisch-österreichischen Automobilzulieferer MAGNA verkauft. Ob sie damit „aus dem Schneider" ist, bleibt abzuwarten.

Nun, liebe Leser, können Sie weiter auf Frau Künast schimpfen, die Verbrauchern rät, wenn schon ein Auto, dann einen umweltfreundlichen Toyota zu kaufen.

Alle gegen Biokraftstoffe

Zunächst schien die Welt ja noch in Ordnung zu sein, als wir unseren neuen Skoda Fabia Diesel 2003 auf Pflanzenöl umrüsten ließen. Anlass hatten wir genug dazu. Mit 500.000 Menschen demonstrierten wir am 5. Februar 2003 zwischen Brandenburger Tor und Siegessäule in Berlin gegen Bushs Absicht eines Krieges gegen den Irak. Uns war klar, dass es dabei wie schon 12 Jahre zuvor im 1. Irakkrieg ausschließlich um Öl gehen würde. Damals schworen wir uns, dieses schmutzige Spiel nicht mehr mitzumachen und auszusteigen aus dem Kartell von OPEC, Mineralölgesellschaften und ihren Lobbyisten in aller Welt.

In unserer Region waren wir die ersten und wurden als Exoten angesehen. Flugs baute ich eine eigene Tankstelle in der Garage und fand in der Ölmühle von Rainer Liebe im sächsischen Nossen einen zuverlässigen Rapsölhersteller, der gute Qualität lieferte, denn das ist bei einem hoch gezüchteten Motor mit Direkteinspritzung wichtig. Ein paar Jahre ging auch alles gut.

Doch plötzlich setzt die Große Koalition in Deutschland auf die Besteuerung der reinen Biokraftstoffe statt auf Steuererleichterungen. Sehenden Auges lässt sie die heimischen dezentralen Ölmühlen und Biodieselanlagen in Konkurs gehen.

Stattdessen unterstützt sie mit dem Beimischungszwang biogener Kraftstoffe in fossile sogar die Abholzung tropischer Regenwälder. Sogar Bundesumweltminister Gabriel spricht vom Urwaldschutz, sorgt jedoch mit dem Biokraftstoffquotengesetz für die Abholzung genau dieser Wälder.

Damit aber bekamen Biokraftstoffe zunehmend ein Imageproblem. Irgendwie knüppelte plötzlich jeder auf diese ein und zwar in einer Reihe mit Atomwaffen, Heizpilzen und Taliban. Biotreibstoffe wurden schnell als die unappetitliche Übel der Menschheit gehandelt. Jeder weiß plötzlich, dass sie verantwortlich sind für so manche Regenwaldschneise in Brasilien, für die hohen Tortillapreise in Mexiko und überhaupt ist ihre CO_2-Bilanz katastrophal schlecht.

So ähnlich las ich es auch in einer Kolumne von Martin Unfried in der Tageszeitung (taz) vom 11. Februar 2008. Der Verfasser ist nah dran am Geschehen, denn er arbeitet als Experte für europäische Umweltpolitik in Maastricht. Er liebt die solare Effizienzrevolution, kauft sich hemmungslos Klimaschutzprodukte und will damit bis 2012 raus sein aus der fossilen Welt. Auch singt er in der ersten Kolumnenband der Welt „Ökosex“ mit. All das macht ihn für mich sympathisch.

Wer kann denn wirklich ein Interesse daran haben, Biokraftstoffe als die wahren Klimakiller hinzustellen? Möchte irgendeine Redaktion einer Zeitung oder eines Fernsehkanals einen unglaublichen Subventionstatbestand, eine weitere Lebenslüge der Gesellschaft, eine absurde Idiotie aufdecken, dann greift sie in diesen Tagen eben gerne mal zu Biotreibstoffen. Das meint zumindest auch Unfried. Und er verweist auf die EU, die sogar ein fragwürdiges 10%iges Ziel beim Sprit verkündet habe, das in Deutschland mit erhöhten Beimischungen bald angegangen werde. Das wiederum fänden viele blöd: insbesondere der ADAC, die Umweltverbände und die gesamte Mineralölindustrie. Dass dies der ADAC als Automobillobby und die Mineralölindustrie nicht wollen, ist klar, denn die verdienen nach wie vor eine Menge Geld mit dem fossilen Stoff Mineralöl. Bei den Umweltschützern ist klar, dass die den Regenwald erhalten wollen wie auch gesunde heimische Böden, die durch zuviel Raps überdüngt und in ihrer Fruchtbarkeit gefährdet werden, wenn die Fruchtfolge nicht eingehalten wird.
Das will ich übrigens auch.

Unfried meint, dass diese ungewöhnliche Dreierbande bereits zeige, dass es sich um einen komplexen Sachverhalt handelt, bei dem leider ab und zu die Zwischentöne verloren gehen. Da hat er nicht so ganz unrecht, denn Zwischentöne machen auch beim Biotreibstoff die Musik. Wie er finde auch ich die kritische Presse in Sachen Biotreibstoffe wichtig, weil sie das kritische Denken ungemein schärft. Zugegebenermaßen auch bei mir, gerade, weil ich Biotreibstoffe nämlich liebe. Seit 2003 bin ein Fan von Biotreibstoffen und werbe für sie. Das habe ich zuerst leidenschaftlich getan; derzeit kann es auch sehr schmerzhaft sein. Doch eigene Positionen in Frage zu stellen, ist die Pflicht des solaren Effizienzrevolutionärs, meint Unfried. Und so frage auch ich mich laufend, ob Biotreibstoffe ein wichtiger Baustein der solaren Effizienzrevolution bleiben. Ich will nicht zurück zur Shell-, BP- oder Totaltankstelle. Die Autoindustrie bietet mir aber seit Jahren nichts anderes an. Was soll ich tun?

Unfried gibt nach kritischer Analyse auf die Frage nach der Effizienzrevolution eine klare Antwort: Ja, bestimmt, was die eigenen Biotreibstoffe beträfe. Darauf ließe er nichts kommen. Ich teile seine Ansicht, denn die machen auch mir nach wie vor eine große Freude. Ich betanke seit Jahren das Automobil mit reinem Pflanzenöl. Das ist leckeres Salatöl im TDI.

Warum halte auch ich das wie Unfried trotz Mediengewitter und den nachplappernden Leuten nach wie vor für sinnvoll? Wegen der Kapitalakkumulation, der monopolisierten Produktionsketten, der Ablehnung der Geschäftsinteressen von fragwürdigen multinationalen Konzernen.

Einfacher gesagt: weil ich nicht zu Shell und BP möchte, sondern zu meinem ganz persönlichen Ölmüller Reiner Liebe aus Nossen und den sächsischen Landwirten in der Umgebung.

Wenn ich meine Ölmühle einmal im Jahr zum Pflanzenöltag in Nossen besuche, ist Hohezeit angesagt, wenn mir der Duft von frisch gepresstem Raps in die Nase steigt. In der Mühle darf ich mir bei Reiner Liebe dann mal wieder anschauen, wie er „meinen" Kraftstoff macht. Er hat zwei Rapsölpressen laufen. Eigentlich riecht man mehr, als man sieht.
Vom Raps wird die schwarze Saat kalt gepresst und über eine Schnecke verteilt. Und dann tropft auf der einen Seite das Rapsöl herunter und auf der anderen Seite wird der Presskuchen weggeschoben, den Liebe den Bauern wieder zurückgibt als Kraftfutter für die Kühe. Das Öl selbst kommt in einen Behälter, wo sich die Schwebstoffe absetzen. Dann wird es nochmals gefiltert, um die Kraftstoffqualität zu sichern. Und dann ab in den Container-Lkw und auf in die Berge nach Schellerhau, wo es in meinen 750 Liter-Tank umgepumpt wird, bevor es den Skoda antreibt. Und Liebe gibt mir sein Ehrenwort: der Raps kommt von den Landwirten aus der Region. Für die Art Biotreibstoffe werbe ich auch seit einiger Zeit regional mit einem Schild vor unserer Garage: Mobil ohne fossil: „Wir fahren unseren Skoda Fabia ganzjährig mit kalt gepresstem Pflanzenöl vom Bauern und vom Ölmüller aus der Region. So stärken wir regionale Kreisläufe und sind unabhängig von der Mineralölwirtschaft und ihren ständig steigenden Preisen. Außerdem leisten wir damit einen Beitrag zum Klimaschutz."

Ich wollte alles ausschließlich regional, von der Öllieferung bis zur Autowerkstatt für die Motorumrüstung, was mir leider nicht gelungen ist. Unfried hat es offenbar in seiner Region Ostalb geschafft, wie er schreibt. Liege ich deshalb falsch?

Aber nun käme der Witz, schreibt Unfried. Seine Initiative werde jetzt wahrscheinlich eingehen, zum einen wegen der schlechten Presse für Biotreibstoffe, die insbesondere die Ökos völlig verunsichert habe. Und dann wegen der zehn Cent Mineralölsteuer in diesem Jahr auf das reine Rapsöl. Da der Pflanzenölpreis sowieso gestiegen sei, werde unser Biotreibstoff bald teurer als Diesel sein, meint er. Super! Also genügend gute Argumente, um die Leute für eine Autoumrüstung zu begeistern, die 2000 bis 3000 Euro kostet.

Ich stimme ihm zu. So ist das nun mal mit den Öko-Freaks. Wir kennen keine Probleme, sondern nur Herausforderungen. Trotzdem heißt mein Scheich vorerst weiterhin Reiner Liebe, den ich weiter unterstütze mit der Abnahme von Pflanzenöl.
Ob's was nützt, weiß ich nicht, aber ich tu es, bin halt Überzeugungstäter. So lange, bis die Autobauer wirkliche Alternativen bieten – ohne Benzin und Diesel.

Mobile Gleichgültigkeit und mögliche Folgen

Es war an einem trüben Novembertag des Jahres 2005, als ich, ich weiß nicht zum wievielten Male, mit der Regionalbahn von Altenberg durchs wunderschöne Müglitztal nach Heidenau fuhr. Die Fahrt durch das Tal ist zu jeder Jahreszeit reizvoll, zumal man es mit der Bahn so richtig ohne den sonst mit dem Auto üblichen Kurvenstress genießen kann.
Wohlweislich hatte ich mir meine Fahrkarte nach München 14 Tage vorher in Dresden am Hauptbahnhof gekauft und so konnte ich an diesem trüben Novembervormittag sorglos meine Reise in Altenberg antreten. Wie meistens in der letzten Zeit, war seitens der Bahn nur der Lokführer des schnittigen Regio-Sprinters an Bord. Mit mir stieg eine Gruppe von Erstklässlern mit 2 Lehrerinnen an Bord, die ihre Plätze in meiner unmittelbaren Nähe einnahmen. Altenberg ist Endstation der Müglitztalbahn und hat einen Kopfbahnhof. So wechselt der Lokführer nach Ankunft des Zuges für die

Rückfahrt in den Führerstand am anderen Ende. Dazu bewegt er sich in der Regel durch das Innere des Gefährts.

Ob sie bei ihm Fahrkarten erwerben könnte für die Klassenfahrt nach Geising, fragte eine der beiden Lehrerinnen den Lokführer. Worauf dieser im klarsten Sächsisch erwiderte: „Nee, das gönn' se am Audomaden dun un wenner kabutt is, dann fahrnse hald so." Die Damen versuchten es erst gar nicht. In Geising wie auch in Lauenstein und Glashütte stieg insgesamt etwa ein weiteres Dutzend Leute ein, die den Automaten bemühten, aber dieser wollte und wollte nicht reagieren. Also freie Fahrt für freie Bürger in einem freien Land! In Heidenau ankamen stiegen mit mir etwa 25 Leute aus, von denen etwa die Hälfte, da war ich mir sicher, kein Ticket gelöst hatte. Wie auch? Konnte man es ihnen verübeln?
Da der Zug pünktlich in Heidenau ankam und ich etwas Zeit zum Umsteigen in die S-Bahn in Richtung Dresden hatte, begab ich mich zum Lokführer und fragte ihn, ob er den Automatenschaden schon gemeldet hätte. Ja, erwiderte er, aber die für die Reparatur Zuständigen ließen auf sich warten.

Was für eine Gleichgültigkeit bei den Bahnverantwortlichen, fragte ich mich besorgt. Ich überlegte mir, dass der Regionalsprinter am Tag etwa zehn Mal durchs schöne Müglitztal nach Altenberg hoch und nach Heidenau herunterfährt. Was da die Fahrgäste sparen, was aber auch die Deutsche Bahn AG täglich an Verlust einfährt.
Die Gleichgültigkeit des Lokführers schockierte mich am meisten. Als ob es dabei nicht auch um seinen eigenen Job ginge. Als ob er nicht wüsste, dass sein Arbeitgeber mit Deutschlands Sanierer Hartmut Mehdorn an der Spitze, der in seinem Führungsanspruch die börsennotierte Schrumpfbahn anstrebt, nicht gnadenlos zuschlägt, wenn sich eine Strecke nicht mehr rechnet. Ich sah den schwer erkämpften Stundentakt der Müglitztalbahn in Gefahr und auch die Trasse selbst, in die vor und nach der Flut viel Geld gesteckt wurde. Und dachte auch an die Fahrgäste, die trotz der temporären Freude über eingesparte Fahrkosten am Ende die Betroffenen wären, wenn der Schienenverkehr auf dieser Strecke ausgedünnt oder gar stillgelegt würde.

Es ist bei weitem nicht das erste Mal, dass seit Verzicht der Bahn auf einen mitfahrenden Schaffner in einer ganzen Reihe von Fahrzeugen bei zusätzlich defekter Automaten in punkto Tickets nichts läuft. Und ich muss unwillkürlich an die Wettbewerber der Bahn AG denken, die auf den Schienenverkehrsmarkt drängen und es in Regionalbahnen vormachen mit dem Service aus einer Hand, vom Ticketverkauf über Frühstücksangebot bis zum Fahrzeuglenken. Das ist zwar nicht meine Welt, aber die Bahn muss sich schon etwas mehr bewegen, wenn sie im Wettbewerb mithalten und vorne sein will.

Radeln im Müglitztal

Ich habe es in Berlin und in Wien erlebt, im hessischen Kinzigtal zwischen Fulda und Frankfurt und im Lumda-Tal nahe Giessen. Zehntausende nutzten mit Fahrrädern, Rollerblades oder zu Fuß mit Kind und Kegel die ausgerufenen autofreien Sonntage, an denen die Straßen alleine ihnen gehören. Verbände, Kommunen und Gewerbetreibende unterstützen gemeinsam mit Bürgermeistern, Polizei und Feuerwehr die riesigen Volksfeste in Städten und entlang von Flüssen und Straßen. Wer einmal dabei war, erlebt das Flair dieser Veranstaltungen, genießt die Natur in vollen Zügen und begreift, dass das Auto nicht alles ist. Es öfter mal stehen zu lassen, ist der Sinn dieser autofreien Sonntage, und mit Gleichgesinnten dies zu erleben, ist etwas ganz Wunderbares.

Warum wird der jährliche deutschlandweit veranstaltete autofreie Sonntag im September so wenig in Sachsen angenommen, frage ich mich immer wieder seit Jahren. Ich sehe kaum eine Resonanz. In Dresden nicht und in meiner Wahlheimat Osterzgebirge erst recht nicht. Dabei wäre es etwas Großartiges, immer wieder einmal einen solchen Tag in Sachsens reizvollen Regionen auszurufen und diesen erfolgreich zu gestalten.

Zum Beispiel im Müglitztal, einem der schönsten Täler Sachsens mit Fluss, Bahn- und Straßentrasse. Durch das Tal führt noch kein Radweg. Dieser soll aber in einigen Jahren gebaut werden, wie ich den Medien entnehme. Bis es soweit ist, stelle ich mir vor, jeweils im Frühjahr, Sommer und Herbst einen autofreien Sonntag auszurufen und das ganze Müglitztal an diesen Tagen zu einem einzigartigen Radler-, Skater- und Nordic-Walking-Paradies werden zu lassen. Sicherlich noch ein Traum, aber verwirklichen ließe er sich schon. Davon bin ich überzeugt und meine Vorstellungen davon bringen mich ins Schwärmen.

In meinen Träumen fährt die Müglitztalbahn an diesen Sonntagen im Stundentakt vom Dresdener Hauptbahnhof nach Altenberg und umgekehrt und an allen Stationen kann man zu- oder aussteigen.
Die Bahn gewährt an diesen Tagen Sondertarife und die Fahrradmitnahme ist kostenlos, wie es übrigens andere Regionalbahnen in Fahrradregionen, etwa entlang der Lahn, sogar ganzjährig seit langem tun.

Die Gaststätten entlang des Müglitztales sorgen für das leibliche Wohl der Teilnehmer und die Tankstellen für den technischen Service der Fahrräder mit ihren Luftdruck- und Waschanlagen. Man muss es an den Flüssen Kinzig und Lumda in Hessen miterlebt haben, wie Kinder das Angebot der aus den Waschanlagen herausgeleiteten Schaumwäsche im Freien nutzen, darin mit ihren Fahrrädern begeistert herumtollen und jede Tankstelle entlang der Strecke sich etwas anderes einfallen lässt. Oder die Feuerwehren in den Orten. Sie sorgen nicht nur gemeinsam mit der Polizei für den autofreien Verkehr und für notwendige Umleitungen in den Gemeinden entlang des Müglitztales, sondern laden mit Vorführungen ihrer Technik und ihres Könnens zugleich zu Radlerpausen ein. Gewerbetreibende vervollständigen mit ihren Geschäften und mit Ständen das bunte Treiben. Die Orte Weesenstein, Bärenstein und Lauenstein werben an diesen Tagen mit ihren Schlössern und Burgen für ihre einmalige Kultur, öffnen ihre Museen und führen ständig Führungen durch.

Die Uhrenstadt Glashütte führt interessierte Besucher zu den einmaligen Fertigungsstätten, die in Absprache mit den Uhrenfirmen einen Tag der offenen Tür durchführen, oder in das neue Uhrenmuseum in der ehemaligen Uhrmacherschule. Ihnen gleich ziehen die erfolgreichen metallverarbeitenden Betriebe des Müglitztales von Schlottwitz bis Geising, die im Impro-Verband organisiert sind. Die Großbäckerei Bärenhecke veranstaltet mit ihrem vielfältigen Angebot an Back- und Konditoreiwaren einen einzigartigen Kuchenbasar im Freien und bietet Führungen durch den sehenswerten Betrieb an, die Bergstadt Altenberg in ihrem Bergbaumuseum, im Besucherbergwerk, an der Rennschlitten- und Bobbahn sowie im Biathlon-Stadion.

Und überall entlang der Strecke informieren die Umweltverbände wie BUND, Nabu, VCD und ADFC sowie die Regionalverbände Grüne Liga Osterzgebirge e. V., Landschaftspflegeverband Sächsische Schweiz/Osterzgebirge e. V. sowie Förderverein für die Natur des Osterzgebirges e. V. an Informationsständen über ihre Aktivitäten zum Erhalt der Natur sowie für eine umweltgerechtere Mobilität.

Ich stelle mir vor, dass es beim ersten autofreien Tag im Müglitztal 10.000 sind, die mit Fahrrädern und Rollerblades oder als Wanderer und Nordic-Walker das Tal bevölkern.

Beim zweiten könnten es schon 15.000 bis 20.000 sein, denn es spricht sich herum – diese Gefühl, mit Gleichgesinnten einen ganzen Tag dieses „Mobil ohne Automobil" zu leben und zu sehen, dass es geht, wenn man es will.

Für Zehntausende von Besuchern und Nutzern der autofreien Sonntage werden entsprechend den Erfahrungen aus alten Bundesländern auch im Müglitztal die Tage zu einem einmaligen Erlebnis. Der Nutzen für die Region und die Umwelt ist dabei nicht zu vernachlässigen. Natürlich müssen es regionale Politik und Wirtschaft wollen und gemeinsam mit Umweltverbänden dazu die Weichen stellen. Die Gesellschaft, davon bin ich überzeugt, wird ein solches Angebot gerne annehmen.

Die Billigpost und ihre Verlierer

Ich bin ein schreibfreudiger Mensch und nutze dazu neben der elektronischen Kommunikation über das Internet gerne die Post. Außerdem ist manches nur über den postalischen Weg möglich, wenn ich an Behördenbriefe denke. Natürlich ärgert es auch mich, dass das Porto für Briefe im Laufe der Zeit immer teurer wurde. Zudem demontierte die Post vor einigen

Jahren auch noch den Briefkasten an der von unserem Haus 150 Meter entfernten Bushaltestelle. Er fiel der Rationalisierung beim Gelben Riesen zum Opfer. Da der Weg zum nächsten Briefkasten im Dorf nahezu zwei Kilometer beträgt, habe ich ein inzwischen fast freundschaftliches Verhältnis zur Postfrau aufgebaut, die uns nahezu täglich mit dem gelben Auto die Post zu unserem an einem Forst- und Wanderweg gelegenen Haus bringt. Wer viel schreibt, dem wird auch reichlich geschrieben, abgesehen von Zeitschriften und allerlei ungewünschten Angeboten. Werbung ausgenommen, die wir uns verbitten. Das Postauto wurde somit zu unserem neuen Briefkasten und zum Schalter für Postwertzeichen und Auskunftsleistungen in Sachen Päckchen- und Paketversand, Kommunikation mit der Postfrau inklusive.

Meine Frau und ich sind der alten Deutschen Post treu geblieben, obwohl diese sich inzwischen zum Global Player entwickelt hat, auf internationalen Märkten agiert und als Aktiengesellschaft die Gewinnmaximierung auf ihre Fahnen geschrieben hat.

Seit Zerschlagung des Postmonopols und der von EU und Bundespolitik unterstützten Liberalisierung des Postmarktes sind wundersame Dinge zu beobachten auf unserem Forst- und Wanderweg. Erklärend muss ich einfügen, dass unser Anwesen als einziges seit 1938 an diesem Weg liegt und in der Regel hier nur Wanderer, Ski- und Radfahrer vorbei kommen sowie manchmal noch der Forst, dem der Weg gehört, die Bundespolizei oder ab und zu die Pferdekutsche vom örtlichen Reiterhof mit Urlaubsgästen.

Was ich da beobachte, ist vor allem Verkehr zu unserem Haus. Kam früher behördenseitig am Tag ein Bote zu Fuß oder mit dem Fahrrad, der Zeitungen und Briefe brachte, waren es nach der Zerschlagung des Postzeitungsvertriebes im Zuge der Wende schon zwei Fahrzeuge, allerdings Automobile, die Zeitungen und Postsendungen getrennt brachten. Die Anzahl stieg auf drei, als sich auch im Osten ein auf Werbungsbasis finanziertes regionales Wochenblatt durchsetzte, das namens „Wochenkurier“ durch Billiglöhner, Schulkinder und Langzeitarbeitslose jedermann frei Haus geliefert wird. Bald danach ging auch die Stadtverwaltung meiner Kernstadt dazu über, das Monatsblatt „Altenberger Bote“, die Grundsteuerbescheide, Wahlbenachrichtigungen und andere Behördenpapiere in unseren Ortsteil infolge klammer Kassen durch eigene Verwaltungsangestellte – natürlich per Auto - zu befördern.

Mit der Liberalisierung des Postmarktes kommen sie nun seit vier Jahren zu Hauf auf unseren Hof, die zahlreichen Wettbewerber des Gelben Riesen als Brief-, Päckchen- und Paketüberbringer mit teils exotischen Namen, wie Intellisent, Sachsenpost, Post Modern, Citypost oder auch nur mit einer Telefonnummer auf der aufgedruckten Briefmarke ohne Preis. Einige sind schon wieder vom Markt, sind pleite oder wurden von anderen übernommen, noch andere treibt es auf diesen Markt, der unersättlich erscheint.

Es scheint wie eine Heuschreckenplage zu sein, die man nicht mehr los bekommt. Aber deren Kundschaft verfolgt wie auch im übrigen Leben die Kostensenkung um jeden Preis, und es werden immer mehr. Selbst staatliche Unternehmen wie das Finanzamt Freital, das Amtsgericht Dippoldiswalde und das Sächsische Landesamt für Umwelt und Geologie benutzen inzwischen die Billigkonkurrenz der Gelben Post zur Übermittlung ihrer Sendungen.

Ich frage meine Postfrau, was sie davon hält. Natürlich weiß sie um die Konkurrenz und die Folgen, die sich möglicherweise für sie und ihre Noch-Arbeitnehmerrechte, ihre Lohnentwicklung und ihren Arbeitsplatz beim Gelben Riesen schon bald ergeben könnten. Zudem ist sie voller Frust vor dem Hintergrund, dass immer mehr Sendungen der Konkurrenz mangels örtlicher Kenntnisse die Adressaten nicht auffinden und bei der „Gelben“ landen, um dann sicher an den Mann oder die Frau gebracht zu werden. Auch ich finde Sendungen an andere Adressaten, u. a. von der Ostsächsischen Sparkasse Dresden, in unserem Briefkasten.

Als es mir reicht, beschwere ich mich schriftlich bei diesem Geldinstitut, schicke die Sendungen auf meine Kosten zurück und werfe der Sparkasse Verletzung des Bankgeheimnisses und des Datenschutzes vor. Sie tröstet mich mit allerlei freien Eintrittskarten in Dresdner Museen und verspricht Besserung. In der Tat gehen die Vorfälle danach zurück.

Das Schlimme dabei ist jedoch, dass sowohl benannte Sparkasse als auch die von mir gelesene Sächsische Zeitung für einen dieser Billiganbieter öffentliche Werbung machen, ja sogar gesellschaftsrechtlich mit ihm verbandelt sein sollen. Also geht es sicherlich um Beteiligungen, ähnlich wie beim Springer-Konzern an der Pin-AG. Unsere Postfrau vermutet wie auch ich Lohn- und Sozialdumping bei der Konkurrenz, denn eines ist klar: Wer billig einkauft, muss wissen, dass andere dafür teuer bezahlen müssen. Das trifft für den Verkauf von Dienstleistungen genauso zu wie für den Verkauf von Waren. Und dass immer mehr Menschen in Sachsen neben ihrem Arbeitslohn auch auf Sozialhilfe angewiesen sind, pfeifen nicht nur die Spatzen vom Dach, sondern ist sogar in der Zeitung zu lesen. Schon deshalb ist die Einführung eines Mindestlohnes mehr als notwendig.

Im Postverkehr sind es nicht die armen Länder, deren Ressourcen geplündert und nicht Osteuropa, dessen Niedriglöhne gnadenlos ausgenutzt werden, sondern hier sind es die Menschen in der Region, im Land, die auch noch die kleinste Chance nutzen, um wieder zu Arbeit zu gelangen, allerdings ist es oft Arbeit zu Löhnen unterhalb der deutschen Armutsgrenze und zu arbeitnehmerunwürdigen Bedingungen ohne Rechte.

Bereits Anfang November 2005 war es, als an einem sonnigen Vormittag ein Kleinstwagen auf unserem Hof anhielt, ein junger Mann aus dem Wagen sprang und mir einen Brief in die Hand drückte. Auf meine Frage hin, von welchem Postvertrieb er denn sei, antwortete er mir, dass er ab heute für die Sachsenpost arbeite, da diese seinen Arbeitgeber Intellisent übernommen habe. Er zögerte mit der Antwort auf meine weitere Frage, was er dort verdiene und meinte nur, dass dies sicherlich erheblich weniger wäre, als bei der Post AG verdient werde. Aber er wäre als Bauarbeiter lange arbeitslos gewesen und schließlich zum Hartz IV-Empfänger geworden. Da wäre er froh gewesen, als die Arbeitsvermittlung ihm die Stelle anbot. Es wäre besser, wenig zu verdienen, als nutzlos zu Hause zu sitzen. Sein Einzugsgebiet belaufe sich auf 27 Ortschaften in Sachsen.

Als im September 2008 wieder mal ein Zivilfahrzeug Post mit dem Aufdruck Citypost Briefe brachte, fragte ich den schon etwas älteren Boten, was er denn verdiene im Monat. Etwas über 200 Euro netto, antwortete er mir. Auf meine weitere Frage, ob dies ein Dienstfahrzeug sei, mit dem er die Post befördere, antwortete er mit Nein. Es sei sein Privatauto, er bekäme allerdings die Kilometerkosten von seinem Arbeitgeber erstattet. Neun Stunden sei er damit durchschnittlich täglich unterwegs.
Ihm sei zu Hause die Decke auf den Kopf gefallen und darum hätte er diese Tätigkeit angenommen. Für mich ist das ein Fall von finsterster Ausbeutung.

Ich kann die beiden Männer verstehen. Ebenso klar ist mir, dass sich auch das Porto als Kostenfaktor in Firmen und Institutionen niederschlägt und sich diese am Ende für Billiganbieter entscheiden. Auch hier nach der Devise, dass es sich rechnen muss. Die beiden mit ihren Hungerlöhnen, die Politiker Niedriglöhne nennen, und ihren fehlenden Arbeitnehmerrechten sind wie viele andere auch vor allem Opfer dieser global kapitalistischen Herangehensweise geworden.

Dass das System funktioniert, ist auch der Tatsache geschuldet, dass die beiden keine Interessenvertretung haben, die für sie Mindestlöhne erkämpft und Politik sich überhaupt nicht um sie kümmert. Außerdem auch deshalb, weil die externen Kosten in diesem Wettbewerb völlig vernachlässigt werden. Etwa bei der Verkehrsbetrachtung an unserem Forstweg. Was früher ein Fahrzeug erledigte, kommt heute mehrfach angefahren, hinterlässt seine Spuren in Form von Abgasen, verbraucht die Natur und ein Vielfaches an Kraftstoffen. Die Kosten hierfür trägt die Gesellschaft; doch darüber spricht keiner, da externe Kosten im Preis keine Berücksichtigung finden.

Insofern sei auch die Frage nach dem volkswirtschaftlichen Nutzen erlaubt. Einerseits erhöht sich das Bruttosozialprodukt durch viele parallel laufende Vorgänge und Aktivitäten. Auch die Anzahl der Beschäftigten, allerdings im untersten Lohnbereich, steigt. Die Arbeitslosenstatistik sieht besser aus, was sich Politik und Wirtschaft als Erfolg anrechnen. Der Staat wird durch Aufstockung der Löhne, die nicht für den

Lebensunterhalt ausreichen, gezwungen, kräftig zuzuzahlen. Ich frage mich also, wo der gesamtgesellschaftliche Nutzen dabei bleibt.
Nach wirklicher Rationalität, im Sinne von Vernunft, darf man nicht fragen. Auch hier ist es so, dass Billiges teuer bezahlt wird. In diesem Fall von Menschen und unserer Natur.

Erfreulich, dass inzwischen einer aus der Kette ausgestiegen ist – unser Zeitungsbote. Er trägt seit kurzem die Zeitung mit dem Fahrrad aus, auch im Winter. Er hat erkannt und gibt dies auch ehrlich zu, dass die Kraftstoff- und Unterhaltungskosten seines Pkw schon lange die Einnahmen aus dem Zeitungsvertrieb übersteigen. Er hat es satt, sich weiter in die Tasche zu lügen.

Nach dem Casus Zumwinkel frage ich natürlich auch, ob ich Feuer oder Pest wähle. Soll ich mit jeder der teureren Briefmarken der Deutschen Post Zumwinkels 20-Millionen-Pension mit finanzieren oder die gnadenlose Ausbeutung der Billiglöhner bei der Konkurrenz unterstützen? Noch bleibe ich beim Gelben Riesen, den Arbeitnehmern zuliebe, aber dessen Briefmarken klebe ich mit gemischten Gefühlen auf.
Sie schmecken inzwischen sehr fad.

Unser täglich Brot und die Notwendigkeit einer Agrarwende

Eure Lebensmittel sollen eure Heilmittel sein,
und eure Heilmittel sollen Eure Lebensmittel sein

Hippokrates,
griechischer Arzt des Altertums, um 470 v. Chr.

Hauptsache satt

Lebensmittel hießen doch eigentlich so, weil sie Mittel zum Leben sein sollen, also lebensfördernd, meint der bekannte Fernsehjournalist Franz Alt. Die Lebensmittelskandale der vergangenen Jahre wie um BSE-Rindfleisch, Schweinemast, Dioxin-Hühner und nun auch noch nahezu flächendeckend vertriebenes Gammelfleisch in Deutschland ließen daran jedoch ernste Zweifel aufkommen. Sie hätten frühere Gewissheiten in die Gesundheit unserer Lebensmittel tief erschüttert. Ich pflichte Franz Alt bei und suche als Verbraucher nach den Gründen dieser Perversion.

Ist es nicht so, dass die fortschreitende Industrialisierung der Landwirtschaft, der gnadenlose Wettbewerb in der Nahrungsmittelproduktions- und -verteilungsbranche sowie unsere Lebensweise die Landwirtschaft zu einer Chemie-Landwirtschaft entwickeln und die frühere Lebensmittel-Produktion zu einer Nahrungsmittel-Produktion verkommen lassen? Deren Produkte machen zwar satt, sind aber immer weniger als Mittel zum Leben geeignet, wie auch Franz Alt es sieht. „Masse statt Klasse“ und „Hauptsache satt“ und „Hauptsache billig“, verbreiten Nahrungsmittelproduzenten als credo. Das lassen sie uns nahezu täglich in den Beilagen der Tageszeitungen wissen.

Darin liegen zugleich die Hauptursachen für das Ansteigen der so genannten Gesundheitskosten, die eigentlich Krankheitskosten sind, ins Unermessliche. Das Gesundheitsministerium weiß davon ein Lied zu singen.

Voraussetzung für die Gesundheit aller Lebewesen sind gesunde Böden, gute Luft und sauberes Wasser. Heute will man mit Nahrungsergänzungsmitteln die Nahrungsmittel im Sinne von Hippokrates wieder zu Heilmitteln aufpeppen, was natürlich Schwachsinn und eine reine Mogelpackung ist.

Wie wir hören, gibt Deutschland jährlich 75 Milliarden Euro für die Folgen falscher Ernährung aus. Damit sind das reine Reparaturkosten. Das heißt, wir essen uns krank. Die Qualität unserer weitgehend in Agrarfabriken erzeugten heutigen Nahrungsmittel kann der Münchner Metzgermeister Karl Ludwig Schweisfurth sehr gut beurteilen. Früher war er Chef der größten Metzgerei Europas mit 5000 Mitarbeitern. Heute ist Schweisfurth geläutert und hat sich zu einem der Pioniere des ökologischen Landbaus entwickelt.

Es ist interessant, was der Bekehrte in seiner Biografie „Wenn's um die Wurst geht“ schreibt: „Ich habe seit den fünfziger Jahren miterlebt, wie wir im Glauben an den Fortschritt immer mehr Technik und Chemie einsetzten, um die Lebensmittel ‚sicherer’ und haltbarer zu machen, immer schöner anzuschauen und immer billiger. Sie sind in der Tat heute sicherer, was Lebensmittelvergiftungen und Übertragung von Krankheiten betrifft, sie sind länger haltbar durch Hygiene, Kühlung und Verpackung und können so kreuz und quer durch die Welt transportiert und noch in den Regalen des Handels gelagert werden. Sie werden immer schöner verpackt, und sie schmecken auch ganz gut dank all der naturidentischen Aromen und Geschmacksverstärker.

Aber wo ist denn das Leben in den Lebensmitteln geblieben? Es ist durch all das Erhitzen, Hocherhitzen, Ultrahocherhitzen, durch Raffinieren, Härten, Bleichen, durch all die vielen chemischen Substanzen, die Hilfs- und Zusatzstoffe – alles in Übereinstimmung mit den Gesetzen – langsam, unmerklich und leise, wie auf Katzenpfoten aus unseren Lebensmitteln verschwunden. Wir haben heute überwiegend tote Nahrungsmittel vor uns auf den Tellern.“

Schweisfurths Urteil ist ernüchternd, wenn wir seine schonungslose Aussage analysieren. Und die Resultate solchen Tuns belegen, dass er völlig recht hat. Rund die Hälfte der Deutschen ist übergewichtig, bereits schon jedes dritte siebenjährige Kind. Das Deutsche Institut für Ernährungsmedizin und Diätetik in Berlin sagt voraus, dass falsche Ernährung in Zukunft verstärkt tödliche Krankheiten verursachen wird. Ein Berliner Wissenschaftler des Instituts meint dazu: „Zur Zeit sind 64% der Todesfälle in Deutschland direkt oder indirekt auf Krankheiten zurückzuführen, die durch falsche Ernährung bedingt sind.“ Die häufigsten Folgen falscher Ernährung seien Herz-Kreislauf-Erkrankungen (39,4%) gefolgt von Karies (24,2%), ist er sich sicher.

Auch Übergewicht ist oft die Folge falscher Ernährung, wenn zusätzlich noch Bewegungsarmut hinzukommt. Eine der Hauptursachen der falschen Ernährung und ihrer erschreckenden Folgen sei die Liebe zu Fastfood. Sind wir doch mal ehrlich: Wir essen zu viel, zu schnell, zu fett und zu süß. Natürlich ist nicht jedes Übergewicht gleich Übergewicht und nicht jedes kommt von Fastfood. Man muss natürliche Gegebenheiten wie Alter, Geschlecht, Hormonsituation, körperliche Lebensbedingungen, ethnische und individualgenetische Abstammung berücksichtigen. Leichtes Übergewicht muss nicht schädlich sein, jedoch ist starke Adipositas wirklich gefährlich, übrigens ebenso wie Untergewicht und Magersucht.

Was wir heute essen, hat Auswirkungen auf unsere Gesundheit noch in 30 Jahren, sagte der Arzt und Vater der deutschen „Ernährungsberater“ Dr. Max Otto Bruker. Mit seiner fast 50-jährigen Erfahrung als Chefarzt mehrerer Krankenhäuser war Bruker davon überzeugt, dass die ihrer Vitalität beraubte Ernährung fast alle Zivilisationskrankheiten bedingt oder mit verursacht, hauptsächlich Krebs, Herz- und Kreislauferkrankungen sowie Rheuma und Diabetes.
Dr. Bruker – er starb im Januar 2001 – sagte am Ende seines langen Lebens: „Es ist ein tragisches Kapitel menschlicher Geschichte, dass der Mensch sich so weit hat beeinflussen lassen, dass er der Nahrung umso mehr traut, je unnatürlicher und künstlicher sie ist - und dass er sich das Misstrauen zu allen Lebensmitteln, wie sie die Natur uns beschert, so fest hat einpflanzen lassen, dass er eher zu Grunde geht, als diese Haltung aufzugeben.

Dass er dieses Misstrauen zur Schöpfung selbst nicht als ungerecht und widersinnig empfindet, ist ein Zeichen dafür, wie weit er sich durch ständige Fehlinformationen seinen Instinkt hat nehmen lassen.“

Kaum etwas verändern wir so langsam wie unsere Essgewohnheiten. Aber sicher ist auch, dass diese uns verändern werden. Ich gebe Franz Alt völlig recht in seiner Auffassung, dass die McDonald's-Kultur unserer Zeit eine gesundheitliche und finanzielle Zeitbombe ist. Was damit der heutigen jungen Generation durch Verabreichen von toter Nahrung angetan wird, ist gesundheitlich nicht zu verantworten und die Krankheitskosten dafür werden schon in wenigen Jahrzehnten nicht mehr zu bezahlen sein.

Dass es auch anders geht, zeigt ein weiteres Beispiel aus Österreich: Früher galt das Waldviertel als das Armenhaus des Alpenlandes. Doch das hat sich inzwischen gründlich geändert, obwohl hier noch 25% der Bevölkerung in der Land- und Forstwirtschaft beschäftigt sind. Fast alle wirtschaften heute ökologisch. Das Waldviertel gilt heute als das Delikatessengeschäft Europas. Eine geglückte Verbindung von nahezu 100% ökologischem Landbau, sozialverträglichen Tourismus, unzerstörter Natur, gesunder Küche und dem Bekenntnis zur eigenen kulturell-religiösen Tradition hat es inzwischen zu einem touristischen Geheimtipp, zur europäischen Musterregion und zu einem Prototyp für ein ländliches ökologisches Wirtschaftswunder werden lassen.

Das Waldviertel in Österreich gilt als die erste komplette Öko-Region Europas - die Umstellung der gesamten Region auf "Bio" hat ihr ökonomische, ökologische und soziale Vorteile gebracht. Voraussetzung für diese Entwicklung war freilich, dass sich schon 1992 bei Umfragen über 90% der österreichischen Bevölkerung für eine Ökologisierung der Landwirtschaft ausgesprochen haben. Im Waldviertel ist bewiesen, dass auch Menschen wollen, was Tiere bevorzugen: ökologisch erzeugte Lebensmittel. Wissenschaftler haben schon lange herausgefunden, dass Tiere bei freier Wahl Biofutter bevorzugen.

In einem Buch von Franz Alt las ich dazu eine schöne Geschichte. Ein Biobauer, der seine Biolebensmittel in seinem Hofladen verkauft, erzählt darin, dass eines Tages eine Kundin zu ihm gekommen sei und Bio-Möhren verlangt habe. Dabei nahm der Bauer wahr, dass sie in ihrer Aldi-Tasche schon herkömmlich angebaute Möhren hatte. Neugierig geworden habe er sie gefragt: „Warum wollen Sie denn meine teuren Biomöhren - Sie haben doch in ihrer Tasche schon billige Aldi-Möhren?“ Darauf hin hätte die Kundin erwidert: „Wissen Sie, wir haben einen Hasen zu Hause und der frisst nur Biomöhren. Meine Familie bekommt die Aldi-Möhren.“

Auch wir Verbraucher sind verantwortlich für den rapiden Artenschwund

Der „Europäische Tag der biologischen Vielfalt in landwirtschaftlichen Gebieten" (European Agrobiodiversity Day) fiel 2006 auf den 30. September. Aus diesem Anlass hat die internationale Umweltstiftung Euronatur auf die zunehmende Gefährdung vieler Tier und Pflanzenarten in den Kulturlandschaften Europas hingewiesen. Schmetterlinge, Vögel, Hase, Hamster und Co. finden auch in Deutschland immer weniger geeigneten Lebensraum. So leben nach einer Untersuchung der EU-Kommission heute 32% weniger Vögel in den landwirtschaftlichen Gebieten der EU als noch 1980. Hauptgrund für diesen rapiden Schwund sei die Intensivierung der Landwirtschaft.

Nach Ansicht von „Euronatur“ tragen aber nicht nur Landwirte und Politiker dafür Verantwortung, sondern auch die Verbraucher seien daran mit schuldig. Zum einen würden sich der Deutsche Bauernverband und viele Politiker vehement dagegen wehren, dass ein größerer Teil der EU-Agrarsubventionen in Deutschland in naturverträgliche Landwirtschaft und nachhaltige Regionalentwicklung investiert wird, obwohl die Vorgaben der EU-Kommission dies zulassen würden. Zum anderen würden auch die Verbraucher die Verödung der Landschaft mit verursachen, indem sie immer noch viel zu wenig auf Qualität und Herkunft ihrer Lebensmittel achten. Das Konsumverhalten von uns Verbrauchern entscheide, welche Art von Landwirtschaft und damit auch welche Art von Landschaft wir in Zukunft haben werden, betont man bei „Euronatur“.

„Wer bunt blühende Wiesen und Kühe auf der Weide sehen möchte, der sollte das nicht nur fordern, sondern beim Einkauf auch zur Biomilch greifen. Daran hängen Tausende Arbeitsplätze auf dem Land und die Zukunft vieler heimischer Tier- und Pflanzenarten", gibt „Euronatur“-Präsident Claus-Peter Hutter zu bedenken.

Nun ist es kein Geheimnis, dass Sachsen bei der Bioproduktion in Deutschland am hinteren Ende rangiert. Nur jeder 20. Bauernhof in Sachsen hat sich für ökologische Landwirtschaft entschieden, schreibt die Sächsische Zeitung vom 22.02.08. Insgesamt gäbe es im Freistaat zu diesem Zeitpunkt 339 Öko-Bauernhöfe. Von Sachsens Ackerfläche werden nur 3,2% ökologisch bewirtschaftet. Damit ist unter den deutschen Bundesländern Sachsen Vorletzter - wahrlich kein Aushängeschild. Nicht einmal der Landesentwicklungsplan hat Chancen, eingehalten zu werden; darin steht das Ziel, bis 2010 10% der Ackerfläche ökologisch zu bewirtschaften.

Entsprechend sieht der Lebensmittelhandel in Sachsen aus. Den Discount beherrschen Aldi, Lidl, Penny und Netto. Deren einzige Stärke ist der niedrige Preis, reich werden sie also nur durch die Masse der Verkäufe. Den Renditereiz von Bio haben sie dennoch entdeckt, im Gegensatz zu Sachsens Bauern, möchte man meinen. Lidl beabsichtigte in Deutschland gar, in die Bio-Supermarktkette Basic einsteigen. Das jedoch führte berechtigterweise zu Verwerfungen zwischen Basic und seinen Kunden, aber auch unter den Basic-Teilhabern. Wachstum mit Hilfe des Lidl-Kapitals oder Schutz des Markenimages, lautete die Frage. Der Schutz des Markenimages setzte sich durch und die Kunden atmeten auf. Allerdings gilt Basic unter inhabergeführten Bioläden schon als böser Großer. So wird die Geschichte vom Biohändler erzählt, der von Basic als künftiger Filialleiter umworben wurde und sich für die Flucht nach vorn entschlossen hatte. Er vergrößerte seine Ladenfläche auf die eines Supermarkts, verdreifachte seinen Umsatz und schuf 18 Arbeitsplätze.
In Sachsen leider noch undenkbar.

Bio-Lebensmittel haben in Deutschland zweistellige Zuwachsraten. Fünf Milliarden Euro wurden 2007 allein an Bio-Produkten umgesetzt. Inzwischen ist die Nachfrage größer als das Angebot. In Größenordnungen werden Bio-Produkte aus dem Ausland importiert, nur weil die deutsche Landwirtschaft nicht aus der Knete kommt. Bio-Möhren oder –Zwiebeln aus Ägypten etwa stellen den umweltbewussten Verbraucher vor die Frage: Was tun? Das Nachsehen hat aber nicht nur der Kunde, der sich zwischen weiten unökologischen Transportwegen ökologisch angebauter Produkte und regionalen Produkten aus konventionellen Anbau entscheiden muss. Das haben vor allem auch die Politik und die Landwirtschaftslobby vom so genannten Bauernverband, die diese Nachfrage nicht erkannt haben und nun zusehen, wie der Handel Waren importiert.

Was wir als Verbraucher tun können, möchte ich anlehnend an die Aktion von „Euronatur“ „Gourmets for Nature" an Hand nachfolgender Verbraucher-Tipps vorschlagen. Diese gewährleisten nicht nur eine gesündere und schmackhaftere Ernährung, sondern hätten auch eine vielfältigere und artenreichere Landschaft zur Folge.

Wir sollten, wenn möglich, auf dem Markt oder direkt beim Erzeuger einkaufen und dabei auf möglichst kurze Transportwege achten. Und da gibt es auch in der Region, in der ich wohne, Möglichkeiten, etwa bei Fleisch, Käse, Obst und Gemüse. Natürlich könnte das Angebot in der oberen Region des Osterzgebirges reichhaltiger und vielfältiger sein. Es bedarf jedoch auch eines Marktes und einer besseren Aufklärung. Auch beim Essen ist schließlich Qualität gefragt, gerade im Interesse unserer Gesundheit. Und die hat ihren Preis. Aber auch hier gilt: Es kommt nicht auf Masse an. Weniger kann oft mehr sein. Deshalb plädiere ich dafür,

- vorwiegend auf Früchte der Saison zu achten, denn dann sind sie nicht nur frisch und schmackhaft, sondern meist auch preisgünstig. Wer mitten im Winter auf Erdbeeren und Spargel nicht verzichten mag, nimmt nicht nur Schäden für Natur und Umwelt in Kauf, sondern muss auch mit hohen Preisen und starker Pestizidbelastung rechnen. Ähnlich ist es natürlich auch bei Tomaten, Gurken, Paprika und Salat außerhalb der Saison.

- insgesamt unser Essen aufzuwerten, denn Nahrungsaufnahme ist kein notwendiges Übel, sondern kann zu einem Genuss für alle Sinne werden. Das ist auch mit vergleichsweise wenig Aufwand an Zeit und Geld möglich.

- Bioprodukte zu nutzen, wann immer wir können. Für die Mehrkosten bekommen wir auch gesündere und oftmals schmackhaftere Lebensmittel. Das ökologisch produzierte Steak eines Tieres, das sein Leben auf der Weide verbracht hat und schonend geschlachtet wurde, schmeckt einfach besser als das billige Steak aus dem Supermarkt. Deshalb kaufen wir unser Fleisch auch vom regionalen Bauern aus Hermsdorf/Erzgebirge, der seine Galways-Rinder nahezu ganzjährig im Freien hält. Das Mehr an Preis können wir mit weniger an Masse gut ausgleichen. So gesehen, muss Bio nicht unbedingt teurer sein. Übrigens muss es nicht täglich Fleisch sein. Wir halten es zu Hause so wie zu Zeiten unserer Kindheit. Damals wurde auch nur einmal in der Woche Fleisch gegessen und das in Maßen.
- auf gentechnikfreie Lebensmittel zu achten, denn Gentechnik braucht niemand! Die Agro-Gentechnik bringt unkalkulierbare Verbreitungsrisiken mit sich, sie verstärkt den Trend zur hochindustrialisierten Landwirtschaft unter hohem Chemieeinsatz, schadet der Sortenvielfalt mit wenigen in Monokultur angebauten Pflanzensorten und bringt international viele ehemals selbständige Kleinbauern in eine verhängnisvolle Abhängigkeit von den großen Agrochemie-Konzernen. Mit der vorhandenen Sortenvielfalt wäre es ein Leichtes, die Weltbevölkerung zu ernähren. Ich lese mit Entsetzen, dass sich Deutschland immer mehr der Gentechnik öffnet, was allein am Genmaisanbau sichtbar wird. Sachsen nimmt dabei eine traurige Vorreiterrolle ein.

- zu bedenken, dass sich durch eine Umstellung auf Öko-Landwirtschaft auch die nicht geraden geringen Treibhausgas-Emissionen in der Landwirtschaft um 65% reduzieren lassen. Der Verzicht auf Mineraldünger und Pestizide, das ausgewogene Verhältnis zwischen Tierhaltung und Flächen sowie die bessere CO_2-

Bindung im Boden machen den Ökolandbau zum Vorreiter beim Klimaschutz. Der Freistaat Sachsen steht dem angestrebten Ziel, 10% der landwirtschaftlichen Fläche ökologisch zu bewirtschaften, immer noch mit fadenscheinigen Argumenten entgegen. Bundesweit hat die Landwirtschaft einen Anteil von 10% an den Emissionen der Treibhausgase. Intensive Bodennutzung durch die Verwendung künstlicher Düngemittel und wachsender Viehbestand sind verantwortlich, dass die Landwirtschaft Mitverursacher des Klimawandels ist.

- uns vor dem Kauf immer erst zu informieren und mit dem Metzger, der Frau an der Käsetheke oder den Angestellten im Supermarkt sprechen. Wir sollten nachfragen, wo die Produkte herkommen und wie sie hergestellt wurden. Die Zeiten sollten längst vorbei sein, als dies noch als Spinnerei abgetan wurde. Auch ist es dringend geboten, dass sich Politik und Gesellschaft vor allem beim Kantinenessen in sächsischen Kindergärten und Schulen für Ökokost einzusetzen. Dass dies möglich ist, belegen zahlreiche Beispiele aus derartigen Einrichtungen in anderen Bundesländern.

Wir Verbraucher sind in der Verantwortung. Regionale Bioprodukte im Einkaufskorb sind nicht nur gut für unsere Gesundheit, sondern zugleich auch ein Beitrag zum Klimaschutz. Ja, wir können das Klima gesund essen, wenn wir auf Biokost umstellen, denn allein 1.650 Kilogramm CO_2 pro Person und Jahr gehen Studien zufolge auf das Konto unserer Lebensmittel. Stellen wir uns auf Biokost um, sind es nur 770 Kilogramm CO_2 pro Person und Jahr! – weniger als die Hälfte. Verzichten wir auf Fleisch oder essen wir Fleisch nur einmal in der Woche, wird es noch weniger. Wenn sich das nicht lohnt für unser Klima und vor allem für Vielfalt und Artenschutz!

Das Beste ist, wir fangen gleich damit an.

Billigmilch und ihre Folgen

Nachdenklich macht mich seit einigen Jahren, dass von den Steinrückenwiesen meines Heimatortes Schellerhau Kühe weitgehend verschwunden sind. Früher bevölkerten die Wiederkäuer die Wiesen, weideten genüsslich das Gras ab und waren die Farbtupfer in der Natur. Die Agrargesellschaft aus Sadisdorf, die die meisten Wiesen in Schellerhau gepachtet hat, mäht diese heute zwar jährlich zumeist zwei Mal, zieht es jedoch vor, die Rinder ganzjährig im vor einigen Jahren neu gebauten Stall im benachbarten Hennersdorf zu lassen und ihnen das geerntete Gras als Silage zu verfüttern. Der Stall ist eine so genannte Milchviehanlage, in der die Kühe nach Auskunft der Bauern in der Lage sind, die Höchstmengen an Milch zu liefern, die den Betrieb überhaupt existenzfähig machen.

Denn der Milchpreis ist durch den Preiskampf der Discounter und das Verbraucherverhalten in den letzten Jahren in den Keller gegangen. Der Verarbeitungsbetrieb in Sachsen, der Müllermilch-Konzern, dreht gemeinsam mit deutschen Discountern wie Aldi, Lidl, Netto und Penny an der Preisspirale nach unten kräftig mit. Außerdem ist Theobald Müllers Sachsenmilch, die in der Großmolkerei Leppersdorf hergestellt wird und die auch die Milch aus Sadisdorf verarbeitet, seit geraumer Zeit ins Gerede gekommen. Greenpeace hat nämlich festgestellt, dass der Konzern auch Milch von Kühen verarbeitet, die genmanipuliertes Tierfutter verabreicht bekommen.

Als im Winter 2004/2005 Greenpeace-Aktivisten in seinem Stammwerk gegen den Einsatz von gentechnisch manipuliertem Mais als Futtermittel bei Milchkühen protestierten, indem sie Biojogurt an die Mitarbeiter verteilten, rastete Müller aus. Zusammen mit dreißig Werkschutzleuten wollte der Patron die Demonstranten verjagen; dabei prügelten sie zwei Pressefotografen krankenhausreif. Dafür wurde Müller zu 45.000 Euro Schadensersatz verurteilt.

Der bewusste sächsische Verbraucher kann sich nun entscheiden, ob er im Handel zu derart möglicherweise belasteter billiger Milch aus der Region greift oder zu teurerer Bio-Milch, die teilweise aus anderen Bundesländern, wie Bayern oder Nordrhein-Westfalen, etwa in Bioläden oder inzwischen auch in Supermärkten, angeboten wird, sofern er sich diese leisten kann. Wenn man wie ich im Osterzgebirge wohnt, hat man es wahrlich nicht einfach, denn Hofläden, die Milch vom regionalen Öko-Bauern anbieten, wie z. B. aus Taubenheim bei Meißen, sind in meiner Region praktisch noch nicht vorhanden. Also bleibt oft nur der Ausweg zur Supermarkt-Biomilch. Aber ich mag die Hoffnung nicht aufgeben, dass sich auch in unserer Region noch einige Bio-Bauern mit eigenen Hofläden ansiedeln, um die große Nachfrage zu befriedigen.

Deshalb kann ich mich auch des Eindrucks nicht erwehren, dass Sachsens Landwirte dabei sind, die Zeit zu verschlafen. Sie sollten dabei Prof. Roland Wöller genau beobachten, der 2008 sogar zeitweise ihr Minister in Sachsen war. Der stellte sich zwar während seiner Regierungszeit in diesem Ressort an ihre Seite, wenn es um Bauerninteressen in Deutschland und Europa ging, bekannte aber andererseits in der SZ-Ausgabe vom 22. Februar 2008, dass er zu den 10% „Intensiv-Käufern" von Bio-Produkten gehört. Da er laut der Zeitung auch bekennender Bio-Milch-Trinker und Bio-Jogurt-Esser wie auch ich ist, schneidet er sicherlich wie auch ich die Molkerei von Theobald Müller im sächsischen Leppersdorf. Die bezieht aber bekanntermaßen die Milch von sächsischen Bauern, produziert keine Bio-Milch, aber treibt mit der Milchpreispolitik auch diese in den Ruin.

Im Frühsommer 2008, als die konventionellen Landwirte gerade noch 34 Cent für den Liter Milch bekamen, explodierte deren Seele. Zu Tausenden protestierten sie gegen die niedrigen Milchpreise, vernichteten einige Hunderttausend Tonnen Milch und zogen vor die Molkereien in Deutschland, so auch Bauern aus der ganzen Republik ins sächsische Leppersdorf. Dort blockierten sie die Zufahrtsstraßen und brachten ihren Unmut lautstark zu Protest. Im Ergebnis dieser Aktionen und langer Verhandlungen unter Einschaltung der Politik wurde der Milchpreis um etwa 10 Cent/Liter angehoben. Aber der sollte sich nicht lange halten und es kam alles viel schlimmer.

Rund 9 Monate später, im März 2009, erhielten die Landwirte nur noch 20 bis 28 Cent je Liter; in Mecklenburg-Vorpommern teilweise nur 18 Cent. Der Milchbauer Frank Bernhard aus dem sächsischen Niederfrohna erhält der Sächsischen Zeitung vom 18. März zufolge 24 Cent für den Liter Milch, Tendenz fallend.

„Bei dem Preis setzen wir zu.
Ich trag das Geld jetzt in den Stall rein, statt es rauszuholen“, wird er von der Zeitung zitiert.

In dem gleichen Artikel lese ich, dass jetzt die Polizei mobil und Jagd auf Landwirte macht, die vor einem dreiviertel Jahr bei der Blockade von Leppersdorf dabei waren und mit ihren Traktoren die Zufahrten blockierten. Mit richterlichen Durchsuchungsbefehlen sichern die Polizisten Gelände, besetzen Buchhaltungen und Lohnbüros. Vor allem um Fahrzeuge soll es gegangen sein, mit denen Landwirte 2008 zur Sachsenmilch AG gefahren waren. „So muss das wohl sein, wenn die solche Millionen-Steuerbetrüger jagen“, soll ein Landwirt zu der Polizeiaktion gesagt haben. Die Sächsische Zeitung nennt es einen juristischen Feldzug, mit dem gegen Milchbauern vorgegangen wird, die vor der Müller-Molkerei in Leppersdorf Protest gewagt haben.

Ob dieser Aktion kann man sich nur fragen, in was für einen Rechtsstaat wir eigentlich leben. Wir erinnern uns: Es war ein Millionendebakel für die Sächsische Staatsregierung, mit dem sich ab 1994 ein Untersuchungsausschuss im Landtag befasste. Ein guter westfälischer Vertrauter von Ministerpräsident Kurt Biedenkopf hatte diesen eingefädelt. Aus dem Westen nachgeholt, wurde Hermann Kroll-Schlüter zum Staatssekretär des Sächsischen Landwirtschaftsministeriums ernannt. Alsbald betrieb er dort die Liquidierung der ehemals einheimischen Molkereien, um „wettbewerbsfähige Strukturen zu schaffen“, wie es damals hieß. 200 Millionen Mark Fördermittel gab es dafür, die mit Ausnahme zweier sächsischer Unternehmen an westdeutsche Großkonzerne gingen. 72 Millionen davon allein an die Südmilch AG, die sich am 6. Juli 1990, also sechs Tage nach der Währungsunion mit dem DDR-Kombinat Milchwirtschaft Dresden vereinigt hatte und fortan unter Sachsenmilch AG firmierte. Das Engagement der Südmilch soll damals von Bundeskanzler Kohl selbst angeregt worden sein. Der Vorstandsvorsitzende Wolfgang Weber, gegen den später wegen Steuerhinterziehung ermittelt wurde und der deshalb nach Paraguay floh, hatte im Juli der Politik die Errichtung eines großen Werkes in Sachsen zugesichert. Den Bauauftrag dafür in Höhe von 110 Millionen Mark erhielt ebenfalls ein Bevorzugter der sächsischen Staatsregierung, der

Heidelberger Bauunternehmer Roland Ernst. Die Baukosten stiegen bei ihm gleich einmal auf 262 Millionen Mark. Vor seiner Verurteilung konnte er sich mit dem Bau des Dresdner Herzzentrums noch über einen weiteren lukrativen Auftrag aus Sachsen freuen.

Das politisch gewollte Wirtschaftsprojekt der Vereinigung stand unter keinem guten Stern. Die bereits 1991 schon angeschlagene Südmilch ging am 23. Juli 1993 in Konkurs und zog die Sachsenmilch und eine halbfertige, völlig überdimensionierte Molkerei im nahe der A4 zwischen Dresden und Bautzen gelegenen Leppersdorf mit hinein. Als es später in Stuttgart zum Prozess gegen Südmilch kam, sprach der Staatsanwalt rückblickend von einem Scheingeschäft, mit dem die Sachsenmilch samt Fördergeldern „leer gemolken“ werden sollte.

Es war dann der raffinierte und bauernschlaue Theobald Müller, der das Investment-Schnäppchen witterte, das er auch für schlappe und lächerliche 16,5 Millionen Mark bekam und dazu noch einmal geschenkte Fördermittel in Höhe von 91 Millionen Mark. Aus Dankbarkeit dafür und für seine nunmehrige Monopolstellung in Sachsen ließ er in einer Art Größenwahn die Großmolkerei Leppersdorf in der Dresdner Kreuzkirche einsegnen.

Apropos Monopolstellung Milch: War nicht der Westfale und Biedenkopf-Vertraute Kroll-Schlüter im Landwirtschafts-ministerium einst angetreten, um wettbewerbsfähige Strukturen in Sachsen zu schaffen? Das Gegenteil wurde erreicht. Wir dürfen uns nicht wundern, dass ein Milchmonopol nunmehr die Milchpreise bestimmt. Kroll-Schlüter trat übrigens 1997 plötzlich wegen eines pflegebedürftigen Vaters als Staatssekretär zurück. Zu dieser Zeit beendete auch der Untersuchungsausschuss zur Molkereiwirtschaft in Sachsen seine Arbeit. Der Dresdner Journalist und Autor Michael Bartsch hat die sächsische Landespolitik nach der Wende von Anfang an verfolgt und neben anderen auch die Günstlingswirtschaft, Affären, Skandale am sächsischen Hofe in seinem Buch „Das System Biedenkopf“ zusammengefasst.

Und Theobald Müller? Dieser hat sich schon vor Jahren seiner steuerlichen Verantwortung in Deutschland entzogen und ist in die Schweiz gezogen. Noch Fragen zum Rechtsstaat Deutschland? Gegen die Landwirte geht man wie gegen Verbrecher vor, nur weil sie ihr Recht auf faire kostendeckende Bezahlung ihrer Milch auf Demonstrationen einfordern. Leute wie Müller halten sich schadlos und werden obendrein von der Politik belohnt. Es ist ein Skandal.

Einen Ausweg aus dem Dilemma sehe ich nur im Aufbrechen der Monopolstellung der Sachsenmilch AG und in der Schaffung tatsächlich neuer und vielfältiger Molkereistrukturen in Sachsen wie auch anderswo. Dazu müssten sich aber die Landwirte und ihre Verbände einig sein. Und die Politik in EU, in Deutschland und im Freistaat dazu die Rahmenbedingungen schaffen.

Im Zeitalter der Globalisierung dürfen wir aber auch nicht übersehen, dass Milchdumping durch die EU-Exportsubventionen für Milchprodukte nicht nur für deutsche und europäische Bauern, sondern vor allem für Landwirte in den Entwicklungsländern verheerende Auswirkungen hat. Sie können mit ihren Preisen der künstlich verbilligten Dumping-Milch aus der EU überhaupt nicht mithalten und gehen zugrunde. Deshalb ist die Forderung nach einem Ende der EU-Milch-Subventionen durch 28 Nichtregierungs-organisationen, wie Oxfam, Bioland und WWF nur zu gerecht.

Vor allem trifft es beim Bauernsterben die Kleinen. „Wachsen oder Weichen" ist die Devise. Auch in Europa verschwindet auf Grund dieses Prinzips in jeder Minute ein Bauernhof in Familienbesitz. Dabei gibt es einen Ausweg aus diesem Dilemma. Dieser heißt Ernährungssouveränität, ein Weg, der nicht nur die Situation der Konsumenten, sondern auch die der Produzenten zum Ziel hat. Das Aktivkonzept beinhaltet, dass jede Region den Grundbedarf ihrer Bevölkerung mit eigenen Produkten sichern kann, und das ohne Giftcocktails und ohne Gentechnik.

Ernährungssouveränität stellt die Menschen, die Nahrungsmittel erzeugen, verteilen und konsumieren, wieder ins Zentrum der Nahrungsmittelsysteme und nicht anonyme Märkte und Profitinteressen transnationaler Konzerne. La Via

Campesina (Der bäuerliche Weg) ist vor allem noch ein weiter Weg, dem die Regierungen, Groß-Landwirte und Deutscher Bauernverband aus dem Weg gehen. Dass die Bundesregierung nach den erneuten Bauerprotesten gegen Billigmilchpreise Ende Mai 2009 Steuersenkungen beim Agrardiesel beschloss, ist sicherlich der falsche Weg und hilft den Milchbauern nicht weiter und den Bemühungen um Einhalt des Klimawandels schon gar nicht. Im Superwahljahr 2009 ist es eher als wahltaktisches Manöver abzutun.

Agro-Gentechnik ist keine Lösung

Im August 2008 mache ich mit meiner Frau Urlaub im Chiemgau. Wir nehmen Quartier auf einem Biobauernhof in einem Feriendorf am Fuße der Chiemgauer Alpen. Das Besondere an Schleching ist, dass der Ort - in einem einzigartigen Naturraum zwischen Chiemsee und Alpen gelegen - bei all seiner touristischen Entwicklung sein landwirtschaftliches Profil mit zahlreichen Landwirten im Ort erhalten hat.

Auf Schritt und Tritt spürt man, dass es den Schlechingern besonders am Herzen liegt, diesen einmaligen Naturraum zu pflegen und zu bewahren. Von unserer Öko-Bäuerin erfahre ich, dass sich Bauern und Bürger des Ortes daher 1997 unter dem Motto „Gesunder Lebensraum – Herausforderung für uns alle“ im „Öko-Modell Schlechinger Tal“ zusammengeschlossen haben, um eine umweltverträgliche, nachhaltige Gemeinde- und Landschaftsentwicklung zu verwirklichen.

Die Landwirtschaft hat im Schlechinger Tal eine Schlüsselfunktion für den Erhalt der Kulturlandschaft, den Naturschutz, den Tourismus und das Brauchtum. Um diese naturnahe Landbewirtschaftung erhalten zu können, verfolgt das Ökomodell das Ziel, eine regionale Vermarktung aufzubauen. Dabei sorgen eigene Richtlinien dafür, dass der Verbraucher weiß, was er bekommt - ein naturnah erzeugtes Produkt aus der Region. "Schlechinger Naturprodukte" sind echte und ehrliche Qualitätsprodukte. Schlechinger Schmankerl werden in Gasthäusern im Ort, in Lebensmittelläden und direkt beim Bauern angeboten. Genau das genießen wir in unserem Feriendomizil. Es stört uns nicht, dass wir mit anderen Urlaubern im Bauernhof unter einem

Dach mit 30 Kühen leben. Im Gegenteil: Sie werden uns immer vertrauter. Alle haben sie Namen, wie wir das aus unserer Kindheit kannten, und übrigens auch noch Hörner, wie es sich für Rinder gehört. Fast liebevoll gehen der Bauer und seine Frau mit ihnen um, wenn sie die Tiere früh melken und anschließend zur Weide führen werden.

Doch man spürt es förmlich, dass es der Gemeinde Schleching nicht nur um die Landwirtschaft geht. Alle Lebens- und Wirtschaftsbereiche - auch der Tourismus - werden in das Ökomodell miteinbezogen. Die Bürger selbst geben die Impulse dazu und treffen sich regelmäßig im Initiativkreis, um neue Aufgaben gemeinsam anzupacken. Was uns besonders auffällt, sind großflächige Werbeschilder an allen Bauernhöfen für einen gentechnikfreien Landkreis Traunstein. Diese sehen wir auf all unseren ausgedehnten Wanderungen und Radtouren überall in den Dörfern und in der Kreisstadt Traunstein. Darüber scheint auch parteiübergreifend in dem von der CSU regierten Kreis Einigkeit zu bestehen. Hallo, ich fasse mich an den Kopf und muss daran denken, dass solcherart Protest in Sachsen nahezu unmöglich erscheint.

Dabei gibt es durchaus auch in Sachsen Initiativen für eine gentechnisch freie Landwirtschaft. Diese sind im Freistaat auch unbedingt notwendig, wie eine von Greenpeace im März 2009 veröffentlichte interaktive Deutschlandkarte zu Gen-Mais zeigt.

Diese verweist auf das Standortregister des Bundesamtes für Verbraucherschutz und Lebensmittelsicherheit (BVL), aus dem hervorgeht, dass seit 2004 auch auf Sachsens landwirtschaftlichen Flächen Genfelder geplant sind und die Anpflanzung von Genmais praktiziert wird. Seitdem macht ein „Aktionsbündnis für gentechnikfreie Landwirtschaft in Sachsen“ mobil.

Jens Heinze, der gemeinsam mit Milana Müller das Umweltbildungshaus Johannishöhe - eine Art Uni im Grünen - in der Forststadt Tharandt betreibt, ist einer der Initiatoren des Bündnisses.

Seit Jahren setzt er sich vehement gegen Gentechnik in der Landwirtschaft ein, organisiert Veranstaltungen mit prominenten Gegnern wie Percy Schmeisser aus Kanada und weist in der Öffentlichkeit immer wieder auf Gefahren hin, die von gentechnisch veränderten Pflanzen ausgehen können.

In Tharandt ist er Initiator des zwei Mal monatlich stattfindenden Naturmarktes, auf dem Biobauern und Biohöfe sowie Direktvermarkter aus der Region ihre Produkte anbieten. Er selbst lebt mit seiner Familie vor, wie man mit einer ökologischen und vom Sein geprägten Lebensweise seinen ökologischen Fußabdruck in unserer Welt des Überflusses und der Wegwerfgesellschaft einerseits und des Hungers und des Elends andererseits klein halten kann. Er ist nicht nur Initiator und Mitgesellschafter je eines Bürgerwind- und eines Bürgersolarkraftwerkes, sondern fährt auch ein Elektroauto Twike, das immer, wenn möglich, mit Solarstrom fährt. Als Kämpfer für eine intakte Umwelt und Natur setzt er sich auch dafür ein, dass Sachsen nicht zu einer Müllkippe Deutschlands, Europas und anderer Länder in der Welt verkommt und organisiert Demonstrationen, wie etwa gegen die vorgesehene 10fache Ausweitung der Deponie Grumbach im Landkreis, auf der der Betreiber Giftmüll aus aller Welt vergraben will.

Im März 2009 treffe ich mit Jens Heinze, um mit ihm über die Situation der gentechnisch veränderten Landwirtschaft in Sachsen zu sprechen. „Nachdem 2004 der Anbau von Gen-Mais noch im Geheimen stattfand, ist es in diesem Jahr durch das Gentechnikgesetz und die jetzt von Greenpeace veröffentlichte Deutschlandkarte wenigstens bekannt, wo 2009 voraussichtlich genmanipulierte Pflanzen angebaut werden sollen“, sagt er mir. „Somit haben die Betroffenen wie z.B. Landwirte, Imker, Gärtner oder auch Kleingärtner die Möglichkeit, sich darüber zu informieren. Wir vom Aktionsbündnis wollen damit die betroffenen Landwirte, Imker, Gärtner und Anlieger ermutigen, das Gespräch mit den Besitzern der entsprechenden Flächen zu suchen.“
Damit sei entsprechend den Forderungen der Gentechnik-Gegner seit kurzem der Anbau von Gen-Mais in Deutschland zwar etwas transparenter geworden, er sehe aber nach wie vor große Gefahren. Auf der interaktiven Deutschlandkarte von Geenpeace könne man nämlich jetzt ab sofort auch

sehen, wo Sachsen im deutschlandweiten Vergleich 2009 steht. Von der bundesweit vorgesehenen Fläche 3.688 Hektar, auf der Gen-Mais angebaut werden soll, entfallen mit 983 Hektar allein 26,78% auf Sachsen. Der Freistaat soll damit nach Brandenburg (1.652 ha/44,8%) 2009 zum zweitgrößten Anbaugebiet für Gen-Mais werden.

Und das stimmt schon bedenklich, vor allem, wenn ein von Greenpeace in Auftrag gegebenes Rechtsgutachten deutlich macht, dass der Anbau zudem kaum überwacht wird und jedes Bundesland nach eigenen Maßstäben kontrolliert. Einheitliche Regeln zur bundesweiten Überwachung gibt es nämlich nicht. Auch wird in den meisten Bundesländern nicht erfasst, ob ein Landwirt illegal Gen-Mais anbaut, er seine Nachbarn nicht wie vorgeschrieben informiert oder die Abstände zu benachbarten Maisflächen nicht eingehalten werden. Oft reagieren die Behörden nur auf Anzeigen von Dritten. Felder, auf denen Gen-Mais angebaut werden soll, müssen bis drei Monate vor der Aussaat gemeldet werden.
In Sachsen liegen immerhin mit Pulsnitz, Radeburg und Nossen beispielsweise geplante und bereits beanspruchte Flächen in unserer unmittelbaren Nachbarschaft.

Um übrigens auf Bayern zurückzukommen: Auch dort will man sich nicht ganz entziehen, denn 2009 soll auf einer Fläche von 67,3 Hektar Gen-Mais angebaut werden. Das sind 1,83 % der bundesdeutschen Gen-Mais-Flächen. Der Osten ist wieder einmal Vorreiter. Warum wohl? Liegt es am fehlenden Widerstand?

Übrigens ist in der am 20. März 2009 in Berlin vom Bund ökologischer Lebensmittelwirtschaft (BÖLW) vorgestellten Studie „Schadensbericht Gentechnik“ nachgewiesen worden, dass Genpflanzen auch ökonomisch unsinnig sind. Es verdienen daran nur die Saatguthersteller wie Monsanto, weist die Studie nach. Dagegen müssten konventionell arbeitende Landwirte, Öko-Bauern und Verbraucher die höheren Kosten der Gentechnik tragen, denn ihr Nutzen ist vor allem durch die vielen verdeckten Kosten weitaus geringer. Deshalb fordert der BÖLW, die Haftungsregeln zu verändern und ein striktes Verursacherprinzip einzuführen.

Noch besser wäre es jedoch, den Anbau von gentechnisch veränderten Pflanzen gänzlich zu verhindern, da dessen Folgen für uns Menschen und die Natur unabsehbar sind. Wir Verbraucher können dabei eine wichtige Rolle spielen, in dem wir auf den Kauf gentechnikfreier Lebensmittel achten.

Immerhin ließ im April 2009 eine Nachricht in den Medien aufhorchen: Landwirtschaftsministerin Ilse Aigner (CSU) verbot den Anbau der genmanipulierten Maissorte MON 810 von Monsanto in Deutschland. Die Forderung der bayerischen Landwirte und viele Proteste von Umweltverbänden nach einem Verbot war der CSU im Superwahljahr 2009 doch zu heiß geworden. Sie vermutete wohl einen größeren Verlust von potenziellen Wählern im Hinblick auf den Wiedereinzug in das Europaparlament im Zuge der Europawahlen am 7. Juni.

Pure Verschwendung

Auch beim Trinkwasser sind wir Verbraucher angehalten, besser kritisch zu sein. Das heißt aber auch, sparsam mit dem Gut umzugehen. Immerhin ist es unser kostbarstes Lebensmittel. Aber das sehen viele nicht so, vor allen Dingen nicht die Wasserwerke und Trinkwasserzweckverbände in unserem Land. Wir Deutschen leisten uns den unglaublichen Luxus, täglich 140 Liter Trinkwasser zu verbrauchen. Ganze drei Liter davon werden getrunken oder zum Kochen benötigt; der Rest rauscht durch Toiletten, Waschbecken, Badewannen, Duschen, Geschirrspüler und Waschmaschinen.

Gleichzeitig aber wachsen weltweit die Wasserprobleme. Bereits heute leben rund zwei Milliarden Menschen in Regionen mit Trinkwassermangel. In wenigen Jahrzehnten könnten es 4 oder 5 Milliarden sein.
Die Klimaerwärmung, so sagen führende Klimaexperten, hat verheerende Folgen auch auf das Dargebot an Trinkwasser. Aufgrund des ansteigenden Meeresspiegels kommt es zu Überflutungen und Verunreinigungen bisher genutzter Quellen. Millionen von Menschen sind dann durch die Ausbreitung von Krankheiten infolge verseuchten Trinkwassers gefährdet. In breiten Teilen Asiens und Afrikas trocknen immer größere Flächen aus und die Wüstenbildung und Dürre nimmt immer katastrophalere Ausmaße an.

In meiner Wahlheimat Osterzgebirge bringt die regional praktizierte Wasserversorgung die Bürger immer stärker auf den Plan, denn Trinkwasser ist teuer. In Sachsen sind die Kostenbelastungen für die Haushalte in den Jahren nach der Wende überproportional gestiegen, vor allem auf dem Lande. Nach der politisch motivierten Zerschlagung der regionalen Wasserversorgungs- und Abwasserbehandlungsbetriebe (WAB) der DDR überzieht ein wahrer Flickenteppich von Trinkwasser- und Abwasserzweckverbänden (TZV und AZV) den sächsischen Freistaat. Und fast alle bergen sie das gleiche Problem in sich.

Unmittelbar nach der Wende fanden Ingenieur- und Planungsbüros aus den alten Bundesländern in ostdeutschen Kommunen ein reiches Betätigungsfeld. Schnell waren sie mit Konzepten für den Neu- und Ausbau von Anlagen zur Hand, und zwar nach Mustern, die im Westen bisher immer Anwendung fanden, im Osten aber durchaus nicht aufgingen. Unter der wenig realistischen Annahme von Bevölkerungsentwicklungen, Industrieansiedlungen und Wohlstand redeten sie zumeist Bürgermeistern und Stadträten völlig überdimensionierte Kapazitäten ein, an deren Finanzierung die Kommunen und die angeschlossenen Bürger noch Jahrzehnte zu leiden haben werden. Insbesondere in Sachsen schlagen die Wellen bei diesem Thema hoch, denn die Wasserpreise stiegen nach der Wende enorm. Ergo reagieren die Abnehmer mit Sparsamkeit und Alternativlösungen, wie etwa Toilettenspülungen mittels aufgefangenen Regenwasser oder noch vorhandener Hausbrunnen, um Kosten zu sparen. Das wiederum bringt die Betreiber überdimensionierter Anlagen auf den Plan, die sich ihrerseits nicht scheuen, diese durchaus bewussten und sparsamen Verbraucher zu beschimpfen, ihnen nicht vorhandene Solidarität vorzuwerfen und sich auch nicht scheuen, gerichtlich dagegen vorzugehen.

Auch beim Abwasser wurde nach der Wende im Osten alles nach dem Vorbild des Westens übernommen. Anstelle zunächst zu überlegen, wie man es besser und weniger kostenaufwendig in den neuen Bundesländern machen könnte als in den alten, wurde nach altem Stil weiter kanalisiert, was das Zeug hält. Die heutige Abwasserentsorgungspraxis in Sachsen ist auch Jahre nach der Wende gekennzeichnet

durch kilometerlange Haupt- und Nebensammler und zum Teil überdimensionierte zentrale Klärwerke, die Millionen an Fördermitteln aus Steuergeldern verschlungen haben und noch verschlingen.
Diese treiben Anschlussbeiträge und Abwassergebühren in nahezu unbezahlbare Höhen. Kein Wunder, dass die Bürger ärgerlich reagieren und sich zur Wehr setzen.

Aber Trinkwasser- und Abwasserzweckverbände sowie auch Kommunen stellen sich allzu oft quer und ignorieren die Bürgermeinung. Wird diese von Bürgern in den Medien oder auf öffentlichen Foren gesprochen, so werfen Verbandsvorsitzende und Bürgermeister, die zumeist in den Aufsichtsräten der Zweckverbände sitzen, diesen vor, das Solidarprinzip zu verletzen.

Dabei gilt es ernsthaft über dieses vermeintliche Solidarprinzip nachdenken. Ist es, global gesehen, solidarisch, wenn wir z.B. nach wie vor das kostbare Lebensmittel Wasser verschwenden, wo Millionen gar nicht an Trinkwasser herankommen? Ein Zeitgenosse aus Bayern, den ich anlässlich eines Energieforums in Altenberg kennen lernte und der die Dinge genauso sieht wie ich, meinte damals zu mir: „Eine Gesellschaft, die 30% ihres Trinkwassers durch die Toilette schüttet, kann keine Kultur besitzen". Das klingt zwar hart, ist aber angesichts der Ungerechtigkeiten dieser Welt nicht ganz von der Hand zu weisen.

Friedensreich Hundertwasser sah dies ähnlich. Von ihm bleibt seine an Deutlichkeit nicht zu überbietende Sicht der Dinge überliefert: „Wir leisten uns den Luxus, ins Trinkwasser hinein zu scheißen, um dann mit hoher Technologie die Scheiße aus dem Wasser wieder heraus zu filtern."

Kommen wir noch einmal zurück auf das Solidarprinzip und halten fest: Die nach der Wende viel zu groß gebauten Anlagen und die damit verbundenen Nachfolgekosten beschäftigen in regelmäßigen Abständen die Medien in Sachsen. 2007 war der Zweckverband Wasserversorgung Weißeritzgruppe (WVW), der Versorger des Weißeritzkreises, wegen seiner hohen Wasserpreise, die zu den höchsten Sachsens zählen, ins Visier der Kartellwächter des sächsischen Wirtschaftsministeriums geraten.

Dazu berichtet die Sächsische Zeitung in ihrem Lokalteil Dippoldiswalde am 30. Januar 2008. Die Kartellwächter hätten es in der Hand gehabt, eine Preissenkung anzuordnen, aber sie hätten klein beigegeben. Der Geschäftsführer der WVW, Frank Kukuczka, hätte sie überzeugen können, dass an seinen Preisen nicht gerüttelt werden darf, heißt es in der Zeitung. Der WVW habe nach der Wende ein schweres Erbe angetreten, als er ein Trinkwassernetz übernahm, das desolater als in anderen Gebieten war, versichert laut der Sächsischen Zeitung die Ministeriumssprecherin Martina Pirk. So hätten jährlich 1400 Wasserrohrbrüche repariert werden müssen und insgesamt 178 Millionen Euro in das Wassernetz investiert werden müssen, das um 470 auf 1150 km erweitert wurde. Dadurch gäbe es nur noch 335 Rohrbrüche pro Jahr.

Frank Kukuczka fiel in dem gleichen Artikel nicht das erste Mal dadurch auf, dass er den Verbrauchern die Schuld für den hohen Wasserpreis zuweist. Wiederum sieht er vor allem „das krasse Missverhältnis zwischen dem bundesdeutschen Wasser-Durchschnittsverbrauch von täglich 140 Litern pro Einwohner und dem im Weißeritzkreis von 82 Liter". Dadurch läge der Anteil der festen Kosten bei 80%. Umso mehr habe ihn ein Urteil des Verwaltungsgerichtes Dresden getroffen, nachdem ihm bei der Durchsetzung des Anschluss- und Benutzungszwangs die Hände gebunden seien. Dadurch benutzten viele Verbraucher weiter ihre Hausbrunnen, um Geld zu sparen. Dafür müssten andere mehr bezahlen. Kukuczka wörtlich: „Die Beibehaltung des Status quo führt in den Untergang". Deshalb favorisiert er ein Modell für die Zukunft, bei dem die Grundpreise für Zähler und Personen kombiniert werden. Damit will er erreichen, dass Wenigverbraucher zukünftig stärker zur Kasse gebeten werden sollen. Er ruft damit nicht zum Sparen, sondern zum Verschwenden von Wasser auf, was er wiederum mit Preisabschlägen vergüten will. Verkehrte Welt, möchte man meinen, wenn die Schuld den sparsamen Verbrauchern angerechnet wird. Dass am System etwas falsch ist, in das man aufwändig investiert hat, ohne nach den Folgen zu fragen, dazu fällt den Verantwortlichen nichts ein.

Übrigens auch nicht dem Schreiber und Kommentator dieses Zeitungsartikels, dem zudem die Argumente des Verbands-Geschäftsführers Kukuczka einleuchten. Mir allerdings nicht.

Wie war das noch mal gleich mit der Kultur einer Gesellschaft, die sich auch beim Wasserspülen auf der Toilette realisiert?

Nachbetrachtung

Die Probleme, die es in der Welt gibt,
sind nicht mit der gleichen Denkweise zu lösen,
die sie erzeugt hat.

Albert Einstein angesichts der Weltwirtschaftskrise 1929

Finanzmarktregelungen greifen, Banken kommen unter gesellschaftliche Kontrolle, globale Strukturen werden neu gestaltet, Vernunftmaximierung geht vor Profitmaximierung, Reiche und Konzerne werden angemessen besteuert, Steueroasen werden geschlossen, Klimasünder werden zur Kasse gebeten, die Energiewende ist weltweit erklärtes Ziel, Hunger und Armut werden ernsthaft angegangen, die Weltgemeinschaft rückt enger zusammen. Wenn das die Ergebnisse der gegenwärtigen Weltwirtschaftskrise wären, könnte sich die Welt zum Guten verändern. Unmöglich ist es nicht, wenngleich auch schwer vorstellbar.

Vor zwei, drei Jahren noch wären solcherlei Gedanken als utopische Träumerei von Idealisten abgetan worden. Aber gehörten da nicht auch noch die Banken den Aktionären, die Straßen den dicken Autos und waren da nicht die Reichen noch viel reicher, war da nicht Deutschland noch Exportweltmeister und alles den Zielen von Wachstum und Produktivität untergeordnet? Und waren nicht auch Politiker immer unpolitischer geworden, als sie sich anschickten, vor allem eines sein zu wollen, nämlich Manager? Ihr Denken und Handeln war doch zu allererst darauf konzentriert, wie möglichst viel Konsum und Wachstum erreicht werden kann.

Und heute? Eines steht fest: Nichts mehr ist so, wie es war. Die ökonomische Globalisierung hat inzwischen nicht nur Familien und Unternehmen, sondern ganze nationale Volkswirtschaften ruiniert.

Sie hat sie verletzlich bis zum Zusammenbruch gemacht, indem sie schützende Grenzen niederriss und Produktion und Handel den Gesetzen von WTO und IWF unterwarf, die vor allem zum Nutzen von Großkonzernen und Aktionären die Gier nach Profit und Rendite schürte.

Wir wissen nicht, wie lange diese Krise, die inzwischen die ganze Welt erfasst hat, noch andauert, wann wir die Talsohle erreichen und was noch alles passiert, bis es vielleicht wieder aufwärts geht. Vor allem trifft die Krise die ärmsten Länder unserer Welt. Vor allem die Menschen in diesen Ländern sind die Leidtragenden, ähnlich wie beim Klimawandel. Hunger und Armut breiten sich dort weiter rasant aus. Was ist aus den Millenniumszielen geworden, den Hunger in der Welt binnen weniger Jahre zu halbieren. „Die globale Ökonomie ist wie ein getroffenes U-Boot, das mit großer Geschwindigkeit zum Meeresboden sinkt", vergleicht der Globalisierungskritiker und seit 2003 Träger des alternativen Nobelpreises, Walden Bello, die Situation im Frühjahr 2009. Niemand wisse, ob die Besatzung es jemals wieder flott bekommt und ebenso wisse man nicht, ob keynesianische Wiederbelebungsversuche Erfolg haben. Fest steht jedenfalls, dass es, so wie es war, nicht weiter gehen darf. Mit Flickschusterei jedenfalls und einem „Weiter so!" wird es nicht getan sein.

Alles Bisherige muss deshalb auf den Prüfstand gestellt werden, vor allem der Irrglaube an immer mehr Rendite, Produktivität und Wachstum. Allein unser heutiges Verständnis von Effizienz bei Energie und Mobilität muss zwangsläufig zu Verlusten von Produktivität und Wachstum führen. Oder es bleibt eben so, wie es war.

Also wird etwas auf der Welt noch nicht Dagewesenes herauskommen müssen, etwas, das Demokratie und Gemeinwohl unter freiheitlichen und gerechten Bedingungen gewährleistet.

Genauso, wie es noch nie da gewesen war, dass zur Rettung von Banken innerhalb eines halben Jahres sage und schreibe mehr als 7 Billionen Euro an Steuergeldern bereitgestellt werden, wohlgemerkt für Spekulanten, die jahrelang zu Gunsten kurzfristiger Rendite und zu Lasten von Natur und Zukunft investierten. Im Gegenzug dazu bekommen aber die BürgerInnen dieser Länder absolut nichts.

Es wird deshalb unerlässlich sein, neben Privateigentum an Produktionsmitteln auch Gemeineigentum, vor allem an Naturgütern und Basisdienstleistungen an Grundbedürfnissen der Menschen zu schaffen. Dazu zählen öffentlicher Verkehr, Energie, Gesundheit und Wasserversorgung.

Die bisherige repräsentative Demokratie hat nicht vermocht, die ausufernden Interessen der Kapitaleigner, etwa von Banken und Großkonzernen, ihr unrealistisches Renditestreben zu beschränken. Im Gegenteil, sie hat ihnen freien Lauf gelassen. Jetzt, wo die Politik sieht, wo es hinführt, muss von ihr konsequentes Handeln verlangt werden. Politik darf nicht mehr nachgeben, sie muss das Primat vor der Ökonomie haben.

Wir Bürger haben als Souverän die Aufgabe, ihnen dabei genau auf die Finger zu schauen und dazu bietet sich im Superwahljahr 2009 eine ganz besondere Gelegenheit. Es geht schließlich um unsere Zukunft, vor allem die unserer Kinder und Enkel. Der Ast, auf dem wir sitzen, ist gegenwärtig sehr dünn. Wollen wir weiter darauf verweilen, so müssen wir verhindern, dass man uns den absägt. Das gilt aber auch für uns selbst, denn oft sind es auch wir, die kräftig mit daran sägen. Und darauf wollte ich in diesem Buch auch aufmerksam machen.

Wenn jeder von uns begreift, dass auch wir es sind, die sich verändern müssen, damit eine andere Welt möglich wird, dann sind schon einmal gute Voraussetzungen vorhanden. Und wenn wir dann noch bereit sind, global zu denken und in unserem Umfeld einen lokalen Beitrag zu leisten, dann ist schon viel gewonnen.

Quellenverzeichnis

BARTSCH, Michael, „Das System Biedenkopf", 1. Auflage, Das Neue Berlin Verlagsgesellschaft mbH, Berlin, 2002

DIAMOND, Jared, „Kollaps – Warum Gesellschaften überleben oder untergehen", 1. Auflage, Verlag S. Fischer Frankfurt/Main, 2005

FLANNERY, Tim, „Wir Wettermacher", deutsche Erstausgabe im Verlag S. Fischer Frankfurt/Main, 2005

HILL, Julia Butterfly, „Die Botschaft der Baumfrau", deutsche Erstausgabe im C. Bertelsmann Verlag München, 2000

PAPSCH, Dietrich, „Sonnensucher am Kahleberg", 1. Auflage, Verlag Neue Literatur 2005

SCHEER, Hermann, „Solare Weltwirtschaft", 3. Auflage, Verlag Antje Kunstmann München, 1999 und „Energieautonomie", 1. Auflage, Verlag Antje Kunstmann München, 2005

SCHORLEMMER, Friedrich „Lass es gut sein", 1. Auflage, Aufbau-Verlag Berlin, 2007

SCHWEISFURTH, Karl Ludwig, „Wenn's um die Wurst geht" 1. Auflage, RM-Buch-und-Medien-Vertrieb Rheda-Wiedenbrück, 2001

WACKERNAGEL, Matthias und REES, William „Unser ökologischer Fußabdruck", 1. Auflage, Birkhäuser Verlag Basel/CH, 1997

Quellenangaben zu Zeitungen, Zeitschriften und Internet-Newslettern sind im Buchtext zu finden.

Register

ADAC Allgemeiner Deutscher Automobil Club
AKW Atomkraftwerk
Allianz pro Schiene e.v.
deutscher Verband, dem zahlreiche Organisationen angehören, und der sich die Steigerung des Schienenverkehrsanteils im Personen- und Güterverkehr zum Ziel gesetzt hat.
Dabei wird das Schienenbündnis von 16 Mitgliedern und 85 Fördermitgliedern aus der bahnnahen Wirtschaft sowie Vereinen unterstützt.
Zu den Mitgliedern zählen der Verkehrsclub Deutschland (VCD) und der Fahrgastverband Pro Bahn.
Kontakt: Tel. +49 (30) 24 62 599-0
Fax +49 (30) 24 62 599-29,
E-Mail: info@allianz-pro-schiene.de
Attac **a**ssociation pour une **t**axation des **t**ransactions financières pour l **a**ide aux **c**itoyens.
Weltweit agierende globalisierungskritische Nichtregierungsorganisation.
Attac Deutschland Kontakt:
Telefon (069) 900 281 – 10
Fax (069) 900 281 – 99,
E-Mail: info@attac.de
ATZ Abwasserzweckverband
BDA Bundesvereinigung der Deutschen Arbeitgeberverbände e.V.
BDI Bundesverband der Deutschen Industrie e.V.
destatis
Offizielle Internetseite des Statistischen Bundesamtes
BHKW Blockheizkraftwerk
BUND Bund für Umwelt und Natur e. V.,
Kontakt:
Telefon: 0 30 / 2 75 86-469,
Fax 0 30 / 2 75 86-440,
E-Mail: info@bund.net
BÖLW Bund ökologischer Lebensmittelwirtschaft
Dena Deutsche Energieagentur
DWS Deutsche Schutzvereinigung für Wertpapierbesitz

EthikBank
2002 gegründet, tritt ausschließlich als Direktbank auf. Die in Deutschland und Österreich tätige EthikBank investiert die Kundengelder nur in sorgfältig ausgewählte Unternehmen und Länder. Laut Anlagekriterien werden beispielsweise Kinderarbeit, Atomkraftwerke oder Militärwaffen kategorisch abgelehnt. Darüber hinaus fördert die Ethikbank je ein Frauen-, Ethik- und Umweltprojekt mit eigenen Mitteln.

EWS Elektrizitätswerke Schönau

G 8 Die Gruppe der Acht, die sich selbst als die wichtigsten Staaten der Welt und als ein „Abstimmungsforum“ bezeichnet, das konstruktiv Fragen bezüglich der Weltpolitik, in gemeinsamer Verantwortung und im Konsens bearbeitet. Ihr gehören neben Deutschland, die USA, Japan, Großbritannien, Kanada, Frankreich und Italien (G7) sowie Russland an. Sie ist aus der Gruppe der Sieben hervorgegangen, der Russland noch nicht angehörte. Daneben ist in dem Gremium auch die Europäische Kommission mit einem Beobachterstatus vertreten.

G 20 Gruppe der zwanzig wichtigsten Industrie- und Schwellenländer. Besteht aus 19 Staaten und der Europäischen Union.

GLS Gemeinschaftsbank e.G.
GLS steht für Gemeinschaftsbank für Leihen und Schenken. Menschen, die bei der GLS Gemeinschaftsbank ihr Geld anlegen, verbindet der Wunsch, „anders“ mit Geld umzugehen. Nach Übernahme der Geschäfte der Ökobank Anfang 2003 unterstützt sie mehr als 6.000 kulturelle, soziale und ökologische Projekte (Stand: 2008).

Grameen Bank
(übersetzt etwa *Dörfliche Bank).*
1983 gegründetes Mikrofinanz-Kreditinstitut, das ohne klassische Sicherheiten sondern durch Gruppendruck Mikrokredite an Menschen ohne Einkommenssicherheiten in Bangladesch vergibt und damit versucht, die Armut der Bevölkerung zu lindern.

Greenpeace
Internationale politische Non-Profit-Organisa-tion, die den Umweltschutz zum Gegenstand hat.
Kontakt: Greenpeace Deutschland

Telefon: +49-(0)40-30618-0,
Fax: +49-(0)40-30618-100,
Email: mail@greenpeace.de

Grüne Liga
Netzwerk ökologischer Bewegungen in Ostdeutschland, Kontakt: Grüne Liga Sachsen e.V.
Telefon: 0351/4 94 33 50,
Fax: 0351/4 94 34 50,
E-Mail: sachsen@grueneliga.de,
Grüne Liga Osterzgebirge e.V.
Telefon: 03504/61 85 85,
E-Mail: osterzgebirge@grueneliga.de

IAW Institut Arbeit und Wirtschaft, Forschungsinstitut der Universität Bremen und der Arbeitnehmerkammer Bremen

IEA Internationalen Energie Agentur

ICLEI Internationales Städtenetzwerk

IG BCE
Industriegewekschaft Bergbau, Chemie und Energie

IKB Deutsche Industriebank AG, Kreditinstitut mit Sitz in Düsseldorf, das sich traditionell auf langfristige Finanzierung von Unternehmen in Deutschland spezialisiert hat.

IPCC Intergovernmental Panel on Climate Change: *Zwischenstaatlicher Ausschuss für Klimaänderungen*, im Deutschen auch als *Weltklimarat* bezeichnet, wurde im November 1988 vom Umweltprogramm der Vereinten Nationen (UNEP) und der Weltorganisation für Meteorologie (WMO) ins Leben gerufen.

IWF Internationaler Währungsfonds

KfW Bankengruppe (früher: *Kreditanstalt für Wiederaufbau*) ist eine Anstalt des öffentlichen Rechts. Die Gründung der KfW erfolgte auf der Grundlage des „KfW-Gesetzes“. Die Rechtsaufsicht hat das Bundesministerium der Finanzen

Meseberg 2007
Im Rahmen ihrer Klausurtagung in Meseberg beschloss die Bundesregierung am 23. August 2007 die Eckpunkte des integrierten Energie- und Klimaschutzprogramms

MIBRAG
Mitteldeutsche Braunkohlengesellschaft mbH

NABU Naturschutzbund Deutschland, NABU-Infotelefon: 030-284 984 -6000

NASA National Aeronautics and Space Administration, US-Amerikanische Raumfahrtbehörde

OVG Oberverwaltungsgersicht

Öko-Keynesianismus
Steuerung der Nachfrage nach Gütern und Dienstleistungen im ökologischen Sinne

P.E.N Internationale Schriftstellervereinigung

P.E.N-Zentrum Deutschland
Deutsche Gruppe der Internationalen Schriftstellervereinigung, deren derzeitiger Präsident Johano Strasser ist

PL Pacific Lumber Gesellschaft, große nordamerikanische Holzfirma

Robin Wood
gewaltfreie Aktionsgemeinschaft für Natur und Umwelt, Kontakt: Bundesgeschäftsstelle Bremen
Tel: 0421/ 598288,
Fax: 0421/5982872,
E-Mail: geschaeftsstelle@robinwood.de,
Geschäftsstelle Sachsen
Tel. 01570/6664040,
E-Mail leipzig@robinwood.de oder dresden@robinwood.de

SachsenLB bzw. SLB
Sächsische Landesbank

SLBE irische Tochter der Sachsen LB Europe plc., mit der sich die SLB verspekulierte

SoFFin Finanzmarktstabilisierungsfonds (auch *Sonderfonds Finanzmarktstabilisierung – SoFFin*) wurde am 17. Oktober 2008 in einem Eilverfahren beschlossen, bei dem am selben Tag Bundestag und Bundesrat das Finanzmarktstabilisierungsgesetz verabschiedeten, der Bundespräsident das Gesetz sogleich unterzeichnete und so den Fonds ins Leben rief. Die Rechtsverordnung zu diesem Gesetz wurde am 20. Oktober 2008vom Bundeskabinett verabschiedet.

TWZ Trinkwasserzweckverband

UNEP Umweltbehörde der Vereinten Nationen

United Fruit Company
US-amerikanischer Lebensmittelkon-zern, der heute Chiquita Brands International heißt.

UBA Umweltbundesamt

Umweltbank AG
deutsches Kreditinstitut mit ökologischem Schwerpunkt. Versteht sich als Förderbank für den Umweltbereich. Sie bietet Finanzierungen, Geldanlagen und Versicherungen im ökologisch nachhaltigen Sektor an.

VDA Verband der Deutschen Automobilindustrie

VVO Verkehrsverbund Oberelbe

VCD Verkehrsclub Deutschland

WAB Wasserversorgungs- und Abwasserbehandlungs-betriebe in der DDR

WEF World Economic Forum (Weltwirtschaftsforum)
in Genf ansässige gemeinnützige Stiftung, das Jahrestreffen international führender Wirtschaftsexperten, Politiker, Intellektueller und Journalisten veranstaltet, um über die dringlichsten Fragen der Welt wie Gesundheits- und Umweltfragen zu diskutieren. Das Treffen findet alljährlich in Davos in der Schweiz statt.

WHO Welthandelsorganisation

West-LB
Landesbank Nordrhein-Westfalens

WSB Dresden
Unternehmensgruppe, bietet Lösungen entlang des gesamten Lebenslaufs von Projekten regenerativer Energien, WSB steht für Wind, Solar, Biomasse.

WSF Weltsozialforum
Gegenveranstaltung zu den Gipfeln der Welthandelsorganisa-tion (WTO), dem Davoser Weltwirschaftsforum (WEF) und den jährlichen Weltwirtschaftsgipfeln der Regierungschefs der G8-Staaten.Die erste Veranstaltung fand 2001 in Porto Alegre, Brasilien, statt und wurde zu einem Symbol für die Bewegung der Kritiker der Globalisierung.

WWF World Wide Fund For Nature, internationale Naturschutzorganisation,
Kontakt: Tel.: 069 79144-142

WVW Zweckverband Wasserversorgung Weißeritzgruppe

Zum Weiterlesen bei DeBehr

(erscheint im 4. Quartal 2009)

ISBN-Nr. 978-3-941758-03-02,
ca. 250 Seiten, broschiert

Raimar Ocken

Gesundheit
Gesellschaft
Krankheit

Durch Veränderung von
Wissen, Denken und Handeln zu mehr Lebensfreude und Gesundheit

Leseprobe:

„Was **Sie** jetzt schon tun können, wenn Sie zur Gesundung unserer Gesellschaft beitragen wollen:

- täglich einem Kind etwas Schönes sagen
- Ihren Fleisch- und Milchkonsum reduzieren
- einen Baum pflanzen
- die Heizung runter drehen, bevor Sie schlafen gehen oder das Haus verlassen
- dem Nächsten Ihr Mitgefühl entgegen bringen
- mit der Bahn reisen, anstatt mit dem Flugzeug
- persönliche Gespräche führen, anstatt in einen Chatroom zu gehen
- mal wieder einen lieben Brief schreiben
- das Badewasser zur Toilettenspülung benutzen
- immer mal wieder ein Lächeln verschenken
- möglichst nur Naturprodukte an und in Ihren Körper lassen
- den Müll in die dafür vorgesehenen Behälter entsorgen und nicht in einen Wald, nicht in eine öffentliche Grünanlage und nicht auf die Straße
- mit dem Rad fahren, anstatt ein privates Auto zu benutzen

- sich täglich von einem lieben Erwachsenen umarmen lassen
- auf die Benutzung der Gentechnologie verzichten
- nur in dem Zimmer, in dem Sie sich gerade befinden, das Licht brennen lassen
- hauptsächlich „gut“ einkaufen, nicht hauptsächlich „billig“
- sich auch ab und zu Zeit nur für sich nehmen und sich selbst verwöhnen
- elektrische Geräte ausschalten, wenn Sie sie nicht benutzen, nicht auf „stand-by“ schalten

Sie sehen, **Sie können** jetzt schon viel tun.

Wenn Sie mehr tun wollen und dazu noch nach Informationen suchen, dann blättern Sie um und lesen Sie dieses Buch.

Warum dieses Buch?

Es ist die Geschichte eines Menschen und die vieler Mitmenschen, die sich auf den Weg gemacht haben, sich selbst zu finden und das System, in dem sie leben, zu durchschauen. Es ist meine Geschichte. Die ich deshalb veröffentliche, weil ich davon ausgehe, dass ich mit meinen Erfahrungen und den Informationen, die ich in all den Jahren gesammelt habe, anderen Menschen dabei behilflich sein kann, ihren persönlichen Weg zu finden. Ich betone *„ihren“*, nicht *„den“*. Es gibt viele (verschiedene) Wege.

Jede der großen Kirchen beansprucht für sich die wahre Religion zu vertreten. Da dies mehrere sind ist es für kritische Geister offensichtlich, dass da etwas nicht stimmen kann. Wenn jede Religionsgemeinschaft den Anspruch erhebt, die einzig wahre Lehre zu vertreten, dann lügen entweder alle oder zumindest fast alle.

Die so genannten Naturwissenschaftler behaupten von sich, dass sie die einzig wahre Lehre vertreten. Nur sie können die Natur erklären und deren Aufbau und Funktion beweisen, wird behauptet. Aber bei genauer Nachprüfung wird ersichtlich, dass sie die Beweisführung mit selbst aufgestellten Gesetzen durchführen. Somit wird deutlich, dass sie letztlich das Naturgeschehen, wenn überhaupt, nur so genannt naturwissenschaftlich beweisen können, ihrem Glauben entsprechend. Sie glauben aber, sie seien im Besitz einer allgemeingültigen Erkenntnis. Das ist Ersatz-Religion.

Viele Menschen merken, dass ihre Weltsicht mit der der Naturwissenschaftler nicht übereinstimmt. Auf Grund mangelnden

Selbstwertgefühls und falscher Denkmuster entsteht daraus ein Problem: Da sie die Wissenschaftler auf einen Sockel heben und davon ausgehen, dass diese bessere, weisere Menschen seien, räumen sie ihnen Autorität ein, unter der sie dann leiden. Das sieht dann häufig folgendermaßen aus: „Ich merke und fühle anders, als der Wissenschaftler es für richtig hält. Da dieser aber der bessere Mensch ist, habe ich unrecht und bin falsch." Viele Mitbürger getrauen es sich nicht, sich selber ernst zu nehmen, ihre Meinung zu vertreten, ihre Empfindungen zu beschreiben und davon auszugehen, dass auch sie Recht haben. Auf ihre Art.

Meine Geschichte beginnt in der Aufbruchszeit der ersten Generation nach dem Zweiten Weltkrieg, nach der „Zeitenwende" Mitteleuropas. Die alten Werte des „Zwangswirs" – das Individuum ist nichts, der Staat ist alles – der vorausgegangenen totalitären Jahrzehnte galten nicht mehr und es war an der Zeit neue Wege zu gehen, neue Werte zu finden. Sie ähnelte der Zeit, die wir jetzt erleben. Schauen wir…"

ISBN-Nr. 978-3981275-13-1
270 Seiten, broschiert

Johanna Ancke

Liebe, Leid und Grenzkontrolle

Ein Franzose im Wilden Osten

Dieser Roman entstand aus den Erinnerungen eines französischen Arztes, der sich allzu oft wunderte – über eine Staat, der seine Bürger kontrollierte wie Feinde im eigenen Land.

Eine Diktatur machte den Menschen das Leben zur Hölle.

Doch machtlos bleibt sie am Ende gegen Mut, Aufrichtigkeit und - die Liebe.

Leseprobe:
„... Ich war an dieser Ostgrenze, wurde kontrolliert, bekam den obligatorischen Stempel und war wenige Minuten später in Westberlin. Von dort aus rief ich den Personalchef in meiner zukünftigen Arbeitsstätte an und bat um einen sofortigen Termin, der mir auch gewährt wurde, ohne bürokratische Wartezeit.
Als ich ihm berichtete, dass ich zum Jahreswechsel und am 13. Januar wieder in die DDR reisen würde, um am 15. zu heiraten, riss er seine Augen auf und sagte völlig entsetzt: „Das ist nicht ihr Ernst! Sie heiraten eine Frau aus dem Osten? Wie kommen Sie denn auf so eine Idee?"
Er war völlig durcheinander, doch als ich ihm die näheren Umstände erläuterte, zeigte er Verständnis und erklärte mir: „Sie sind ja Ausländer, da werden Ausreisen infolge Heirat schneller bewilligt. Ein Westdeutscher oder Westberliner hätte da wenig Chancen."
Wir einigten uns auf meinen Arbeitsbeginn am 1. Februar, da ich ab Anfang März schon wieder wegen Karos Entbindung Urlaub beantragen musste.

Ab Silvester konnte ich die Einraumwohnung in dem Arztwohnheim beziehen und mich in Ruhe auf meine neue Wirkungsstätte und die Hochzeit vorbereiten.
Auch das wurde alles schriftlich festgehalten. Am späten Nachmittag konnte ich endlich Westberlin verlassen, musste nochmals über die Ostgrenze und dort wurde ich neuerlich ermahnt, nur auf der Transitstrecke bis Marienborn zu fahren. Unterwegs musste ich tanken, aß einen kleinen Imbiss in der Gaststätte und rief vereinbarungsgemäß noch einmal bei Karolinas Eltern an. Sie war selbst am Telefon, freute sich über meinen Anruf. Nachdem ich ihr kurz über die Rücksprache in der Klinik berichtet hatte, verabschiedete ich mich von ihr.
„Bleibt gesund, meine zwei!", sagte ich, „Und, Karo, Chérie, pass auf dich auf! Ich rufe wieder an, wenn ich in Paris angekommen bin."

Dann erreichte ich diese Grenze Marienborn – Helmstedt, den „Checkpoint Alpha", war wieder in Westdeutschland und abends in Saarbrücken. Dort machte ich erneut eine kleine Pause, fuhr die ganze Nacht durch weiter und erreichte früh um vier Uhr Paris und meine Wohnung.
Nachdem ich mich geduscht hatte, ging ich sofort zu Bett und schlief bis gegen vierzehn Uhr wie ein Toter, um mich dann bei meinen Eltern telefonisch zu melden.
Ich versprach ihnen, sie am folgenden Tag zu besuchen. Sie würden staunen, was ich ihnen alles zu berichten hatte.
Meine armen Eltern fielen aus allen Wolken, als sie erfuhren, dass ich Ende Dezember nach Westberlin umzog, am 15. Januar in der DDR heiraten würde, bald Vater würde und sie zum fünften Male Großeltern.
Sogar meinem Vater verschlug es die Sprache. Später meinte er ruhig: „Du bist alt genug, um das zu entscheiden. Aber eines steht fest, wir werden an dieser Hochzeit teilnehmen!"
Na, ja, und als ich ihnen dann alles erzählt hatte und ihnen ihre zukünftige Schwiegertochter zeigte, ich hatte ja genügend Fotos gemacht, beruhigten sie sich langsam und begannen, sich auf ihr Enkelkind zu freuen. Und auf ihre zukünftige Schwiegertochter… "